国家社科基金一般项目（15BJY063）
湖南科技大学应用经济学一流学科建设经费 资助

***

对外投资企业
竞争优势培育研究
—— 以溢出吸收能力为视角

***

曾剑云◎著

A Study on the Cultivation of Competitive Advantage
of Outward Foreign Direct Investment Enterprises
From the Perspective of Spillover Absorptive Capacity

图书在版编目（CIP）数据

对外投资企业竞争优势培育研究：以溢出吸收能力为视角／曾剑云著．—北京：企业管理出版社，2019.12
　　ISBN 978－7－5164－2084－3

　　Ⅰ．①对… Ⅱ．①曾… Ⅲ．①对外投资—企业竞争—研究—中国 Ⅳ．①F832.6 ②F279.2

中国版本图书馆 CIP 数据核字（2019）第 299567 号

书　　名：	对外投资企业竞争优势培育研究：以溢出吸收能力为视角
作　　者：	曾剑云　著
责任编辑：	刘一玲　崔立凯
书　　号：	ISBN 978－7－5164－2084－3
出版发行：	企业管理出版社
地　　址：	北京市海淀区紫竹院南路 17 号　　邮　编：100048
网　　址：	http://www.emph.cn
电　　话：	编辑部 68701322　　发行部 68414644
电子信箱：	80147@sina.com　zbs@emph.cn
印　　刷：	北京虎彩文化传播有限公司
经　　销：	新华书店
规　　格：	710 毫米×1000 毫米　16 开本　19.25 印张　270 千字
版　　次：	2019 年 12 月第 1 版　　2019 年 12 月第 1 次印刷
定　　价：	68.00 元

版权所有　翻印必究·印装有误　负责调换

序

自实施"走出去"政策以来,新世纪中国对外直接投资(OFDI,或简称对外投资)进入快速发展阶段,特别是近十多年来增长迅速。中国 OFDI 流量由 2008 年的 559.1 亿美元增长至 2018 年的 1430.4 亿美元,占全球国际直接投资流出的份额由 2009 年的 5.1% 剧增至 2018 年的 14.1%;中国 OFDI 存量在全球的排名由 2010 年的第 17 位提升至 2017 年的第 2 位。与此同时,这一领域的研究也逐渐繁荣,既有基于经典国际投资框架的理论分析与实证检验的丰硕成果,也有基于新的投资理论的拓展分析、实证与案例研究。其中,无优势企业的对外投资逐步成为人们关注的重点,而对这一问题的深入研究有着深厚的中国特色的现实背景和需求:首先,中国是对外投资的后发国家,企业在对外投资中面临多种外来者劣势,如投资生产产品的低端、生产技术的落后、管理水平的有限等,特别是对发达经济体的投资更是如此。其次,中国的对外投资也是发展中社会主义大国在主动开放中进行的对外投资行为,对外投资企业也会面临多种来源国劣势,如非公平竞争、非市场经济行为等,导致对外投资并不能在真正的市场环境下顺利进行,如 2018 年前后,华为公司四次并购美国公司、五次与美国当地企业合作均遭到美国政府阻挠等。在逆全球化和保护主义盛行的今天,更应该深入研究中国特色的对外投资特点和规律。最后,随着中国对外开放力度的加大,国内竞争国际化和国际竞争国内化的特征更加明显。逆向投资成为越来越多的国内企业提升企业竞争力和改善企业经营绩效的选择之一。中国逆向投资除了面临一般的外来者劣势，还遭受来源国劣势及其诱发的东道国歧视的影响，对外投资风险也相对较高。2005年1月到2014年6月，中国海外投资共发生风险案例130起，涉及金额高达2359.7亿美元，平均每起风险案例涉及18.2亿美元，美国和澳大利亚是中国企业海外投资风险的高发地。

基于上述背景，应该聚焦研究中国OFDI如何培育竞争优势，以克服企业OFDI面临的外来者与来源国双重劣势和来源国劣势诱发的东道国歧视，这既是以中国对外投资为研究对象的重大理论问题，也是中国制定正确的对外投资政策所必须回答的重要实际问题。基于以发达国家为研究对象的经典对外投资理论难以回答这一问题。从现有研究来看，这一问题的研究非常薄弱，曾剑云博士的学术专著《对外投资企业竞争优势培育研究：以溢出吸收能力为视角》的出版，在很大程度上能够弥补这一问题研究的不足。

曾剑云博士多年来一直致力于OFDI优势培育研究，早在华中科技大学经济学院攻读博士学位期间，他就系统地研究国际直接投资的技术优势培育问题，并以此作为博士学位论文的选题。曾剑云博士在主持国家社科基金项目"中国对外投资企业国际竞争力创造与提升研究"的基础上，进一步系统深化，以"坐冷板凳"的学术态度和"十年磨一剑"的治学态度，完成了一部上乘之作。我认为本书与同类成果相比具有如下几个显著的特点：

第一，研究视角新颖，定位富有特色。优势培育型OFDI已成为研究的热点，关于中国优势培育型OFDI及存在的问题也有一些定性研究，一些文献涉及新兴经济体优势培育型OFDI面临的来源国劣势，但基本上仅局限于优势培育型OFDI的某些方面，仅从母国或东道国一方的利益视角考虑问题，没有全盘考虑中国优势培育型OFDI实践中遭遇的来源国劣势及其诱发的东道国歧视和外来者劣势。本书则另辟蹊径，从中国优势培育型跨国企业OFDI面临的双重劣势实际出发，研究的角度定位于竞争中立和互利共赢。书中的数理研究以相对缺乏技术优势的跨国企业与东道国企业双向溢出为基准，重点研究跨国企业对东道国企业的溢出机制，与同类研究强调OFDI逆向溢出机制截然不同，体现了与东道国互利共赢原则；在案例与对策研究中，无论是探析中国与其他新兴经济体跨国企业OFDI竞争优势培育绩效差异的根源，还是借鉴发达经济体与新兴经济体竞争优势培育型OFDI的政策举措，作者始终贯彻竞争中立和互利共赢原则。

第二，研究严谨规范，分析系统深入。本书以建立数理模型为基础，逻辑分析了国际直接投资溢出机制，论证对外投资企业根据逆向和双向溢出选择交换威胁战略，实施进攻型与防御型OFDI可培育竞争优势的条件；在模型拓展分析基础上再以企业获取溢出的吸收能力取决于R&D投资，确定基于双向溢出的进攻型与防御型OFDI可培育竞争优势的条件等；通过上汽集团收购双龙、罗孚和三星集团投资日本、美国半导体与液晶显示器的个案研究和比较分析，揭示二者对外投资竞争优势培育绩效差异的根源，验证数理研究的结论。

第三，实证研究有新意。本书的实证研究实现了由案例研究、指标分析向定量分析的拓展。目前相关实证研究文献大多选择OFDI逆向技术溢出效应或技术进步效应，间接验证OFDI优势培育效应的存在性，而实证结论不一致甚至出现矛盾，包括中国在内的新兴经济体跨国企业对外投资时，普遍采取并进战略（即同时采取竞争优势培育与利用战略），克服了单纯的竞争优势利用战略或培育战略缺陷，而目前回归分析方法只能假定企业对外投资属于OFDI的优势利用型和优势培育型的某一种，难以分辨两者并存情况。回归方法的不足与数据质量限制成为国内优势培育型 OFDI 的实证结论不一致的根源。本书结合数据特点，以江苏为例，选择灰色关联测度总体与行业 OFDI 绩效的相关性，利用相关成果设计统计指标，引入动态偏离—份额方法定量分析 2014—2017 年中国省域 OFDI 绩效，甄别优势利用型与培育型 OFDI 行业绩效对总体 OFDI 绩效的贡献。

第四，研究结论有新意，现实意义突出。本书在理论与实证研究基础上，得出了不少有新意的结论：①东道国行业需求增长、企业技术学习困难较小，或东道国行业发展迅速或衰退严重而企业技术学习容易，相对缺乏竞争优势的跨国企业均应加速向子公司转移技术，促进国际直接投资的溢出和东道国经济增长，才能实现互利共赢。②东道国行业需求的增长与下降，对跨国企业的技术转移和东道国企业的技术学习投资影响不完全相同。企业技术水平的差异导致企业是否具有技术优势（竞争优势），而技术水平的高低在相当程度上可归结为二者 R&D 活动的投入规模和效率方面的差别。跨国企业与东道国企业在 R&D 方面的差异可使企业技术差距控制在一定的范围内，同时跨国企业吸收能力位于临界水平之上。只有在一定的技术差距范围内，跨国企业对外投资的可能性随溢出（实质是技术）转移成本的下降或双向溢出程度的提高而增加，通过交换威胁与溢出寻求而培育竞争优势的成功几率上升。超出这一范围，即使溢出转移成本为零或完全溢出二者差别较小，跨国企业对外投资也不可能成功培育竞争优势。③考虑企业吸收能力内生于自身 R&D 活动时，R&D 活动增强了企业吸收能力，只有自身 R&D 活动对企业吸收能力的促进效应较明显时，技术落后于国外企业的跨国企业通过 OFDI 可培育竞争优势。与不考虑吸收能力的外生性相比，对于相同的溢出程度、吸收能力的作用，使对外投资企业的 R&D 投资增加，但增加的程度与吸收能力效应强度并非单调关系。技术落后企业在进行国际市场决策时，必然受到国外产品市场的规模和海外额外经营成本的影响。国外市场规模的扩大有利于技术落后企业通过 OFDI 培育竞争优势，而对外投资的额外经营成本增加不利于技术落后企业通过 OFDI 培育竞争优势等。

总之，本书结合数理研究、案例研究与定量分析，梳理发达经济体与亚洲新兴经济体竞争优势培育 OFDI 政策启示，对中国对外投资企业竞争优势培育绩效优化提出针对性对策，具有重要的理论价值与实际意义，体现了作者强烈的社会责任感和使命感，以及扎实的研究基础和较高的研究水平。在本书即将出版之际，特此作序，希望曾博士百尺竿头更进一步，取得更多的优秀成果。

华中科技大学经济学院教授　刘海云

2019 年 12 月于武汉

目 录

第一章 导 论 / 1

第一节 研究背景与意义 …………………………………… (1)
一、研究背景 ………………………………………………… (1)
二、研究意义 ………………………………………………… (3)

第二节 传统 OFDI 理论的回顾与本项研究的出发点 ……… (4)
一、主流 OFDI 理论的回顾 ………………………………… (5)
二、发展中国家 OFDI 理论的回顾 ………………………… (12)
三、本项研究的出发点 ……………………………………… (19)

第三节 研究思路、结构安排和预期的创新点 …………… (21)
一、研究思路 ………………………………………………… (21)
二、结构安排 ………………………………………………… (22)
三、预期的创新点 …………………………………………… (24)

第二章 对外投资企业竞争优势培育的相关研究综述 / 27

第一节 核心概念的界定 …………………………………… (27)
一、竞争优势、国际直接投资、对外投资企业
　　与竞争优势培育型 OFDI …………………………… (27)
二、缺乏竞争优势的跨国企业、国际直接投资
　　溢出与企业吸收能力 ………………………………… (29)

第二节 竞争策略的对外投资培育竞争优势研究综述 …… (32)
一、交换威胁论及其发展 …………………………………… (32)

— i —

二、战略性 OFDI 理论及其发展……………………………（36）

三、附加策略变量的 OIL 模型及其发展……………………（37）

四、竞争策略的对外投资培育竞争优势研究的评价………（40）

第三节　战略资源获取的对外投资培育竞争优势研究………（41）

一、创造性资产寻求研究………………………………………（42）

二、吸收国际直接投资溢出的理论研究………………………（43）

三、后来者行为研究……………………………………………（55）

四、战略资源获取的对外投资培育竞争优势

实证研究………………………………………………………（58）

第四节　简要评述…………………………………………………（71）

一、对外投资企业竞争优势培育相关的

实证研究评述…………………………………………………（71）

二、对外投资企业竞争优势培育相关的

理论研究评述…………………………………………………（73）

第三章　东道国行业增长性的国际直接投资溢出机制研究 / 77

第一节　国际直接投资溢出机制研究综述………………………（78）

一、传统国际直接投资溢出机制研究综述……………………（78）

二、国际直接投资溢出机制研究新进展………………………（81）

第二节　东道国行业增长性的国际直接投资溢出模型的

构建与均衡解…………………………………………………（83）

一、国际直接投资溢出模型的构建……………………………（83）

二、国际直接投资溢出模型的均衡解…………………………（87）

第三节　企业技术投资博弈、东道国行业增长性

与国际直接投资溢出…………………………………………（91）

一、东道国行业需求增长与国际直接投资溢出的

产生及其变动…………………………………………………（92）

二、东道国行业需求负增长与国际直接投资溢出的

　　产生及其变动 ………………………………………… (97)

三、结论 ……………………………………………………… (101)

第四章　国际直接投资溢出与对外投资企业竞争优势培育／104

第一节　逆向溢出、交换威胁与对外投资企业

　　　　竞争优势培育 ……………………………………… (104)

一、文献回顾与问题的提出 ………………………………… (104)

二、逆向溢出诱发对外投资企业竞争优势培育的

　　基准模型 ……………………………………………… (108)

三、交换威胁诱发对外投资企业竞争优势培育 ………… (111)

四、交换威胁与逆向溢出诱发对外投资企业

　　竞争优势培育 ………………………………………… (113)

五、结论 ……………………………………………………… (117)

第二节　双向溢出、交换威胁与对外投资企业

　　　　竞争优势培育 ……………………………………… (118)

一、研究现状与问题的提出 ………………………………… (118)

二、双向溢出诱发对外投资企业竞争优势培育的

　　基准模型 ……………………………………………… (122)

三、交换威胁诱发对外投资企业竞争优势培育 ………… (125)

四、交换威胁与双向溢出诱发对外投资企业

　　竞争优势培育 ………………………………………… (127)

五、结论 ……………………………………………………… (138)

第三节　本章小结 …………………………………………… (140)

一、逆向溢出与交换威胁诱发对外投资企业

　　竞争优势培育 ………………………………………… (140)

二、双向溢出与交换威胁诱发对外投资企业
　　竞争优势培育 …………………………………………（141）

第五章　吸收能力内生性与对外投资企业竞争优势培育／144

第一节　基准模型与吸收能力内生性 ………………………（144）
一、双向溢出、R&D 投资与对外投资企业
　　竞争优势培育的基准模型 …………………………（144）
二、内生于企业吸收能力的溢出程度分析 …………（147）

第二节　R&D 投资、双向溢出与对外投资企业
　　竞争优势培育 ………………………………………（149）
一、R&D 产出外生、双向溢出与对外投资企业
　　竞争优势培育 ………………………………………（149）
二、R&D 产出内生、双向溢出与对外投资企业
　　竞争优势培育 ………………………………………（153）
三、结论 …………………………………………………（160）

第六章　对外投资企业竞争优势培育的案例研究／162

第一节　上汽集团收购双龙与罗孚的竞争优势培育研究 ……（164）
一、上汽集团收购双龙、罗孚的背景与历程 ………（164）
二、上汽集团收购双龙的竞争优势培育绩效分析 ………（171）
三、上汽集团收购罗孚的竞争优势培育绩效分析 ………（176）

第二节　三星集团直接投资日本与美国的
　　竞争优势培育研究 …………………………………（179）
一、三星集团直接投资日本与美国的竞争优势
　　培育战略背景与历程 ………………………………（179）
二、三星集团直接投资日本与美国的竞争优势
　　培育绩效分析 ………………………………………（183）

第三节　上汽集团与三星集团 OFDI 竞争优势培育绩效差异的
　　　　根源与启示 ……………………………………………… (188)
　一、上汽集团与三星集团 OFDI 竞争优势培育
　　　绩效差异的根源 ………………………………………… (188)
　二、中国对外投资企业竞争优势培育的启示 …………… (193)

第七章　中国省域 OFDI 竞争优势培育绩效的实证研究 / 195

第一节　引言、模型构建及数据来源 ………………………… (196)
　一、引言与问题的提出 …………………………………… (196)
　二、省域 OFDI 竞争优势培育绩效的灰关联
　　　与动态偏离—份额模型构建 …………………………… (198)
　三、数据来源 ……………………………………………… (204)

第二节　江苏省 OFDI 竞争优势培育绩效的实证分析 ……… (205)
　一、江苏省 OFDI 竞争优势培育绩效的灰关联
　　　与动态偏离—份额结果 ………………………………… (205)
　二、江苏省 OFDI 竞争优势培育绩效结果的灰关联
　　　与动态偏离—份额分析 ………………………………… (216)

第三节　江苏省 OFDI 竞争优势培育绩效的
　　　　实证结论与启示 …………………………………… (226)
　一、江苏省 OFDI 竞争优势培育绩效的实证结论 ……… (226)
　二、政府支持对外投资企业竞争优势培育的启示 ……… (232)

第八章　优化对外投资企业竞争优势培育绩效的借鉴与对策 / 234

第一节　发达经济体财税支持对外投资企业
　　　　竞争优势培育的经验借鉴 ………………………… (234)
　一、健全财税支持对外投资企业竞争优势培育的
　　　相关法律体系 …………………………………………… (235)

二、完善财税支持对外投资企业竞争优势培育的
技术创新体系 ………………………………………（241）

三、加强财税支持对外投资企业竞争优势培育的
风险管理服务体系建设 ……………………………（246）

四、加强财税支持竞争优势培育型 OFDI 企业的金融、
信息与人才服务体系建设 …………………………（251）

五、构建面向中小企业的财税支持竞争优势
培育型 OFDI 服务体系 ……………………………（256）

第二节 新兴经济体支持对外投资企业竞争优势培育的
经验借鉴 …………………………………………（258）

一、重点支持特定行业和特定海外区域的
竞争优势培育型 OFDI ……………………………（259）

二、多措施引导竞争优势培育型 OFDI 企业内部
研发 …………………………………………………（261）

三、优化高等教育与职业教育，充实人才储备 …………（264）

第三节 优化对外投资企业竞争优势培育绩效的对策 ………（267）

一、促进对外投资企业竞争优势培育政策的
实施 …………………………………………………（267）

二、实施对外投资企业竞争优势培育能力提升的
举措 …………………………………………………（271）

参考文献 / 275

后　记 / 291

第一章 导 论

第一节 研究背景与意义

一、研究背景

随着世界经济全球化普遍加快,融入经济全球化对包括中国在内的发展中国家(地区)是挑战与机遇并存。中国对世界经济增长率的贡献持续稳居世界第一,中国市场已经成为跨国公司争夺的焦点,目前全球500强已有约490家来华投资。① 跨国公司的涌入给中国企业带来前所未有的竞争压力。经过多年的发展,中国企业已具备一定的竞争实力,但是与传统跨国公司相比,无论是技术能力、管理水平还是市场竞争经验都有相当大的差距。技术作为企业竞争优势的关键因素,已成为业界共识。中国多数企业生产经营长期在微笑曲线的底部徘徊,而拥有自主知识产权核心技术的企业,仅占大约万分之三;在集成电路、装备制造、高端医疗设备等高技术领域对外依存度高,计算机设备以及电子元件和器件等技术密集型行业的对外技术依存度高达50%以上,对外技术依存的结构已转化为对外资技术引进与转让。② 这表明相对于传统跨国公司而言,中国企业缺乏竞争优势。面临国内市场国际化、国际竞

---

① 源自"2013—2016年中国对世界经济增长贡献率排第一"(http://news.hexun.com/20171010/191153369.html)、"世界500强中已有约490家在华投资"(http://finance.sina.com.cn/roll/20190821/doc-ihytcern2497054.shtml)。

② 综合"开放背景下如何理解并测度对外技术依存度"(范建亭,2015)与"我国对外技术依存度影响因素实证研究"(齐亚娇等,2016)相关论述。

争国内化的经营环境，国内企业处于不利的竞争地位，市场份额急剧下降。① 面对强大的国际竞争对手，中国企业如何尽快缩小技术差距以培育与传统跨国公司相抗衡的竞争优势，这是当前企业界与理论界急需解决的一项重要课题。

出于维持竞争优势与巩固市场地位的需要，跨国公司在技术转让与对外投资过程中，对核心技术、关键技术的控制与保护非常严密，因而在实践中，试图通过国际技术引进、吸引外商直接投资于生产领域或进行研究开发活动都无法使中国企业获取国际前沿的技术。因此，到技术发达经济体或局部技术发达经济体培育竞争优势成为中国对外投资企业的必然选择。中国对外投资企业如何应对经济全球化挑战和有效利用经济全球化机遇培育竞争优势？中国政府应当扮演什么角色，发挥何种作用以改善这些企业竞争优势培育绩效？

对外投资企业培育竞争优势现象最早出现于第二次世界大战后的日本，然后是亚洲"四小龙"等新兴经济体。日本和亚洲新兴经济体内部效率领先的企业到技术发达经济体进行直接投资，获取技术资源，并将其与企业内部资源整合，然后在国内外市场配置，显著改善了国际竞争的弱势地位和经营业绩，培育了竞争优势。许多企业因此迅速发展为跨国公司。20 世纪 90 年代以来，IT 技术、互联网和知识经济的作用越来越大，而促进经营环境稳定的国界、规则与控制等因素的影响明显减弱，企业经营环境由从前的相对稳定迅速向不确定性大、复杂多变的动态性转变。同时，投资自由化和通信技术的快速发展导致越来越多的中小企业加入跨国经营的行列，进一步加剧跨国经营环境的动态性和不确定性。"在全球范围获取优势求生存与发展"成为大多数跨国企业的主导战略。在动态复杂性跨国环境中，技术成为企业竞争优势源泉的核

---

① 以汽车和汽车轮胎为例，中国汽车整车企业有 130 多家，是世界汽车大国中最多的，而外资品牌轿车的市场占有率超过 70%，全球前 10 大轮胎巨头控制着中国 75% 的市场份额；在 Millward Brown 公布的 2012 年全球品牌价值榜汽车品牌类前 10 名中，没有一家中国汽车企业入围（李长久，2012）。

心，而新科技革命引起技术的快速发展，导致技术资源分布日趋分散化。目前没有一个国家（地区）成为全球技术创新的绝对领先者，欧洲、美国、日本、韩国等区域的大学和公司都已经成为技术发展的重要驱动力量。① 到海外搜寻、获取先进技术进而培育竞争优势自然成为企业对外投资的重要动机。即使是发达国家之间在交叉投资时，对外投资企业与东道国企业相比也并不必然具有竞争优势。

二、研究意义

针对中国资源相对短缺和国内产能过剩、内需不振的现状，中央于 2000 年正式确立"走出去"战略，并把"引进来"和"走出去"放在同等重要的地位，2002 年明确提出加快实施"走出去"战略。党的十六大重申要"坚持'引进来'和'走出去'相结合，全面提高对外开放水平"，推动了中国企业对外投资的深入发展。2007 年党的十七大强调创新对外投资和合作方式，支持企业在研发、生产、销售等方面开展国际化经营，加快培育中国对外投资企业竞争优势和国际知名品牌。次贷危机爆发至今，世界经济复苏艰难曲折，发达经济体贸易投资保护主义的再度兴起和逆全球化的举措明显加强。中国跨国企业与东道国同行相比，除了面临外来者劣势外，作为新兴经济体的重要成员，投资于技术发达经济体，因东道国对中国持有负面印象而承受特殊的额外成本即来源国劣势。② 同时相对于传统跨国公司，中国跨国企业国际化经验相对缺乏，失败率比较高，因而与发达经济体对外投资企业竞争优势培育绩效差距亟待缩小。以大型跨国并购事件为例，真正取得预期效果的只有 50%，而中国的海外收购则有 67% 不成功，经济损失数额巨大（陈强等，2013）。因此总结对外投资企业培育竞争优势的成功经验和失败

---

① De Mayer A. Tech Talk：How Managers are Stimulating Global R&D Communication [J]. Sloan Management Review, 1991, 32 (3)：49 - 58.

② 中兴与华为对美国直接投资面临来源国劣势，如 2018 年美国封杀中兴事件、华为四次并购美国公司、五次与美国当地企业合作均遭到美国政府阻挠，一个重要的因素是华为与中兴均来自中国。

教训，避免国内企业重蹈覆辙，成为本书的使命之一。

信息网络技术的快速发展为对外投资企业培育竞争优势提供了难得的机遇，即使是在发达国家之间，以技术寻求（获取）为特征的对外投资企业培育竞争优势现象也越来越普遍。但是，现有的跨国公司理论大多建立在对外投资企业竞争优势利用的基础上，无法对竞争优势培育型 OFDI 进行解释。部分学者尝试从国际直接投资逆向溢出的角度进行解释，效果却有限。

如何促进中国对外投资企业实施竞争优势培育战略？有效解决这一问题就要求研究成果除了解释竞争优势培育型 OFDI 的现象，还能够指导国内对外投资企业培育竞争优势的实践并有助于改善其绩效。因而选择对外投资企业培育竞争优势进行研究，分析发达经济体和发展中国家（地区）企业的异同，构建解释不同类型来源国的对外投资企业培育竞争优势的一般理论，无论是从理论的探索还是满足中国企业跨国投资的实践来看，都具有重要的意义。

第二节 传统 OFDI 理论的回顾与本项研究的出发点

解释发达国家企业对外投资的主流理论和在主流理论基础上，阐述发展中国家企业对外投资的理论，构成传统 OFDI 理论。这些传统理论的核心内容在于解释，相对于国外企业而言，国内企业选择对外投资而不是国际技术贸易或出口，原因是利用以垄断性技术为核心的竞争优势效率最高。隐含的前提是对外投资相对于国际技术贸易或出口能够最大限度降低技术扩散引起的竞争优势下降。技术扩散能使竞争劣势企业受益，靠近竞争优势企业而获取对方的技术。获取更多的技术扩散效应以改善不利的竞争地位，驱使竞争劣势企业临近多家竞争优势企业的来源地——对竞争优势企业母国直接投资。更多的技术扩散效应的根源是竞争优势企业的母国竞争激烈程度更大和母国消费者更加精明,迫使优势企业通常会早于海外分支机构开展研发和使用更先进的技术。这说明防范技术扩散促使传统 OFDI 的发生,而追求技术扩散导致竞争优势培育型对外投资。因此,我们从控制技术扩散和利用竞争优势角度回顾传统 OFDI 理论,并通过追求技术扩散将对外投资企业培育竞争优势联系起来。

一、主流 OFDI 理论的回顾

主流 OFDI 研究以发达国家对外投资企业为对象,产生于 20 世纪 60 年代。60 年代以前,对 OFDI 的解释是以要素禀赋为基础的国际资本流动理论。该理论将 OFDI 视为纯粹的资本跨国流动,以产品市场和要素市场的完全竞争为前提,认为国际间资本丰裕程度的不同导致各国资本的边际报酬率存在差异。资本丰富的国家利率低引起其国内企业对资本短缺的国家投资以获取更高的利率。当二者利率趋同时,OFDI 达到均衡(G. D. A. Macdougall,1960)。

传统要素禀赋论可解释国际投资和国际贸易。这构成后来主流对外投资研究的两大线索之一,即以完全竞争为研究出发点,借鉴国际贸易理论的研究思路说明 OFDI 的形成及如何被决定。Mundell(1957)从比较静态的角度说明国际直接投资是规避贸易壁垒进入国际市场的结果。Vernon(1966)以产品周期和工业区位理论为基础,提出产品生命周期理论(即 PLC 模型),阐述第二次世界大战后美国企业对外投资的原因。该理论假定美国企业因从事研究与开发(以下简称 R&D)活动而成为先进技术的提供方,技术扩散使美国投资的东道国企业可通过模仿获取新技术,导致美国对外投资企业竞争优势的逐渐丧失。由于经济发展水平的差异,不同东道国企业技术模仿能力不同,其中,欧洲发达国家比发展中国家获得美国先进技术的速度更快。PLC 模型说明了企业技术优势(竞争优势)的利用和扩散过程。在产品创新阶段,美国企业的战略重心是垄断国内市场并将产品出口到西欧等发展水平类似的发达国家；在产品成熟阶段，对其他发达国家投资，并将部分产品返销至美国和出口到发展中国家；在产品标准化阶段，在发展中国家投资并对产品继续进行创新以获取新的技术优势（竞争优势）。因而 OFDI 是产品生命周期特定阶段演进的结果，与企业生产条件和竞争态势的变动密切相关，实质上也是美国企业为保护技术优势（竞争优势）所采取的防御性举措。这构成产品生命周期理论的主要内容。这一理论难以解释非出口替代性 OFDI，对已建立国际生产和销售体系的企业对外投资也无法做出有力的说明。

Stephen Hymer（1960）以美国企业对外投资为研究对象，发现企业跨国经营面临稳定可预测的环境，即国界限制企业之间不受控制的活动，竞争主要集中在行业内的几个大企业之间，政府法律有效限制潜在竞争者的加入，同行界定产业内的竞争规则，首次对国际直接投资市场的完全性提出挑战。Hymer 以产品市场的不完全竞争为前提，在产业组织理论的基础上创立垄断优势理论。这标志 OFDI 理论的正式形成。以寡头垄断市场作为分析的出发点，阐述 OFDI 必须具备的条件，构成主流对外投资研究的第二条线索。

垄断优势理论的逻辑是企业对外投资的根源是跨国企业拥有超越东道国同行的竞争优势即企业特定优势，企业特定优势表现为垄断优势，OFDI 是转移、利用企业竞争优势的最有效途径。垄断优势理论的核心是：产品市场的不完全使某些企业通过寡头竞争与串谋（Collusion）率先在母国取得垄断地位；随着国内市场扩张达到临界点，这些寡头企业把国内垄断优势转移到海外机构，在东道国最终产品市场获取类似于母国的垄断地位和利润；垄断优势源于跨国企业控制技术的使用和实行水平一体化或垂直一体化。经过 C. P. Kindleberger、H. G. Johnson 和 R. Z. Aliber 等学者的研究，对外投资企业的垄断优势可分为四种类型（刘海云，2001；薛求知，2007；张纪康，2011）：一是源于产品市场不完全的优势，如产品差异、商标、营销技术与价格控制等；二是来自生产要素市场不完全的优势，包括专利与专有技术、以技术知识为主体的核心资产、融资、组织管理技术，以及基于宏观经济分析的货币优势；三是一体化引起的内外部规模经济；四是东道国政府引资举措所形成的优势。

为解释欧美国家企业对外投资，英国学者 P. J. Buckley 与 M. Casson（1976）运用 R. H. Coase 的企业理论和 O. E. Willamson 的资产专用性理论，将最终产品市场的不完全延伸至技术知识、声誉等无形中间产品市场，而提出了内部化理论。该理论创新之处体现在竞争优势内部化方面。对外投资企业具有市场无法具备的职能，它使技术创新等经济活动实现价值增值（Dunning，2003）。[①] 拥有垄断优势（竞争优势）的企业经营国际化时，采用对外投资而非国际市场形式，能使企业获得更大的收益，并因内部化收益大于内部化成本引致"内部化优势"。在此基础上，加拿大学者 A. M. Rugman（1980）把优势内部化和市场内部化（即 OFDI 是企业对外部市场交易功能的跨国替代的产物）融合在一起，从而完成内部化理论的一般化任务。

在市场不完全的基本假设下，内部化理论以国际分工不通过市场而依靠企业内部行为作为研究出发点，以交易费用理论为基础，阐述企业对外投资的动机与决定因素。由于最终产品市场的不完全，拥有垄断优势（竞争优势）的企业最初向国外扩张进行横向投资，然后通过内部化引致外部市场交易费用的节约和企业组织管理成本的上升。二者作用达到均衡时，对外投资企业通过与东道国企业形成介于卡特尔和全部企业合并之间的中间组织，进行价格合谋获取垄断利润，克服了垄断优势理论无法解释企业为什么通过 OFDI 而不是通过卡特尔获得垄断利润的缺陷。

内部化理论研究的重点是中间产品市场，尤其是技术知识、声誉等无形中间产品市场，并以技术为例进行分析说明竞争优势企业选择 OFDI 的根本原因（刘海云，2001；薛求知，2007）。技术产品具有自然

[①] 转引自薛求知. 当代跨国公司新理论 [M]. 上海：复旦大学出版社，2007：78.

垄断性质，外部市场缺乏明确的价格参考，使差别定价难以实施；技术产品的资产专用性，使技术所有者必须支付高昂的搜寻成本才可能找到较为合意的购买者；技术的买卖双方都存在信息压缩的动机，导致达成合理的价格需要较高的谈判成本；技术的边际扩散成本很小，具有公共产品的某些属性，所有者无法对购买方的私自转让等机会主义行为进行有效控制或因监督代价高而不可行。这些因素导致技术产品市场具有不完全性。技术产品市场的不完全性具体表现为：技术远期市场的缺乏使企业技术创新活动难以规划良好；购买技术的一方具有相当大的不确定性；面临与技术定价有关的诸多困难；先进企业销售技术产品无法实行最优价格歧视；技术贸易因双边垄断存在谈判难题。由于技术、管理技能、商标等无形资产国际市场的不完全导致交易费用过高，利润最大化动机驱使拥有垄断优势（竞争优势）的企业选择国际市场内部化方式，利用科层手段协调技术知识资源的配置，进而通过外部交易的边际成本等于企业内部的组织管理费用确定企业与外部国际市场的边界，而企业内部化国际市场的过程就是企业对外投资活动。

里丁学派的核心学者——John H. Dunning，根据其在20世纪50年代中期美国制造企业对英国的直接投资和1972年英国与欧共体成员交叉投资的实证研究结论，将区位因素纳入直接投资研究范围，创造性地提出区位特定优势（Location Specific Advantages）。他认为，以垄断优势理论和内部化理论为代表的既有 OFDI 理论，建立在不同时期和不同国家的企业国际投资的实证基础上，对各自国家特定时期的跨国投资行为具有较强的解释力，而面对同一个现象，不同的理论会有不同的解释；一个理论对某一个国家企业对外投资活动比较适用，而换为另一个国家乃至一个企业却普遍不适用；既有理论解释与现有的跨国投资实践存在冲突。这些情况表明既有理论对国际直接投资的解释不具有一般性，有必要进行逻辑综合，进而提出所有权特定优势（Ownership Specific Advantages）与内部化特定优势（Internalization Specific Advantages）。企业根据所有权特定优势，结合区位特定优势决定企业对外投资的目的地；内部化特定优势是公司维持所有权特定优势并发挥组织管理技术优势跨国化的产物；所有权特定优势是企业实现内部化特定优势的前提和保障，构成三优势的支撑点。Dunning 于 1976 年诺贝尔经济论坛上提出 OLI 框架并命名为"折中范式"，在论文《贸易、经济活动的区位和对外投资企业：折中理论》（1977）中正式提出国际生产折中理论，通过《国际生产和对外直接投资企业》（1981）一著作对该理论进行详细的阐述，1988 年还利用 OLI 变量的实证研究通过显著性检验这一事实，将国际生产折中理论模型化，并根据跨国经营环境的变化于 1995 年修正了 OLI 变量的内涵（Dunning，2001）。

国际生产折中理论的分析过程和主要结论可归纳为：①所有权特定优势是指企业拥有超越其他国家企业的竞争优势，主要体现为技术等无形资产形式，这一优势至少在一定时期为该企业所垄断。它是企业参与国际经济活动的前提和必要条件，对应于 Hymer 的国际直接投资理论中的垄断优势。由于要素禀赋分布的不均衡引起中间产品（主要是技术知识）的国际市场竞争不完全，这导致所有权特定优势的产生。所有权特定优势还可细分为跨国经营前的资产优势和从事 OFDI 后内部化优势所派生并强化的交易优势。②企业以 OFDI 方式利用所有权特定优势比选择出售、非股权转让和出租等形式获取的利益都要大，这构成内部化特定优势。其产生的根源是对外投资企业比外部国际市场配置技术知识等无形资源更有效。内部化特定优势使利润最大化的企业在选择 OFDI、出售、非股权转让和出租时，将放弃后三种形式。这说明 OFDI 要求企业竞争优势必须可内部化，企业具有内部化竞争优势能力，保证通过 OFDI 利用竞争优势效率在出售、非股权转让和出租等国际化形式中最高。③区位特定优势。利用所有权特定优势时，企业结合东道国要素投入比直接利用本国要素获取的净利润要大。随着跨国经营环境的变迁，技术知识取代资本和一般性自然资源成为构成区位特定优势的关键因素。由于集群为对外投资企业提供了与地方无形知识、思想和学习交流的机会，而战略资产（主要是技术知识）植根于集群区域内，存在于当地的社会文化网络之中，是否形成集群及集群的发展态势因而成为区位特定优势的重要内容。从地理上看，区位特定优势对任何对外投资企业是相同的，但是因不同的对外投资企业技术知识能力的异质性导致它们在技术知识等资源的吸收、获取、利用和整合的不同，因而区位特定优势的利用与企业的所有权特定优势密切相关，借助东道国技术知识等无形资产来维持和升级所有权特定优势成为对外投资企业考虑区位特定优势的主要动机。这说明区位特定优势将企业在 OFDI 和出口的选择中分离出来。区位优势确定对外投资企业利用竞争优势的地理区域，与企业竞争优势密切相关。① 企业选择地理区域不当，直接影响竞争优势利用效率。④企业拥有的所有权特定优势、内部化特定优势和选择的区位特定优势共同决定企业对外投资的动机和条件。国际生产折中理论因具有较强的解释力而成为公认 OFDI 理论的"通论"（刘海云，2001；薛求知，2007）。

这些理论一直将所有权特定优势（竞争优势）和对它们的跨国界转移看作是企业对外投资活动的核心，对外投资企业可推广到国外的初始竞争优势集中体现为对先进技术知识的占有。因此，无论是以完全竞争和国际贸易研究思路为基础，还是以寡头垄断和产业组织分析为基础，传统 OFDI 理论都强调利用以技术优势为核心的竞争优势在企业对外投资中的决定性作用，认为跨国经营中体现的垄断优势（竞争优势）主要来自企业对先进技术知识的占有、使用和垄断。Dunning 在所有权特定优势中将技术的内涵显著扩展，即技术不仅包括体现在机器设备、仪表上的显性技术（Embodied Technology），还包括品牌、技术诀窍、专有技术、管理知识、市场营销经验等隐性技术（Disembodied Technology）。因此所有权特定优势的核心为技术优势。除少数行业外，技术优

---

① Kogut 曾将跨国企业的优势分为初始优势和后续优势，初始优势是企业在母国建立的优势，后续优势是企业通过 OFDI 所带来的优势，区位特定优势作为跨国企业的后续优势之一，在对外投资中发挥日益重要的作用，转引自张亚明和张岩贵. 策略竞争与跨国公司的国际化经营 [M]. 北京：中国经济出版社，2006：51.

势（竞争优势）是 OFDI 重要的决定因素。① 产品生命周期理论强调创新阶段为美国企业提供技术优势（竞争优势）。随着产品向成熟阶段、标准化阶段演化，由于西欧及发展中国家（地区）技术模仿水平的提高，技术扩散使美国企业技术优势（竞争优势）逐渐丧失，加上国内昂贵的劳动成本，迫使美国企业的生产依次从本土向西欧、发展中国家（地区）转移。这两类理论都强调跨国公司拥有超越东道国企业的技术优势（竞争优势）是进行 OFDI 的必要条件，然而进行 OFDI 存在因技术扩散而丧失竞争优势的风险。

上述 OFDI 理论分析可归结为全球推广（即竞争优势全球利用）模式：对外投资企业依赖在母国建立的竞争优势，在世界各地设立分支机构以推广和利用其优势。这一模式基本的假设前提是母公司是对外投资企业竞争优势的唯一来源，母公司能够提供企业竞争优势得以创建的全部资源和技术知识（薛求知，2007）。全球推广模式隐含解释 OFDI 行为的逻辑是对外投资企业，因对当地市场和东道国的经济法律制度、社会风俗的不熟悉和不习惯而面临外来者劣势，须承担额外经营成本。只有拥有超越东道国企业的竞争优势才可能生存、发展。相当程度上与当时的跨国经营实践相符合：主流 OFDI 理论的产生与形成时期正好处于西方大型企业的快速成长与海外扩张阶段。由于产业革命和大机器工业的发展以及宗主国与殖民地的国际分工体系形成，美国与英国、法国、德国等欧洲国家垄断了全球工业部门的生产，追逐超额利润的动机驱使这些国家企业把生产转移到它们的海外殖民地，促使了 OFDI 的产生与发展。由于大型企业的核心技术基本上都是自身发明研制，② 而技术自主者的优势突出，在福特生产方式的示范效应作用下，美国与西欧企业

---

① 参见 Dunning J H. Multinational Enterprises & the Global Economy [M]. Cheltenham: Edward Elgar Publishing, 1993.
② 大型企业的核心技术主要是指企业从事跨国经营项目的核心技术。由于技术转让与国际化融合，使世界上的任一技术不可能完全是企业自己发明研制，也不可能是完全的技术引进，其技术的自主性只能从其程度的不同来划分，参见康荣平与柯银斌. 华人跨国公司成长论 [M]. 北京：国防大学出版社，2001：74－75.

追求大规模的倾向非常明显，美国企业甚至出现"嗜大主义"（刘海云，2001），生产与资本迅速集中到大型企业，因而发达国家（地区）OFDI 由大型企业来实现，海外投资的目的地就是海外殖民地。相对于发展中东道国同行，这些大型跨国企业竞争优势显著。优势分析也相应成为主流 OFDI 理论的核心。

主流 OFDI 理论偏重于分析解释拥有竞争优势（技术优势）的企业如何第一次走向海外以及如何实现全球存在，而对企业跨国经营后如何发展没有动力进行研究，即理论研究的焦点是对外投资企业出现的原因与存在机制研究，忽视对外投资企业的发展机制研究。同时主流理论事先假定企业拥有竞争优势再考虑对外投资，而对如何借助 OFDI 获取技术进而培育竞争优势并无论述，实质只是对竞争优势的静态分析。对国际直接投资的认识限于在竞争优势利用阶段即 OFDI 是企业发展到一定阶段并拥有竞争优势的海外扩张行为，跨国企业是企业竞争优势海外扩张的产物，忽视技术扩散可使跨国企业借助 OFDI 获取先进技术而培育竞争优势的可能。主流 OFDI 理论的上述缺陷加上目前跨国经营环境的动态化和极大的不确定性，使主流理论构建的许多前提已经发生了显著变化。这些理论对当今对外投资企业新趋势、新现象的解释已力不从心，比如美国次贷危机以来新兴经济体跨国企业对外投资的蓬勃发展，尤其是这些国家跨国企业对发达经济体的逆向投资无法进行有力的解释，根本不可能说明对外投资企业竞争优势培育。

二、发展中国家 OFDI 理论的回顾

发展中国家对外投资开始于 20 世纪 60 年代，80 年代之后得以广泛兴起。与发达经济体对外投资企业不同，无论从规模、资本还是技术水平和经营管理技能等方面，发展中国家（地区）企业都存在明显的差距，其拥有的技术大多为标准化技术，无法形成对技术知识的垄断，不具备主流 OFDI 理论所强调的以技术为核心的垄断优势（竞争优势），而发展中国家为什么还可以对外投资？而发展中国家所拥有的竞争优势

主要源于不可转移的自然资源和劳动力成本，在不具备垄断优势的条件下，发展中国家企业对外投资如何进行区位选择？这就构成主流 OFDI 理论解释发展中国家企业跨国投资面临的两大难题，一些学者专门研究并提出了许多有价值的理论说明发展中国家对外投资。这些理论归纳起来沿着如下三条思路展开。

（1）将发展中国家对外投资行为纳入整个国家经济发展的长期过程加以研究，代表性理论有投资发展路径（Investment Development Path，IDP）理论、边际产业扩张理论（即边际比较优势理论）和一体化国际投资发展论。IDP 理论是 Dunning（1981）实证研究 67 个国家和地区 1967—1975 年对外投资流量与人均国民生产总值的关系后提出，其中心命题是"任何发展中国家 OFDI 倾向取决于该国经济发展阶段"，即某一发展中国家企业竞争优势（所有权特定优势和内部化特定优势）的实现以及本国区位特定优势状况取决于该国所处的经济发展状况和发展水平，继而一国的经济发展阶段决定该国净对外投资（TOI）的符号和数量。根据人均国民生产总值，Dunning 区分了四个阶段，用前三个阶段解释发展中国家 TOI。处于第一阶段（人均 GNP 低于或等于 400 美元）的国家企业没有所有权特定优势，其内部化特定优势无法产生，因而不存在 OFDI，同时国内投资环境较差，几乎不存在区位特定优势，外商直接投资数量可忽略，比如印度、印度尼西亚、泰国。人均 GNP 介于 400~1500 美元的国家（如突尼斯、韩国、巴西）处于第二阶段，企业有少许所有权特定优势，却受到经济发展水平的限制，国内企业可利用的国外区位特定优势很少，因而对外投资也可忽略，而国内区位特定优势显著增加，外资数量明显增加。第三阶段的国家（如以色列）人均 GNP 介于 2000~4750 美元，迈入国际生产专业化行列，国内企业所有权特定优势和内部化特定优势显著增强，与这些优势相匹配的国外区位特定优势较多，OFDI 大幅度上升，其发展速度可能超过外商直接投资的速度，而净对外投资为负。这一理论实质是国际生产折中理论在发展中国家的运用。

日本学派的奠基人——Kiyoshi Kojima 教授（1978）将新古典国际贸易理论与 OFDI 结合起来，以投资国和东道国的比较成本为基础解释 20 世纪 60—70 年代日本对外投资。假定政府干预没有造成政府失灵，可保证通过 OFDI 实现产业国际转移和国内产业结构调整的宏观目标与企业逐利的微观动机趋于一致，企业根据政府引导从事 OFDI。在此基础上小岛清提出边际产业扩张理论。该理论包含三个基本命题：①赫克歇尔—俄林模型的基本假定是合理的，分析对外投资需将赫克歇尔—俄林模型中的劳动—资本比例用劳动—经营资源取代，经营资源由有形资本和技术、技能组成的人力资本组成。两国劳动—经营资源比例不同，导致两国两种商品中的要素密集程度出现差异，进而导致两国两种商品的比较成本不同。②产业的比较利润率大小与比较成本的高低直接相关。③与美国式 OFDI 不同，日本式 OFDI 的主体为中小企业。竞争优势（技术优势）是企业对外投资的前提，企业投资遵循比较优势分工原则，从本国已经处于或即将处于比较劣势产业依次进行，在国内使用的技术比较落后却领先东道国企业，这些产业还是东道国具有明显比较优势或潜在比较优势的部门，因此，OFDI 是投资母国的边际产业资本、技术和管理经验与东道国的劳动密集型要素结合的产物，日本与东道国因此都能发挥各自的比较优势实现双赢。这构成边际产业扩张理论的核心。

沿着 Kojima 开启的比较优势研究思路，以日本为例，日本学派的主要代表人物——Ozawa（1992）在对外投资企业对经济增长的推动作用与开放经济发展相结合的基础上，提出一体化国际投资发展论，阐述经济发展到一定阶段后，发展中国家（地区）如何通过选择 OFDI 类型以促进经济转型这一过程的实现机制。Ozawa 认为，由于世界经济发展水平具有科层等级结构，这一结构在为发达国家创造转移技术和知识的同时，也为发展中国家赶超提供了机会。合理利用这一机会要求发展中国家 OFDI 必须同其工业化战略结合，以最大限度地发挥本国竞争优势（潜在比较优势和现实比较优势）。在吸引发达国家企业直接投资的过程中持续增强本国的比较优势进而保持经济竞争力，这一动机是发展中国家从纯粹的国际直接投资流入国演变为国际直接投资流出国的根源。发展中国家实现这一演变大致可分为四个阶段：一是吸引外商直接投资阶段；二是从外资流入和向海外投资并存的转型阶段；三是从劳动力导向的国际直接投资向技术导向与贸易支持的国际直接投资过渡；四是资本密集内向型国际直接投资与资源导向外向型国际直接投资的交叉发展阶段。与投资发展周期理论不同，一体化国际投资发展论强调国家之间发展阶段的对应性和各国动态比较优势的互补性，并以此作为国际直接投资发生的原因；与边际产业扩张理论不同，这一理论强调发展中国家 OFDI 是本国比较优势（竞争优势）发展到一定水平的产物，还论述 OFDI 模式的选择对本国比较优势和经济转型的意义，并提出选择的原则和实现的战略，即以出口导向战略为条件，以本国比较优势（竞争优势）的增强为基准。

（2）在产品生命周期理论的基础上，从技术演进的角度探讨发展中国家对外投资企业竞争优势的创造。这些理论强调在发达国家产品标准化阶段，随着技术扩散，发展中国家某些企业因具备一定的创新能力而可能对外国先进技术进行局部改进，而不是纯粹的模仿，这构成发展中国家对外投资企业竞争优势，隐含的前提是发展中国家技术水平必须演进到一定水平，OFDI 才会发生。代表性的理论有小规模技术理论和技术地方化理论。

小规模技术理论说明发展中国家与发达国家对外投资企业具有明显不同的竞争优势（技术优势），由美国经济学家 Louis Wells 在 1977 年发表的《发展中国家企业的国际化》文章中提出，并在其专著《第三世界跨国公司》（1983）中进行了详细而系统的阐述。Wells 认为发展中国家企业技术相对落后，进入国际市场后不可能形成垄断性技术，而结合本国的市场特征，对外投资企业可形成低生产成本的竞争优势，这些优势表现如下：①小规模制造优势，包括小规模市场、小规模技术和低管理成本方面的优势，即发展中国家企业为小规模市场提供产品所具有的优势。低收入的发展中国家制成品市场需求量有限，发达国家企业的大规模生产技术很难从中获取规模效益，这一市场空白被发展中国家对外投资企业所利用并开发出通常具有劳动密集型特征的小规模生产技术，以较低的管理成本在东道国生产，继而形成竞争优势。②在民族产品的海外生产上具有优势。由于民族产品在海外的消费者隶属于同一民族团体，其生产通常离不开投资母国的当地资源，从而发展中国家对外投资企业享有生产成本优势。③接近市场的优势包括商标、追随顾客等优势，即发展中国家对外投资企业在发展水平类似的东道国生产具有品牌效应而广告支出较少的廉价产品所带来的优势。该理论将发展中国家对外投资企业的特定优势限于小规模生产技术的使用和继承，以这一理论指导 OFDI 可能最终导致发展中国家在国际生产体系中的位置处于边缘地带。

技术地方化理论是英国经济学家 Lall 研究印度对外投资企业的竞争优势和投资动机后，1984 年在《新跨国公司：第三世界企业的发展》著作中提出来的。该理论则强调发展中国家对外投资企业优势建立在与投资国的市场需求相似基础上，在发展中东道国投资较发达国家跨国公司具有天然优势，并认为其对外投资企业的技术特征表现为规模小、使用标准化技术和劳动密集型技术，这一技术的形成同样来源于企业内部的创新活动。下列原因促进发展中国家对外投资企业竞争优势的形成：①发展中国家对外投资企业对发达国家先进技术的消化、改进和创新结合了本国社会资源的特征进行，比如对外投资企业使用的技术一般具有密集使用劳动并节约资金的特性，这样的技术很难被发达国家企业采用，进而在类似国家具有竞争优势；②发展中国家对外投资企业对引进的技术和产品进行一定的改造和创新，使产品在满足本国生产的同时，还能适应发展水平相似的邻国市场的需求；③发展中国家的技术创新活动集中在小规模生产技术，使这些企业在产品需求数量不大的东道国市场具有优势；④发展中国家对外投资企业开发出不同于发达国家名牌产品的同类产品，而发展中东道国市场容量较大和消费者购买力差别较大时，发展中国家对外投资企业的产品在低的购买力层次上具有竞争优势；⑤上述几种优势还会由于民族或语言的联系而加强。

与 Wells 不同，Lall 认为发展中国家对外投资企业竞争优势主要源于对发达国家技术和产品的局部环节进行大规模的创新，这种创新与其国内的生产供给、需求条件和企业的学习活动直接相关。Chen（1990）考察处于不同经济发展阶段的发达国家、新兴工业化国家和其他发展中国家，从不同阶段的技术差距假设论述当今世界技术转移的路径，指出发展中国家 OFDI 应遵循从发达国家到新兴工业化国家最后到其他发展中国家的投资顺序，强调新兴工业化国家在技术转移中的关键作用。①

（3）从跨期利润最大化的角度研究发展中国家企业对外投资。这种理论强调从早期的对外投资中获得的经验、局部技术的变动和技术积累对后期投资的重要性。Cantwell 与 Tolentio（1990）共同提出技术累积理论，即通过 OFDI 过程的动态化和阶段化论述发展中对外投资企业。发展中国家产业结构的升级说明发展中国家企业自身技术水平稳定地提高，而发展中国家技术能力的提高是技术持续积累的结果；发展中国家企业现有的技术能力强弱，决定其是否对外投资，又支配对外投资的形式和增长速度。在这两个命题的基础上，该理论的基本结论是，某一特定发展中国家对外投资的部门和地区分布是随时间的推移逐步变化，并在某种程度上是可预测的。发展中国家海外直接投资通常遵循下面的发展顺序：①利用种族联系在周边国家直接投资；②随着跨国经营经验的积累逐步向其他发展中国家扩展；③向发达国家直接投资以获取先进的复杂制造业技术。因此，技术累积理论是以地域扩展为基础，以技术积累为动力，随着技术水平的提升，发展中国家的 OFDI 类型实现了从资源利用型向技术获取型转变。

上述分析表明：

---

① 参见李洪江. 跨国公司新发展及其经济发展效应分析［M］. 哈尔滨：黑龙江出版社，2002.

（1）发展中国家 OFDI 的理论普遍认为，发展中国家企业对外投资与本国经济发展水平和结构系统有关，这些成果突出特点是强调 OFDI 是一国（地区）经济发展到一定阶段后才出现，隐含的前提是只有达到这一阶段之后，一国对外投资企业才可能拥有超越东道国企业的以技术为核心的竞争优势。投资发展路径（周期）理论为发展中国家国际直接投资的变动描绘一个大致的轮廓，将经济发展阶段与对外投资企业竞争优势结合起来，阐述发展中国家 OFDI 如何随着本国企业所拥有和利用的 OIL 三优势的消长而相应变动，实质上没有脱离国际生产折中理论的研究框架；① 边际产业扩张理论与一体化国际投资发展论将发展中国家对外投资与国家宏观目标结合起来，论证发展中国家如何利用比较优势（竞争优势）以进行 OFDI。前者从静态比较优势角度，说明发展中国家企业只有从本国处于比较劣势而相对于东道国仍处于比较优势的行业，进行对外投资方可促进母国产业结构升级；后者立足于动态比较优势（竞争优势），通过引进外商直接投资以增强本国比较优势。当具备对外投资竞争优势时，发展中国家只有结合本国工业化战略选择 OFDI 类型充分发挥比较优势，才可能实现对发达国家的追赶。

（2）发展中国家 OFDI 的理论强调发展中国家（地区）与发达经济体的对外投资企业都必须拥有超越东道国企业的竞争优势，只不过二者的表现形式不一样。发展中国家（地区）对外投资企业的竞争优势表现为小规模生产与制造技术、能更好利用发展中东道国生产要素的劳动密集型技术，以及适应低收入群体的消费品等，其技术特征是在东道国不具有市场垄断地位。

（3）发展中国家 OFDI 的理论从技术能力的长期积累角度分析发展中国家（地区）对外投资。技术累积论进而分析二者优势不同的根源

---

① John H. Dunning 与 Peter J. Buckley、Mark Casson 与 Stephen Young 等学者始终认为发达国家与发展中国家的跨国企业不同之处是企业以技术为核心的所有权特定优势的来源不同，但仍然没有超出以往的所有权特定优势、内部化特定优势和区位特定优势，因而不需要专门的理论解释发展中国家企业对外投资现象（薛求知，2007）。

是发展中国家（地区）企业的研究开发能力比发达经济体企业弱，技术优势层次低，主要是通过学习积累经验、掌握和开发现有先进的生产技术，沿着从周边国家到其他发展中国家最后到发达国家的渐进性OFDI轨道，技术能力才会稳定上升，技术优势（竞争优势）才会逐渐增强，从而论述了发展中国家对外投资企业通过学习提高技术创新能力实现技术优势（竞争优势）升级的有效途径——渐进性对外投资。这一理论隐含的前提仍然是企业技术能力（竞争力）的大小是企业能否对外投资的关键。随着东道国的发展水平不同，对外投资企业所面临的最低技术能力要求不同。当东道国为发达经济体、新兴经济体与其他发展中国家（地区）类型时，对外投资企业所面临的最低技术能力要求逐渐下降，即超越东道国企业的竞争优势可能性增加。

三、本项研究的出发点

回顾传统OFDI理论表明，发展中国家企业对外投资研究没有脱离主流OFDI理论的分析框架，这两类理论可归结为对外投资竞争优势前提（利用）论，只不过发展中国家对外投资企业因核心技术的相对成熟和小规模而无法在东道国市场获取垄断地位，但相对于东道国企业仍具有竞争优势。这些传统OFDI理论研究的基本特征是以技术为核心的竞争优势利用分析，因存在如下缺陷而难以解释对外投资企业竞争优势培育，这构成本研究的出发点。

（1）传统OFDI理论认为大多数企业利用国内市场足以正常生存和发展，跨国经营是企业成长的一种非常特殊形式，并非企业生存和发展的必要条件（康荣平、柯银斌，2001；康荣平，2009）；而国际直接投资与限于国内市场发展相比存在质的区别，前者面临相当大的交易成本（Hood，Young，1978），因此，只有拥有东道国企业不具备的竞争优势才可能选择OFDI。优势利用分析也因而成为传统OFDI理论研究的出发点和焦点。事实上以技术为核心的竞争优势利用分析只是分析对外投资的可能性，而忽视其必要性的研究，因而在20世纪80年代以后跨国经营环境发生巨大改变以后，传统 OFDI 理论对 OFDI 与企业竞争优势的关系不可能进行全面认识。20 世纪 80 年代以来，经济全球化、信息化和网络化的迅猛发展，使生产要素的跨国流动壁垒越来越小；而投资自由化和网络通信技术的显著进步，使对外投资与国内经营的交易成本在许多情况下并无质的区别；全球化引起国内竞争国际化，激烈的竞争使限于国内配置生产要素的企业生存和发展的处境相当艰难。OFDI 成为着眼于长远发展的企业有效利用全球资源的重要手段。对外投资企业在国内外市场上的竞争优势取决于其掌握和可利用的资源数量、种类及其整合、配置，尤其是技术知识战略资源。这些战略资源不再局限于"母国资源"或"母公司资源"，还包括分散在海外的分支机构或可利用的东道国资源。对海外技术知识的学习和吸收因而成为企业对外投资的重要动因（包群等，2006；薛求知，2007；肖鹏等，2018），发展趋势显示海外分支机构向母公司的"技术知识回流"逐渐成为现实，通过 OFDI 来获取先进技术知识成为大量对外投资企业的重要技术来源，故 OFDI 的实质不只是利用和保持竞争优势，还包括发展、寻求和培育新的竞争优势（薛求知，2007；曾剑云等，2011；肖鹏等，2018）。

（2）传统 OFDI 理论以既定的竞争优势为出发点，忽略了对外投资企业竞争优势的形成、发展和变迁，实质是一种静态分析，难以解释同一个国家内部不同企业对相同国家（地区）投资的经营绩效的差异，也难以说明对外投资企业的兴衰成败。

（3）传统 OFDI 理论在较大程度上割裂东道国市场与母国市场的联系，并集中于东道国市场研究，隐含的前提是对外投资企业决策时没有考虑企业在国内外市场的整体利益，或者事先假定东道国市场利润最大化与国内外市场整体利润最大化的条件完全一致。这很难与目前对外投资的实际情况相符，尤其是国内外市场的关联性相当强、世界经济复苏艰难曲折，比如东道国市场需求具有引导潮流的功效（通常为发达国家产品市场），母国市场需求滞后（大多为处于上升阶段的发展中国家市场），借助 OFDI 临近先进技术集中地获取国际直接投资逆向溢出并在国内市场运用使企业整体利润最大化，而海外市场却可能没有盈利，甚至亏损。

（4）传统 OFDI 理论忽略竞争策略对企业对外投资决策的影响（蒋殿春，1998；马亚明等，2006；曾剑云等，2011；肖鹏等，2018）。对外投资企业基于竞争对手反应的考虑而进行防御性反应——选择 OFDI 培育竞争优势：拥有竞争优势（技术优势）的企业主动选择 OFDI 以获取竞争策略优势，这是由于海外沉没成本的存在，无论是长期、中期还是短期，对外投资企业都能从国际化生产中获得竞争策略优势，从中攫取比国内生产更高的垄断租金。①

第三节 研究思路、结构安排和预期的创新点

一、研究思路

本书将竞争优势培育型 OFDI 相关成果沿竞争策略和战略资源获取的角度进行梳理、综述和简要评价。在此基础上，基于东道行业需求增长性的视角，拓展 Blomstrom 与 Wang（1992）的国际技术转移模型，阐述东道国产品市场竞争引起两国企业技术学习和技术转移，构成技术投资博弈导致的国际直接投资溢出机制。融合竞争策略和战略资源获取视角的竞争优势培育型 OFDI 相关成果思想，以溢出的空间局限性、技术落后于国外企业的对外投资企业和吸收能力满足获取国际直接投资逆向溢出的要求为前提，基于国际直接投资逆向溢出和双向溢出构建不同的两国双寡头古诺模型。通过古诺均衡解的比较分析，确定实施交换威

---

① 企业竞争优势源泉的关键要素是技术，技术优势是企业竞争优势的高级形式，因而把《跨国公司与市场结构》（蒋殿春，1998）的结论进行了推广。

胁战略并成功培育竞争优势,对外投资企业在R&D差距、溢出程度、溢出转移程度和跨国经营额外成本的临界值等方面必须满足的条件,从而阐述逆向和双向国际直接投资溢出诱发跨国企业竞争优势培育机制。根据目前大多数发展中国家引进外资绩效的实际情况,我们认为,技术落后的对外投资企业吸收能力达到国际直接投资溢出的临界水平要求,不具有一般性。对竞争优势培育型OFDI相关研究的前提进行质疑,将企业吸收能力考虑为自身研发投入或产出的函数予以修正。同时出于化解新兴经济体跨国企业对外投资面临来源国劣势及外来者劣势,以国际直接投资双向溢出为前提,构造两国双寡头古诺模型。通过均衡解的比较分析,确定对外投资企业培育竞争优势需具备的条件,从而阐述了企业吸收能力内生时,国际直接投资双向溢出诱发的跨国企业竞争优势培育机制。

随即选取中国和韩国对外投资企业竞争优势培育进行个案分析和比较研究,探究二者竞争优势培育绩效差异的根源,验证上述研究结论,总结我国对外投资企业竞争优势培育可获得的启示。以江苏省为例,以广东省为对比,运用灰关联、动态偏离—份额方法,从投资结构和竞争力层面,研究中国省域对外投资竞争优势培育型与利用型行业竞争优势培育绩效及其变动,重点分析竞争优势培育型行业绩效对省域OFDI绩效的影响,探究中国投资大省OFDI绩效落后于投资强省OFDI绩效的根源。最后根据案例研究和实证分析的结论,结合中国竞争优势培育性OFDI实践中的问题,基于竞争中立和互利共赢原则对发达经济体财税支持对外投资企业竞争优势培育的举措进行借鉴,以韩国和印度为代表,对金砖国家和新兴经济体对外投资企业竞争优势培育的政府支持举措进行借鉴,最后从政府、企业层面提出优化中国对外投资企业竞争优势培育绩效的政策举措和企业建议。

二、结构安排

全书共分四部分。第一章、第二章组成第一部分。除阐述选题的背景、意义和从技术控制与扩散因素的角度回顾传统 OFDI 理论外，把传统 OFDI 理论概括为对外投资企业竞争优势利用论，并与对外投资企业培育竞争优势联系起来，阐述本书的研究思路、结构安排和预期的创新点。在界定核心概念的基础上，第二章把对外投资企业竞争优势培育相关成果沿竞争策略和战略资源获取视角进行梳理、综述，简要评价，总结既有研究缺陷，为全书的研究奠定基础。

第二部分包括第三章、第四章、第五章。在 Wang 与 Blomstrom（1992）的国际技术转移模型基础上，出于化解新兴经济体跨国企业投资技术发达经济体，面临来源国劣势、外来者劣势和优化竞争优势培育绩效的考量，选择东道国行业需求增长性的新视角，通过模型的重构和均衡解的分析，说明相对缺乏竞争优势培育的跨国企业和东道国企业技术投资博弈引发的国际直接投资溢出机制，构成第三章内容，奠定第四章与第五章的研究基础。以企业吸收能力外生为前提，第四章论证基于国际直接投资逆向溢出和双向溢出的对外投资企业竞争优势培育机制。跨国企业与东道国企业技术水平的差距归结为 R&D 活动效率和强度的不同，从交换威胁战略和国际直接投资逆向溢出的角度，通过两国双寡头古诺模型均衡解的比较分析，确立对外投资企业，通过实施交换威胁战略和吸收国际直接投资逆向溢出而成功培育竞争优势的条件；结合技术差距、国际直接投资溢出程度和吸收的溢出在跨国企业国际转移程度，构建两国双寡头古诺模型，通过均衡解的比较分析，确立对外投资企业通过实施交换威胁战略、国际直接投资双向溢出而成功培育竞争优势的条件。针对新兴经济体竞争优势培育型跨国企业吸收能力，满足获取国外先进企业技术外溢的要求不具有一般性，第五章将竞争优势培育型跨国企业吸收能力构造为自身 R&D 产出或投入的函数。考虑到新兴经济体跨国企业竞争优势，培育面临来源国劣势及外来者劣势引起的高风险，以国际直接投资双向溢出为背景，构建三阶段的两国双寡头古诺模型，进行均衡分析确立、论证对外投资企业培育竞争优势的条件，将其与第四章吸收能力外生的条件进行比较，阐述对外投资企业竞争优势培育机制。

第六章、第七章为第三部分。选取上汽集团并购双龙、罗孚和三星集团跨国获取DRAM（动态随机存储器）与LCD（液晶显示器）技术培育竞争优势进行案例分析与比较研究，以验证前面三章的结论，弥补数理研究的不足，总结中国对外投资企业竞争优势培育存在的问题及其启示；以江苏省为例、以广东省为对比，利用2014—2017年相关数据，运用灰关联、动态偏离—份额方法，从投资结构和竞争力层面，研究中国省域对外投资竞争优势培育型与利用型行业竞争优势培育绩效及其变动，重点分析竞争优势培育型行业绩效对省域OFDI绩效的影响，探究中国投资大省OFDI绩效落后于投资强省OFDI绩效的根源。

第四部分为第八章。结合中国竞争优势培育型OFDI的现状和存在的主要问题，基于第二、第三部分的研究，以竞争中立、互利共赢为原则，借鉴发达经济体财税支持竞争优势培育型OFDI的政策举措；以金砖国家和亚洲新兴经济体为例，借鉴新兴经济体对外投资企业竞争优势培育的支持措施。最后从政府和企业层面提出优化中国对外投资企业竞争优势培育绩效的对策。

三、预期的创新点

本书进行如下创新：

（1）提出并界定竞争优势培育型OFDI和缺乏竞争优势的跨国企业。既有研究对外投资时，普遍以对外投资企业拥有超越东道国企业的竞争优势作为分析的隐含前提，企业不可能通过对外投资培育竞争优势。在借鉴相关成果的基础上，提出、界定竞争优势培育型OFDI和缺乏竞争优势的跨国企业，基于溢出吸收能力的视角将后者分为绝对与相对缺乏竞争优势的两种类型跨国企业。

（2）本书以国际直接投资双向溢出为背景，把缺乏竞争优势的跨国企业、东道国企业分别作为国际直接投资净溢出的提供方和接受方，进而把OFDI视为对外投资企业实施交换威胁战略和吸收国际直接投资净溢出的途径，论述对外投资企业培育竞争优势的必要性和可行性。国内外学者普遍认为，OFDI 是对外投资企业利用竞争优势（技术优势）追求利润最大化的结果，国际直接投资溢出的方向只能是外国企业流向东道国企业，而本书则以国际直接投资双向溢出为立足点，有利于化解新兴经济体跨国企业投资于发达经济体面临的来源国劣势及外来者劣势，降低了中国对外投资企业培育竞争优势的风险。

（3）在 Wang 与 Blomstrom（1992）基础上，选择东道国行业需求增长性的新视角，通过技术投资博弈模型的构建和均衡的比较静态分析，阐述东道国产品市场份额竞争驱动技术落后企业与先进企业的跨国技术投资博弈引起的国际直接投资溢出机制。

（4）本书综合竞争策略和战略资源获取的竞争优势培育型 OFDI 相关成果思想，基于国际直接投资逆向溢出的视角，引入 R&D 活动，构建两国双寡头古诺模型，从溢出寻求的动机和交换威胁战略方面，通过均衡解的比较分析，确立对外投资企业成功培育竞争优势必须具备的条件，从而阐述基于国际直接投资逆向溢出的对外投资企业竞争优势培育机制；考虑到双向溢出、溢出程度和溢出在企业内部的跨国转移程度，构建两国双寡头古诺模型，运用逆向溢出类似的方法，确立对外投资企业成功培育竞争优势必须具备的条件，阐述基于国际直接投资双向溢出的对外投资企业竞争优势培育机制。

（5）考虑到吸收能力对缺乏竞争优势的跨国企业获取国际直接逆向溢出的决定性作用，本书将企业吸收能力构造为自身 R&D 投入或产出的函数，克服了既有的竞争优势培育型 OFDI 相关研究的缺陷，构建三阶段两国双寡头古诺模型。既有的竞争优势培育型 OFDI 相关研究隐含的前提是对外投资企业具备相应的吸收能力。大多数发展中国家引进外资的绩效表明这一前提缺乏合理性；接近技术扩散中心只是对外投资企业获取国际直接投资逆向溢出的必要条件，而企业的吸收能力是否满足要求直接决定其能否获得国际直接投资溢出。只有企业吸收能力满足要求之后，溢出规模才成为影响企业获取不同数量和程度的溢出效应的直接因素。因此放弃该前提，根据吸收能力的研究共识将企业吸收能力构造为自身 R&D 投资的函数。通过均衡的比较分析，确定对外投资企业培育竞争优势应具备的条件，从而阐述了吸收能力内生的对外投资企业竞争优势培育机制，研究更贴近竞争优势培育型 OFDI 的实践。

（6）本书通过中国和韩国的个案研究及其比较分析，剖析数理研究结论对新兴经济体竞争优势培育型 OFDI 的适应性，引入灰关联、动态偏离—份额方法，测度中国省域 OFDI 竞争优势培育绩效及其对省域整体OFDI绩效的影响，并从投资结构与竞争力层面分析，比较客观地反映中国 OFDI 竞争优势培育的现状及存在的主要问题。

第二章 对外投资企业竞争优势培育的相关研究综述

概念是逻辑和结构的起点,在综述对外投资企业竞争优势培育相关研究前,先对核心概念进行界定,然后从竞争策略和战略资源获取的角度开展研究。

第一节 核心概念的界定

一、竞争优势、国际直接投资、对外投资企业与竞争优势培育型OFDI

"企业的竞争优势是一个整体的概念,特定企业整体做得比竞争对手更好,整体表现超出该行业的平均水平,它就获得了竞争优势。"[①] 不同理论对企业竞争优势的界定和源泉认识截然不同。外生论的代表人物 Michael E. Porter 在《竞争战略》指出,竞争优势是指企业为客户所能创造的超出其成本的价值。价值是客户愿意支付的总价格,超额价值产生于低于对手价格提供的同等效益或者所提供的效益补偿高价而有余;是否具有竞争优势,由企业的市场地位决定,企业制定、实施竞争战略就是企业在行业中寻求一个有利的竞争地位。因此,竞争战略所追

---

① Perry M K, Besanko D. Resale Price Maintenance & Manufacturer, Competition for exclusive dealerships [J]. Journal of Industiral Economics, 1991 (39): 517 – 544.

求的竞争优势外在于企业，由外部市场的竞争关系、市场机会决定。[①] 内生论的代表理论——资源基础论则认为，竞争优势的源泉是企业控制的长期积累的以有价值、稀缺的、不可仿制和难以转移为特征的战略资源。战略资源包括企业内部的组织能力、资源和知识，战略资源具有特定的租金性质，使企业获得超出平均水平的收益（薛求知，2008；孙新华，2009）。

国际直接投资（Foreign Direct Investment，FDI）是投资者寻求在本国以外运行企业中获取有效发言权为目的的投资，相关投资工具可划分为股权和关联企业债务，股权包括股份权利和投资基金份额以及再投资收益，关联企业债务包括关联企业间可流通和不可流通的债权和债务（IMF《国际收支平衡表手册（第六版）》，2008）。根据国际资本流动的方向，FDI分为外商直接投资（Inward Foreign Direct Investment，IFDI）和对外投资（Outward Foreign Direct Investment，OFDI）。OFDI是一国居民（法人和自然人）以一定的生产要素投入到另一国并相应获取管理权的一种投资活动。[②] 对外投资企业是对外投资的主体。沿用商务部发布《中国对外直接投资统计公报》中的定义，对外投资企业是指境内投资者直接拥有或控制10%及以上投票权或其他等价利益的境外企业。

传统OFDI理论认为，由于文化、法律制度与语言的差异和对当地市场了解的缺乏及跨国空间距离带来的交通、通信等额外成本，对外投资企业只有拥有超越东道国同行的竞争优势，才能成功地进行跨国经营活动，OFDI只是对外投资企业利用其竞争优势的最优途径。因此，这类OFDI可称为竞争优势利用型（Competitive Advantage Exploiting）OFDI。20世纪80年代以来，发达国家高技术行业内相互竞争性直接投资现象日益显著。Kumar（2003）调查还发现，亚洲新兴经济体对外投资

[①] Michael. E. Porter. 竞争优势 [M]. 北京：中信出版社，2009.
[②] 张纪康. 跨国公司与直接投资 [M]. 上海：复旦大学出版社，2011.

企业并购欧美国家公司获取最新的生产技术、销售网络和著名品牌，提升了非价格竞争力；2005年联合国贸易与发展会议（UNTCAD）发布的世界投资报告表明，对外投资企业在技术发达的东道国设立研发中心以吸收当地溢出。这些现象表明：OFDI不一定是对外投资企业利用其竞争优势的产物，很可能成为提高企业竞争力的途径。通过改变全球竞争地位或根据自身特征获取当地技术知识等战略资源而提升对外投资企业竞争力的跨国经营被称为竞争优势培育型（Competitive Advantage Cultivating）OFDI。[①]

二、缺乏竞争优势的跨国企业、国际直接投资溢出与企业吸收能力

竞争优势培育型OFDI的主体是缺乏竞争优势的跨国企业，我们把这种企业界定为竞争力水平落后于东道国企业而国内效率领先的对外投资企业。对企业竞争优势的源泉采取资源基础论的观点。出于简化分析的目的，把竞争优势源泉归结为技术。缺乏竞争优势的跨国企业主要分布在知识密集、产品复杂且技术更新速度快和规模经济显著的行业，与国内同行相比，具备技术优势、市场份额大和经营绩效优良的特征。根据技术水平的高低可分为相对缺乏竞争优势和绝对缺乏竞争优势两种类型。相对缺乏竞争优势的跨国企业是指国内效率领先的企业整体技术水

---

① 竞争优势培育型OFDI实质相当于国内外文献中的技术获取型OFDI或技术寻求型OFDI。本书从国际直接投资溢出和企业吸收能力的角度论证对外投资企业培育竞争优势的可能性和必要性，即确定对外投资企业培育竞争优势符合利润最大化所要求的条件，从而解释了技术获取型OFDI或技术寻求型OFDI。技术获取型OFDI或技术寻求型OFDI还可用Dunning（1993）在《对外直接投资企业与全球经济》一书中提出的寻求战略资产型OFDI假说进行解释。寻求战略资产型OFDI假说的主要内容是，通过对外投资把一部分资产放到兼并公司的资产里，另外一部分资产用于维持或加强企业整体的竞争地位或削弱竞争对手的竞争地位。当战略资产为技术时，技术获取型OFDI就可能发生。而寻求战略资产型OFDI假说的提出者——Dunning（2003）承认该假说一直存在争议（参见尼尔·胡德和斯蒂芬·扬对外直接投资企业的全球化经营与经济发展［M］．沈进德，译．北京：中国社会科学出版社，2006：30-46）。

平落后，但至少在某一方面的技术领先于东道国企业；绝对缺乏竞争优势的跨国企业是指任何方面的技术都落后东道国企业的国内效率领先企业。

技术是人类在科学实验和生产活动过程中认识和改造自然所积累的知识，由显性知识（Explicit Knowledge）和隐性知识（Tacit Knowledge），工艺流程、技术诀窍、市场营销和组织管理经验属于隐性知识。① 不可模仿性（Inimitablity）和独占性（Appropriability）构成隐性知识区别显性知识的特征。对于知识密集、产品复杂且技术更新速度快的行业而言，隐性知识非常普遍，企业隐性知识含量的多少直接决定其技术优势的有无与强弱。而经济全球化的发展使这些行业的技术优势已经取代成本优势在企业竞争中的核心地位，技术水平因而最终决定企业的生存与发展；产品的复杂特征要求落后企业具有足够的隐性知识才能对新产品实施逆向工程，继而获得有价值的信息即技术（Adams，1998；AI - Laham, Amburgey, 2005）。技术扩散是技术创新扩散的简称，它是创新产出即技术从首次商业化应用，经过大力推广、普遍采用的阶段，直至因落后而被淘汰的过程。② 技术扩散的正外部性构成溢出（Spillovers）——技术先进企业的边际社会收益高于自身边际收益的部分（Cave, 1998）。溢出使隐性知识不可能完全控制在企业内部。

溢出包括隐性溢出（Embodied Spillovers）和显性溢出（Disembodied Spillovers）。前者是由于技术扩散使最终产品的质量改善而市场价格没有完全反映出来，不要求溢出的供给方和接受方发生经济交往；后者由租金溢出（Rent Spillovers）和纯溢出（Pure Spillovers）组成，要求溢出双方发生经济往来，比如通过非正式交流、商业网络的技术升级和相关文献对外部技术的廉价使用，或者熟练劳动力的流动、不同所有权的安排（levin etal, 1987；Almeida, Kogut, 1999；Zvi, Grilichdes, 1992）。租金

---

① 傅家骥. 技术创新学 [M]. 北京：清华大学出版社，1999：292 - 294，316 - 317.
② 傅家骥. 技术创新学 [M]. 北京：清华大学出版社，1999：365 - 367.

第二章 对外投资企业竞争优势培育的相关研究综述

溢出指技术改变使产品的市场价格未能完全反映技术创新带来的质量提高,且这种产品作为中间品投入购买企业的生产过程,购买方因此获益。由于着眼于商业化利益,新技术所有者愿意(甚至有意)提供它。而客观原因使新技术中的隐性知识被其他企业模仿、挪用,如技术管理人员的流动、保密措施不健全、交流活动的不自觉溢出,以及知识的流动性、合作中的传播。它们通过非商业化途径进行传播和扩散,产生了纯溢出,技术先进企业不愿意看到,但又难以消除。因此人们对溢出效应的研究通常局限于显性溢出,这可追溯到20世纪60年代。Dougall(1960)在分析、讨论企业对外投资,对东道国的福利效应时,第一次把溢出效应作为国际直接投资的一个重要现象提出来。囿于国际贸易理论,他把OFDI简单地看作国家间的资本流动,构建静态模型,运用局部均衡比较分析法,考察国际边际投资增量如何分配。从此人们结合OFDI研究溢出效应。

国外文献在论述国际直接投资溢出效应时,一般不对技术外溢/溢出(Technology Spillovers/Spillovers)、技术扩散(Technology Diffusion)和技术转移(Technology Transfer)做严格区分,常常混用,本书统一在溢出概念下进行。国际直接投资溢出是指跨国企业的进入或参与,东道国企业或跨国企业所获得的在其在劳动生产率方面的进步。与传统OFDI理论相一致,人们普遍把跨国企业和东道国企业分别作为国际直接投资溢出的供给方和接受方进行研究;[①] 而溢出方向相反时,产生国际直接投资逆向溢出,即东道国企业不能全面获取由其劳动生产效率和运作效率方面的优势所带来的全部好处,跨国企业在东道国投资从中受益。东道国企业对绝对缺乏竞争优势跨国企业的溢出构成国际直接投资逆向溢出;相对缺乏竞争优势跨国企业与东道国企业之间存在双向溢出即在前者技术领先的领域,对东道国企业产生溢出构成国际直接投资溢

---

① 这构成国际直接投资正向溢出,也就是文献中的溢出。除特别说明外,本书后面提到的溢出为正向溢出。

出,在其他技术落后的领域,东道国企业对前者产生溢出构成国际直接投资逆向溢出。从数量上看,逆向溢出超过溢出,使前者为净溢出的接受方,而东道国企业为净溢出的提供方。考虑当前投资贸易保护主义的再度兴起和逆全球化在发达经济体影响的扩大,我国竞争优势培育型OFDI遭遇来源国劣势,我们把双向溢出作为研究的着力点。

本书将吸收能力限于企业层面,综合国内外研究成果将吸收能力界定为企业对外部技术的识别、消化、转化、应用的能力,贯穿于技术识别、消化、转化、应用的全过程。它是企业以前知识库的函数,具有领域限制、累积性和路径依赖特点,受到自身R&D投资的影响。

第二节 竞争策略的对外投资培育竞争优势研究综述

经济全球化进程的加快和新科技革命影响的深入导致经营环境呈现动态复杂性,企业创造竞争优势已无法完全依赖内部培育,而竞争优势培育效率的高低直接关系到企业在市场上生存与发展态势。投资自由化和市场开放程度的扩大使OFDI已成为众多企业培育竞争优势的首要选择。传统竞争力源泉研究显示,企业竞争优势表现为通过竞争策略在行业中占据有利的市场地位。根据竞争对手或自身的行动对市场结构的影响,企业可实施OFDI战略而培育竞争优势。

一、交换威胁论及其发展

在《寡占反应与跨国公司》一书中,美国学者F. T. Knickbocker根据战后187家美国巨型跨国公司进入国外市场的资料,发现大企业对外投资大都是同一时期发生的现象,提出寡占反应论解释对外投资(刘海云,2001;张纪康,2011)。所谓寡占是指由少数几家大公司或由几家大公司占支配地位的行业或市场结构。Knickbocker（1973）将 OFDI 分为进攻型和防御型两类。前者是行业中在国外建立第一家子公司的寡头企业所进行的 OFDI，这种 OFDI 可用 Vernon 的产品生命周期理论解释，此类寡头相对于东道国企业具有竞争优势，并集中表现为拥有先进技术；后者是同一行业的其他寡头企业追随并在东道国同一地区直接投资，不能用技术优势（竞争优势）来解释，需要用寡占反应来解释。国内同一寡占行业中一家企业率先到某国外市场直接投资，其他寡头公司在该国外市场的原出口地位和市场份额面临下降的风险，而实施进攻型 OFDI 的寡头率先在海外立足，极可能因此获取新的竞争优势，进而导致其他寡头在国内经营陷入不利的境地。因此，从利润最大化的角度，其他寡头选择 OFDI 可能并不合适，而为了防止上述情况的发生，这些寡头的最佳选择是盯住竞争对手，采取跟进战略以维持既有的竞争均衡态势。

Knickbocker（1973）还分析影响寡占反应强弱的因素：①寡占反应与行业的集中率正相关，而集中率超过 60%～70% 时，这种正相关减弱；②寡占反应与行业的利润率和东道国的市场容量都是正相关的关系；③寡占反应与行业中产品特异化能力负相关。由于 OFDI 行业大多数具有寡占性，只要寡占行业中防御性 OFDI 是主要类型，OFDI 在相当程度上就取决于寡头之间的行为约束和反应，而与是否拥有超越东道国企业的竞争优势（技术优势）没有必然联系。由于防御性 OFDI 发生在进攻型 OFDI 之后，因而寡占反应论通常被视为垄断优势理论的重要延伸和补充。Knickbocker 事实上已创立了竞争策略角度对 OFDI 的研究，有助于学者摆脱竞争优势利用论的影响，促进了竞争优势培育型 OFDI 相关研究的发展。

受寡占反应论的启发，E. M. Graham（1978，1990）在研究第二次世界大战后欧洲企业对美国直接投资时，将其与美国企业对欧洲的直接投资联系起来，注意到二者相互投资的产业结构大致相同，认为既有的特定优势（竞争优势）理论并不能对此做出完全合理的解释，因为如果 OFDI 是由投资主体的优势扩张引起,很难出现相互投资的产业结构趋同的巧合。针对学者对寡占反应论的主要批评"寡占反应行为脱离企业利润最大化假设和这一行为并非企业竞争的均衡解",Graham(1978,1990)提出交换威胁论进行回应。在对外投资的初期阶段,跨国公司因市场份额很难反映其相对于东道国同行的竞争优势,导致其倾向采取交叉盈亏抵补(Cross-subsidization)战略,即通过降价以扩大东道国市场份额而不考虑亏损的存在,而亏损可通过在母国市场或第三方市场的企业利润来弥补。东道国寡头面临市场地位受威胁和市场份额被蚕食的危险时,选择对前者母国直接投资具有战略性:它可使跨国公司因顾忌其在母国的市场利益而收敛在东道国的价格进攻行为,进而降低竞争强度。这就是交换威胁战略。进攻型 OFDI 和防御型 OFDI 发生后,两国寡头串谋以维持在两国市场产品价格的稳定与竞争均衡。东道国企业因防御型 OFDI 而培育竞争优势。

交换威胁论认为寡头之间的反应并不限于国内的高技术产业和少数大型跨国公司起主导作用的航运业,国际寡占特征已经成为事实,如美国的波音和欧洲的空中客车两大跨国公司几乎完全垄断世界大型商用客机市场。在这些行业,由于数量有限的重量级竞争对手的存在,容易形成寡头垄断的竞争态势(刘海云,2001)。Graham 以非合作博弈的无名氏定理为基础论证,实施交换威胁战略的条件:由于市场竞争的不确定性,只有寡头企业追求当前利润最大化时,交换威胁战略才是子博弈精练纳什均衡。

Casson(1987)认为跨国公司企业发动价格战时,即使报复行为使该企业蒙受较大的损失,当地企业也应以该行为维持其声誉,交换威胁才具备可信性,进而构建两国双寡头重复博弈模型,论证交换威胁战略引起竞争优势培育 OFDI 的可行性。海外生产不影响企业的边际成本而带来额外的跨国经营成本。为实现利润最大化,东道国企业倾向于降价迫使跨国企业退出。竞争的对称性导致均衡时双寡头相互投资并同时放弃降价。Graham(1990)则认为,在 Casson(1987)模型中,双寡头只注重眼前利益的短视行为应导致均衡时爆发价格战。这使交换威胁战略竞争优势培育的失效，进而将该模型修正为双寡头都追求利润净现值最大化，放松企业的边际成本相等和国内企业拥有成本优势等约束，运用博弈论中的无名氏定理论证：在利润贴现率足够小的条件下，无限期重复非合作博弈使之双寡头交叉直接投资并放弃价格战，因交换威胁战略的实施，使东道国寡头的防御性 OFDI 可培育竞争优势。

与寡占反应论不同，交换威胁论学者强调最先行动的寡头对外投资后，其他寡头除知道对方行为对自己未来竞争地位的不利影响外，还能判断具体的威胁是什么，并在利润最大化原则下决定是否对外投资以化解这一威胁。这些结论都是建立在经验研究之上的假说，缺乏微观的经济理论基础的支撑，解释对外投资的逻辑可归结为（蒋殿春，1998）：国际市场的分割使率先对外投资的寡头在东道国市场赢得发动价格进攻（不一定是掠夺性价格战）的优势，而东道国企业和投资母国其他寡头面对现实或潜在的竞争压力，进行有针对性的 OFDI 是一个较好的竞争策略，因为这样在分割的多个市场实施反威胁，可迫使对方放弃对目标市场的进攻。而现实中，这一性质的 OFDI 只在特定情况下，可构成国际寡头竞争的子博弈精练纳什均衡，在一般情况下交换威胁不具备可信性。

蒋殿春（1998）以厂商的局部掠夺性定价原理为基础，构建博弈模型并通过严谨的数理推导，确定寡占反应式或交换威胁式 OFDI 发生的具体情形：①寡头竞争形成对称格局。一方面，价格战类似于倾销，任一寡头在对方市场上发动价格战使对方受损而自身从中受益，因而威胁是可信的；另一方面，任一寡头都倾向于在本国市场采取较高的价格。②当信息不完全时，在对方市场上直接投资可在一定程度上保护自身在国内市场上的利益，甚至使防御性寡头能以事实上无效的威胁来"蒙骗"对手而达到预期的战略效果。③若存在国际贸易时，厂商凭借较大的出口市场份额在国内进行价格战以威胁竞争对手，而这些国内对手到出口市场直接投资,在一定条件下完成威胁的交换。这可解释寡占反应论中的第一家对外投资厂商的行为。④考虑国际贸易时,某厂商希望去国外投资,却担心东道国垄断寡头的强烈反应。若后者率先来国内投资,而国内厂商开展 OFDI 保证降价威胁具有可信性,才能换取对方在本土市场上的克制。

二、战略性 OFDI 理论及其发展

Veugelers(1995)通过两国双寡头古诺模型的构建和均衡分析,阐述战略性 OFDI 理论。这一理论的核心:企业选择 OFDI,与其是否拥有超越国外同行的竞争优势没有直接联系,即使厂商不具备拥有 OFDI 所要求的竞争优势——成本优势,出于巩固或改善竞争地位即培育竞争优势的战略考虑,也可能进行跨国经营;管理者考虑竞争优势培育 OFDI 战略,是否带来企业的利润增加(亏损减少)时,首先应预测 OFDI 引起竞争对手的反应,只有确认对手的反应有利于自身的商业利益方可付诸实施。生产可替代产品的寡头需进行 R&D 活动,创造技术知识等无形资产,以克服跨国经营的额外成本。基于引起企业无形资产状况改善的 R&D 活动的收益情况,即 R&D 的范围优势效应,Veugelers 解释了竞争优势培育型 OFDI 发生的两种情形。若范围优势效应不明显导致双寡头限于国内经营的利润超过跨国经营,而 OFDI 战略产生的竞争效应导致东道国寡头丧失完全垄断地位而利润下降,均衡时双寡头都选择OFDI。扩展到无限次重复博弈,只要利润率较大和贴现率较小,这一结论仍成立。这可解释被动的竞争优势培育型 OFDI。若范围优势较明显且竞争对手先行动时,对手限于国内经营,寡头选择跨国经营因产品需求的增加幅度和 OFDI 的竞争效应都比较大,使之企业利润超过限于国内经营;而对手选择跨国经营将造成较高的进入壁垒,产品需求增加幅小和 OFDI 的竞争效应并不明显而难以弥补海外经营的额外成本,使追随战略不可行。因此,率先进行跨国经营可使企业获取竞争的先行者优势,追逐更大的利润和获取先行者优势,解释了主动的竞争优势培育

型 OFDI，进而克服了交换威胁论的不足。

上述学者都认识到企业之间的国际竞争对 OFDI 是否发生的影响，也分析企业选择 OFDI 的竞争策略意义，却没有摆脱竞争优势前提（利用）论的束缚，因而没有明确将企业竞争策略作为独立的因素纳入研究框架，导致上述研究很难准确分析竞争策略对企业选择 OFDI 的作用程度。而马亚明等（2006）在《策略竞争与跨国公司的国际化经营》一书中，构建了企业对外投资的竞争策略研究框架，运用非合作博弈的思想、方法，分析了完全信息静态博弈、不完全信息静态博弈和完全信息动态博弈下的企业竞争策略互动，较全面论述 OFDI 与企业特定优势（竞争优势）的关系：以技术知识为核心的垄断优势（竞争优势）是企业对外投资的一个重要因素，但它既不是充分条件，也不是必不可少的条件；在缺乏特定优势（竞争优势）时，企业间的竞争策略互动可促进 OFDI 的发生，因此，OFDI 成为缺乏竞争优势企业进入国际市场、占领国际市场和保持国内市场占有率的一种有效战略举措。

技术扩散使之先进企业与落后企业之间的技术差距缩小，技术差距的变动引起企业在市场竞争中地位的改变；技术扩散存在的普遍性使企业在进行竞争策略选择时，必然考虑技术扩散对其竞争优势的影响：落后企业因技术扩散而获得对手的先进技术，增强了竞争优势，因而倾向采取可充分利用技术扩散的竞争策略；发达企业因技术扩散使之技术差距的减小，直接削弱竞争优势，因而采取倾向于限制技术扩散的竞争策略。缺乏竞争优势的跨国企业可能因采取促进技术扩散战略而对外投资。而马亚明、张岩贵（2006）进行竞争策略分析时忽略了技术扩散的影响，很难对竞争优势培育型 OFDI 进行全面的分析。

三、附加策略变量的 OIL 模型及其发展

一些学者认为 OIL 范式几乎不能解释企业对外投资的具体策略行为的差异，在微观层次的适用性不如宏观。针对这一批评，Dmming（1993）结合 Knickbocker 与 Graham 的研究成果，将企业策略界定为基

于长期目标最优化的企业行为变化，考虑因策略直接影响企业的 OIL 特性，将其作为单独的内生变量纳入国际生产折中范式之中。这种附加策略变量的 OIL 模型的核心思想：在既定的具体的时点上，国际生产的水平、方式（OFDI），由企业实现最优化目标而对 OIL 特性的策略反应之间的连续的相互作用和企业的 OIL 特性所决定。附加策略变量的 OIL 模型将发展中国家对发达国家的直接投资解释为逆向寡占反应式 FDI：在任一时刻 t_0 行业中寡头间拥有相对稳定的 OIL 优势。当发达经济体企业突然对发展中国家直接投资，发展中东道国同一行业的寡头因其所有权特定优势受到潜在的威胁，有动力采取相似的策略跟随扩张，对发达经济体逆向投资以维护或强化 t_1 时刻自身的所有权特定优势。

事实上，发展中国家在逆向投资时，许多企业根本没有竞争优势，还有些企业对微利甚至亏损的对外项目仍追加投资。这些现象沿用 Dunning（1993）模型很难说明。冼国明等（1998）根据技术累积理论（Cantwell & Tolentino，1990）将发展中国家企业对发达国家的直接投资策略明确为两种类型——学习型 OFDI 策略和策略竞争型 OFDI 策略。[①] 前者发生在投资的初期，对外投资企业的主要目标是获取东道国的某些中间产品（技术等），这一阶段可能会发生亏损。而从整个投资过程看，学习型 OFDI 提高了企业的技术累积的速度并改善其累积的动态效率。随着发展中跨国企业技术水平的上升，当技术差距缩小到一定范围后，将与技术先进企业在全球市场竞争即可采取竞争策略。在此基础上，构建附加策略变量的 OIL 模型对 Dunning（1993）无法说明的现象进行解释：在 [0, t] 期间，发展中国家对外投资企业通过学习型 OFDI 加快技术累积，从而在 t + 1 时刻的具有明显的所有权特定优势；

---

① 与此类似，刘海云（1998）认为发展中国家对发达国家的直接投资可分为学习积累经验阶段和利用企业优势阶段两个典型阶段。吴彬（1998）认为发展中国家企业对外投资过程，总是经过"经验获得阶段"和"利润摄取阶段"，前者是试探、熟悉或学习阶段，以获得有关发达经济体市场信息、制度与商业习惯，积累跨国经营经验。而后一阶段，通过时间的延续，从跨国企业本身意愿看，尽可能延续跨国经营，以获取最大利润。

通过 t+1 时刻的竞争策略型 OFDI，巩固 t+2 时刻企业的 OIL 结构和市场份额，从而在国际分工体系中占据有利地位。

冼国明等的两阶段跨期利润最大化研究存在三个方面的不足：

（1）忽略跨期利润最大化的风险和发展中国家的机会成本。冼国明等（1998）的关键性结论是后期的收益超过前期的亏损，进而实现投资过程的利润最大。研究假设后期阶段，由于技术差距的缩小，使规模取代技术成为企业竞争结果的主导因素，完全没有考虑到发展中国家（地区）与发达经济体相比在许多行业根本不具备规模优势，而发达东道国还可能存在许多大型跨国公司，因此第二阶段发展中跨国企业是否赢利存在较大的风险。前期进行学习型 OFDI，发展中国家（地区）对外投资企业还必须为技术获取支付足够的学习成本和跨国转移新技术的费用，因而前期投入的大小、能否弥补，以及弥补的时间长短将成为发展中国家企业逆向投资决策的出发点，而跨期利润最大化研究忽略其中的风险，并要求政府给予支持以降低企业的前期投入，政府这种举措很可能存在因企业的寻租竞争而造成社会生产性活动的减少。

（2）没有考虑发达东道国企业对技术扩散的限制和发展中国家跨国企业技术扩散的获取能力。这种跨期利润最大化研究以技术可得性为前提，认为发展中国家（地区）进行学习型 OFDI 能获取技术知识，实际上夸大了技术扩散程度。国际直接投资技术扩散的理论与实证研究表明（Blomstrom，Wang，1992；Javorcik，2004）：技术扩散取决于企业之间的策略竞争，其中技术先进一方的意愿对技术扩散的程度与数量起决定性作用。发达企业为维护技术优势引致市场竞争中的有利地位，通常会对重要性程度不等的技术扩散进行相应的控制，并利用专利制度等手段对核心技术和关键性技术予以严格保护，阻止后者的逆向工程等技术获取能力。冼国明等（1998）事先假定发展中跨国企业通过技术学习与积累足以获得技术扩散所需要的技术能力。这一假定过于乐观。

（3）没有分析后期阶段企业之间的策略互动。这一跨期利润最大化研究假定，第二阶段发展中对外投资企业选择竞争策略同发达东道国企业竞争，因忽视东道国企业可能因规模优势引起的成本差异而没有考虑其反应。事实上东道国企业完全可能通过掠夺性定价，将处于规模劣势的发展中跨国企业从市场中淘汰出去，使发展中跨国企业丧失成长为发达东道国寡头的机会（即国际垄断竞争）。因此，冼国明等（1998）的研究有待进一步完善，才可能对缺乏竞争优势的发展中国家企业通过OFDI培育竞争优势的行为做出全面的合理解释。

四、竞争策略的对外投资培育竞争优势研究的评价

基于竞争策略的相关研究将对外投资置于国际不完全竞争环境中考虑，隐含的前提是企业之间的竞争是一个动态过程。这一过程总是按照一定的竞争规则，通过运用不同的竞争策略并以一定的竞争格局和竞争均势，即以各个参与竞争的企业间相对稳定的排序为基点，沿着保持或获得竞争优势的轴线而展开。[①] 这一过程是不断打破旧的竞争格局和竞争均衡并形成新的竞争格局和竞争均衡的历程。竞争过程的动态性意味着企业在市场中的地位不是一成不变的，因此竞争策略的运用是否恰当直接关系到企业的生存质量与发展态势。故这一研究不是以传统OFDI理论的合理性动机（如以降低边际成本实现利润最大化）为出发点，而是以策略性动机为研究的出发点（刘海云，2001）。所谓策略性动机是指企业选择OFDI，纯粹是借助投资形成跨国经营态势并从竞争对手的反应中获利。通过国际寡头垄断模型的均衡状态分析，阐述OFDI的必要性，说明对外投资是市场竞争由国内向国际发展过程中，缺乏特定优势（竞争优势）的企业可采取的一种竞争策略：凭借OFDI可改善其国内外市场中不利的竞争地位，企业培育竞争优势进而实现可持续成长。上述竞争策略相关研究至少存在如下明显的缺陷：

（1）大多数研究忽略技术扩散的普遍存在，难以解释缺乏竞争优势的跨国企业对外投资的技术获取行为。由于先进技术是企业竞争优势

---

① 孟宪昌. 企业扩张论 [M]. 成都：西南财经大学出版社，2001：109-112.

的核心,技术扩散对技术水平不等的企业市场地位的影响,截然不同。先进企业因技术扩散使其与别的企业技术差距缩小,导致市场地位下降而竞争优势削弱;落后企业因技术扩散而受益——获得先进技术,改善市场竞争中的不利地位。技术扩散自然成为技术先进和落后的企业之间策略互动时必须考虑的重要因素。缺乏竞争优势的跨国企业可能因技术扩散选择 OFDI,技术先进企业则可能因技术扩散而放弃 OFDI。

(2)少数研究注意到技术扩散,却在研究中无形地夸大了技术扩散对缺乏竞争优势企业对外投资的推动作用。原因是这些研究忽略缺乏竞争优势的跨国企业作为技术扩散的接受方,必须进行一定数量的技术学习投资,以增强技术扩散获取的能力,也没考虑到先进企业对技术扩散的主动控制和企业之间的相互作用(竞争)对技术扩散的影响。

因此,基于竞争策略的相关研究对竞争优势培育型 OFDI 的解释力不强,没有引起学者的普遍关注,而这一思想已经被基于战略资源获取的角度研究所吸纳。

第三节 战略资源获取的对外投资培育竞争优势研究

随着企业竞争力源泉研究的深入,资源基础论一经提出就迅速得到学术界的广泛认可。该理论认为企业竞争优势主要取决于其拥有的战略资源。经济全球化的快速发展引起战略资源不均衡分布的特征更加明显,即战略资源在全球分散的同时却在少数区域集聚。企业可根据自身资源特征寻找、选择相应区域进行 OFDI,通过资源扩散而获取互补性战略资源,迅速提高竞争力。竞争优势培育型 OFDI 战略资源获取角度的梳理和综述沿创造性资产寻求、吸收国际直接投资溢出和后来者行为三个方面展开。

一、创造性资产寻求研究

Dunning（1993）将资源分为自然资产和创造性资产两类（Dunning，Lundan，1995）。后者又称战略资产，是在前者的基础上，通过长期的大量投入而创造出来的基于知识的有形资源和无形资源，成为企业竞争优势的关键源泉。R&D 活动是产生创造性资产的主要途径。与基础设施相关的创造性资产为区位特有，逐渐成为区位优势的核心，可被区域内的企业共用；与劳动力、知识、管理和组织相关的创造性资产基本上为企业所特有。跨国企业选择区位优势明显的潜在目标区域进行直接投资，根据自身需要选择和吸收当地企业扩散的创造性资产以培育竞争力（Dunning，Lundan，2008）。

Wesson（1999）则构建两国双寡头重复博弈模型，通过均衡分析吸引力需求的可行性及其形成的条件，论证发达国家制造企业如何利用 OFDI 寻求创造性资产而培育竞争优势。国际直接投资对绝对缺乏竞争优势的跨国企业的价值是产生创造性资产——吸引力需求（Attactive Demand）。产品中蕴含技术的频繁变动和消费者偏好的随机性，导致差异性取代价格成为影响产品需求的首要因素，预测产品需求并进行相应的技术开发成为决定企业市场地位的关键力量，因而产品需求在一定程度上可由新开发的技术来反映。而全球技术创新主要集中在一个或几个国家，新开发的技术传播到其他国家需要一定的时间。只要技术落后国家企业具有吸收先进国家的技术创新成果的能力，吸引力需求就会产生。吸引力需求因而被界定为可预测技术落后的跨国企业母国产品下一时期的东道国产品即期需求。OFDI 还需满足以下条件：一是两国企业通过 OFDI、技术购买与技术许可等途径进行一定的联系，吸引力需求得到最有效的利用，而 OFDI 是双方联系最有效的途径；二是使用吸引力需求，缺乏竞争优势的跨国企业比竞争优势企业创造的价值大。而在投资过程中，缺乏竞争优势的跨国企业寻求创造性资产可获得东道国的当期需求。跨国企业融入当地的产业网络观察、学习而获取吸引力需求，降低了预测国内产品需求的不确定性,进而弥补其海外经营亏损和改善整体经营绩效。获取吸引力需求要求跨国企业隶属的行业与东道国技术创新的行业必须相关而不能无关,如加拿大软件企业在美国获取的吸引力需求,正是由于美国是全球计算机硬件产品技术创新的主要发生地。

二、吸收国际直接投资溢出的理论研究

(一) 直接投资溢出与溢出空间局限性的研究

Caves(1974)比较全面地把国际直接投资溢出分为三种类型:资源配置效率的改善、技术效率的提高及技术转移与扩散速度的加快。Blomstrom 与 Kokko(1998)在总结其他学者成果的基础上,把国际直接投资溢出效应的渠道归结为:①前向联系与后向联系。前向联系指 MNCs(跨国公司)子公司对处于下游的东道国企业提供专家服务、咨询与质量先进的投入品,传授先进的营销理念或引进先进机器,拉动当地相关机械设备维修业务的发展;后向联系是跨国公司帮助当地供应商提高生产率,或为有潜力的供应商建立生产设施、提供技术信息,鼓励其进行创新,提供技术支持甚至直接技术支援当地供应商,改善产品质量。一般情况下,前向联系比后向联系引起的溢出效应更显著。当地企业能否与对外投资企业建立上下游关联,取决于东道国的市场容量和当地政府政策、当地企业的规模与技术能力。②劳动力的流动。MNCs 子公司对占绝大多数的当地雇员进行培训,范围包括在职培训、参与技术、产品、工艺的改进甚至 R&D 活动、派遣到 MNCs 总部或其他子公司工作。随着这些员工流入本地企业或者创业,东道国人力资本增加。③竞争效应与示范效应。竞争效应集中体现在学习过程中;示范效应通常是自发产生,与竞争效应密不可分。二者相互作用,促进东道国企业模仿活动进程加快,进而迫使 MNCs 子公司从总部引进技术和子公司之间技术转移都加快。④产业结构的变迁。短期内对外投资企业的进入降低东道国市场的垄断程度,加剧竞争程度;长期对外投资企业的存在提高了东道国产业集中度。

当 MNCs 无法使用市场势力,只要国外生产没有完全替代本国企业

的生产，挤出效应还未出现，溢出效应就不会消失。通过示范、模仿以及劳动力的流动、竞争产生的溢出效应构成行业内溢出；前向或后向关联引致溢出的效应构成行业间溢出。① 水平溢出导致 MNCs 特定优势扩散，使得 MNCs 倾向关闭溢出通道；垂直溢出不仅不会导致 MNCs 租金损失，跨国企业还可能间接因其受益而愿意甚至促进国际直接投资溢出的通道畅通。国际直接投资溢出是不同经济体企业因竞争力水平差异而策略竞争的结果，竞争优势企业的意愿与缺乏竞争优势企业吸收能力对溢出效应的发生起到决定作用（Javorcik，2004）。Das（1987）从跨国公司（竞争优势企业）决策角度构筑模型论证溢出有利于当地企业（落后企业）竞争优势的培育与提升，给跨国公司带来潜在的损失。只要总部持续提供先进技术可维持在东道国市场份额而继续获利，溢出的持续性就有发生的可能。

Blomstrom 与 Wang（1992）则直接通过 MNCs 子公司和当地企业的策略竞争，构造内生性国际直接投资溢出博弈模型，以双方都意识到溢出不利于前者而有利于后者作为分析的前提，求出各自的动态均衡最优解。子公司从母公司或其他子公司引进、开发新技术的投资与当地企业的学习性投资规模及二者竞争程度，直接关系到溢出效应的大小。一方面，MNCs 子公司的进入，加剧当地市场的竞争程度，迫使当地企业增加学习型投资（研发投入）以免被淘汰。学习性投资越多，吸收对方技术溢出的能力越强。当子公司引进、开发技术速度不变时，子公司利润空间缩小。另一方面，技术差距缩小的压力迫使子公司加快引进、开发技术的速度，以保持和拓展东道国市场，恢复并扩大利润空间，导致新一轮的溢出。这构成国际直接投资溢出的正反馈。类似的可以说明学习的正反馈。两个正反馈的中心环节是东道国市场竞争程度的加剧。在此基础上，Kokko（1994）利用墨西哥制造业的所有 230 个四位码行业

---

① 陈涛涛. 外商直接投资的行业内溢出效应 [M]. 北京：经济科学出版社，2004：8 - 11.

的全部样本数据，以及包括外商直接投资的 215 个四位码行业的数据，用人均劳动生产率反映企业的技术水平，劳动生产率的提高代表企业的技术水平增长，分别以外资企业的竞争对内资企业劳动生产率的影响和以内资企业的竞争对外资企业劳动生产率的影响设计内外资企业相互作用的联立方程模型，回归发现：内外企业劳动生产率的系数都不显著；将外资较多、内外资企业劳动生产率差异较大的行业从总样本剔除，对剩余的样本再进行回归，发现联立方程模型中，内外资企业的劳动生产率呈现显著的正相关。这表明，调整后的样本中两类企业之间存在激烈的竞争关系，而这种竞争关系分别对外资企业和内资企业的劳动生产率发挥了促进作用。如果把外资企业劳动生产率的提高归结为企业引进更多的先进技术，则 Kokko（1994）的经验研究为 Blomstrom 和 Wang（1992）的理论模型提供一个较好的证据。Blomstrom 等（1994），Blomstromh 与 Kokka（1995）、Sjoholm（1999）、Barrios（2000）、Konings（2001）、Slaughter 等（2002）的实证研究结论也类似，即外商直接投资促进内资企业劳动生产率的提升。

Kapur（1995）认为不确定条件下溢出促进企业为获取技术扩散而进行的技术学习。采用新技术的早期厂商给后采用者带来信息的正外部性。后者通过观察前者的失败或成功经历，获得更多有关新技术的信息，可修正对新技术的贝叶斯信念而获取后动优势。Kapur 把这种观察行为定义为企业的技术学习，技术学习带来的后动优势使每个厂商倾向于让其他企业先采用新技术而持观望态度，因此构造多个同质厂商等待竞争博弈模型。均衡结果是每个企业采取混合策略，采用新技术的强度依赖于新技术的特征与学习过程。Parente（1994）则构造出模型讨论干中学与溢出的选择、吸收的关系。他认为在前、后向溢出的吸收过程中，厂商通过边干边学积累的专有技术知识为其选择、吸收活动创造了条件，这些知识提高企业吸收技术溢出的应用效率。Colombo 与 Mosconi（1995）分析多种技术早期扩散过程中累积性学习的关键作用。根据 783 家意大利制造企业的样本数据，对源于柔性自动生产范式创新簇的技术扩散进行持续性分析,发现技术互补性与学习效应的显著作用。学习效应与以前企业使用技术所获得的经验直接相联系,具有累积性。由于众多新技术源于同一技术范式而具有强烈的互补性,新技术与企业以前使用的技术互补程度成为企业采用新技术的关键因素。通过用中学积累技术经验,厂商以此为基础,根据企业的技术历史选择与当前技术互补性最强的新技术。

在国际直接投资溢出过程中,由于隐性知识(Tacit Knowledge)和黏性知识(Sticky Knowledge)的存在,这些知识不易编码,在传播过程中不易留下痕迹,且传播时很难与特定个人、社会及语境分开,要求面对面的交流和连续重复的接触与联系;隐性知识和黏性知识的边际传播成本与技术来源地的距离同方向变动。这些因素共同作用导致溢出的空间局限性(Spatial Limitation of Spillovers),即溢出限制在一个国家,甚至一国的特定地区内部(梁琦,2004)。

许多国内外学者为此进行实证检验,实证结果在不同程度上支持这一结论(曾剑云,2007)。Jaffer 等(1993)开创了溢出空间局限性的实证检验的先河。三位学者以专利引用代表技术溢出,设计了匹配方法。考虑到溢出之前,相关技术活动在地理位置上的集中对检验的干扰作用——提供支持溢出空间局限性的虚假证据,设计控制专利模拟相关技术活动的空间集中,通过控制专利与原始专利的地理匹配来消除这种干扰作用。以 1975 年、1980 年美国专利商标局授予给美国大学、美国企业的专利为两组原始专利样本,以 1975—1979 年和 1980—1989 年的专利为基准,以引用原始专利构筑两组引用专利样本,[①] 与引用专利具有相同或最接近的授予日期、相同的技术类别,但没有引用过原始专利的专利组成两组控制专利样本。[①] 匹配是指两个专利的发明人居住地相同,又分为国家、州、县(SMSA)三种情况,分别计算引用专利与原始专利、控制专利与原始专利的匹配频率。在排除自我引用的条件下,

---

① 技术类别为基于三位码行业的技术分类标准(Jaffer et al, 2003).

即剔除引用专利与原始专利的发明人相同情形。根据两组匹配频率进行非参数估计，发现只有县级估计值为正且显著，说明技术溢出存在县级的 SMSA 效应。运用 Probit 模型估计发现溢出的 SMSA 效应的减弱比率：一般情况下，1980 年原始专利比 1975 年的原始专利引用时滞短，说明溢出的 SMSA 效应缓慢减弱。这表明美国专利更可能被其国内用户引用，引用专利与被引用专利的发明人很可能来自美国同一个州或同一个县，随着时间的推移，这种可能性缓慢下降。Jaffer 与 Manuel（1999）利用 1963—1999 年美国专利商标局授予给美国、日本、英国、法国、德国的专利数据，运用 Jaffer、Trajtenberg、Henderson（1993）创立的方法（简称 JTH 方法）发现，这五国的专利引用具有明显的空间局限性特征且存在国家差异；Bottazi 与 Perri（2000）根据欧洲地区 1977—1995 年的研发投入与专利数据运用 JTH 方法，发现溢出效应存在边界效应——溢出只在不超过 3000 米的范围。

Thompson 与 Fox – kean（2005）认为三位码标准可能导致原始专利与引用专利或控制专利毫无行业相似性，无法模拟事前相关技术活动的空间集中。他们以四位码作为技术亚类，原始专利、控制专利与引用专利至少有一个共同的亚类构造控制专利。以 1976—2001 年美国专利商标局授予的专利为基准，以 1976 年授予给美国居民的专利组成原始专利样本，运用 JTH 方法分析，结果显示专利引用的当地化 SMSA 效应不存在，只有大都市效应（CMSA）。而用严格的技术分类标准却可能提供接受溢出非空间局限性的虚假证据，使得溢出的范围局限于行业内，其他溢出被排除在外（Jaffer et al, 2005）。

一些学者间接通过取得与距离相联系的专利数目说明本地技术对外地生产率的影响，并以此代表溢出。通过技术扩散的增长模型的参数估计检验溢出的当地化特征，[①] 还避开了控制专利的技术类别标准选择难

---

① 国外文献中溢出的当地化特征（Localized Spillovers）与溢出的空间局限性（Spatial Limitation of Spillovers）的含义实质相同。

题。Eaton 与 Kortum（1996，1999）根据取得的专利数据估计国家层面的增长模型，发现技术扩散的参数估计为正且显著，说明国内取得的专利数目比国外专利数目多，溢出具有强烈的当地化色彩。Jonanthan 与 Sam-ud（1999）则设计研发活动引致技术外溢的增长模型，利用 1988—1991 年 OECD（经济合作发展组织）研发前五名的国家制造业，经过技术处理对模型参数进行非线性估计，发现取得国内专利的可能性显著高于取得其他国家的专利，且不同国家的技术溢出和吸收速度存在明显的差异。而 Naoto Jinji 等（2015）发现国际贸易，相对国际直接投资，为溢出更重要的输送通道，水平型行业内贸易、垂直型行业内贸易与行业间贸易的溢出依次下降，贸易扩大了发达经济体与欠发达国家之间的技术差距。

Kellar（2002）则直接通过国家之间的地理距离检验溢出当地化，选取 14 个 OECD 国家 1970—1995 年的制造业为样本数据，以英国、日本、法国、德国、美国（G-5）作为另外九国（G-9）的技术来源方，以两国首都的空间距离衡量两国的地理距离，构造九国的全要素生产率模型，用距离参数反映来自 G-5 中任何一国的 R&D 溢出当地化程度，并构造溢出的有效性参数反映从国外研发获益程度。Keller 的回归结果显示两个参数的估计值为正且显著，说明 G-5 的技术研发对 G-9 中每一个国家的溢出有效性随地理距离的增加而减少，通过引入时间因子虚拟变量重新估计，发现溢出空间局限性程度明显减弱。

溢出的空间局限性使溢出存在地理边界，溢出效应随空间距离而减弱，这使得溢出普遍的行业内企业倾向于在特定区域集聚。David（1996）实证检验溢出对产业集聚的影响。考虑到某些行业运输成本高、对原材料依赖度高、资本密集度大等因素容易引起企业生产活动的空间集中，控制这些因素作用后，David 发现研发活动频繁的行业倾向集聚。Cantwell（2005）则研究跨国公司研发活动集聚的区域特征。以英国、法国、德国、意大利等四国 111 个区域 792 家大型国外跨国公司为例，根据 1987—1995 年美国专利商标局授予给它们的专利为样本，通过一组多元回归方程的参数估计表明，外国公司研发活动非常注重行业间溢出、人力资本溢出,当地市场规模、居民收入等传统因素也会产生一定的正面影响;对于行业内溢出的影响则视情况而定。当完全由几家当地企业提供时,因过高的进入壁垒和有限的地方资源导致的挤出效应,降低跨国公司贸然进入的可能性,当跨国公司产生溢出时,则可能吸引其他跨国公司进入。这说明跨国公司追求国际直接投资逆向溢出时,倾向于选择在高校、公立研究机构附近,汇聚多个国家的不同行业企业的研发活动频繁的区域。

(二)吸收能力的研究

Cohen 与 Levinthal(1989)论述 R&D 活动的双重效应即研发成果直接促进技术进步,研发产出增强企业对外来技术的吸收能力,首次提出吸收能力(Absorptive Capability),将其界定为识别(Identify)、消化(Assimilate)、利用(Exploit)外部知识的能力,也就是企业的学习能力(Learning Capability)。这引起学者的广泛关注。既有的吸收能力成果主要集中在内涵的界定、影响因素、测量方面,可分为微观、宏观两个层面。

微观层面上,ZahraandGeorge(2002)、Lame 与 Kokka(2002,2006)和包群等(2006)总结并深化 Cohen 与 Levinthal(1989,1990)和其他学者成果,认为吸收能力是企业对外部技术的识别(Identification)、消化(Assimilation)、转化(transition)、应用(Exploitation)的能力,贯穿于企业对技术识别、消化、转化、应用的全过程,它是企业以前知识库的函数,具有领域限制、累积性和路径依赖特点。企业前期的技术开发投入、员工之间的新技术信息沟通程度,以及企业是否鼓励员工在信息搜寻方面的努力,决定企业能否快速有效进行技术识别;企业员工的专业素质与综合能力决定新技术的消化速度与效果,对新技术的重新定义与组织能否达到与已有技术的融合,直接影响到企业的技术消化质量。新技术的应用决定其商业价值的实现,成为企业吸收外部技术的内在动力。技术转化与技术应用构成现实吸收能力,技术识别与消化组成潜在吸收能力,实现能力与潜在能力之比即为效率因子。而影响企业吸收能力及其效率因子的因素可分为两组：一组是内部因素，包括企业以前的知识积累、研究开发投入的强度、学习强度、学习方法、组织学习机制；另一组是行业环境与吸收的技术特征构成的外部因素。行业环境集中体现在由产品的销售水平与需求价格反映的需求状况和行业技术的专用性，即行业技术的公共产品性质程度所吸收技术的企业专有特性、技术发展的路径依赖程度和技术的累积性、粘滞性，以及技术的生命周期阶段构成被吸收技术的特征。

一些学者将吸收能力内涵延伸至宏观层面，与 Alramowitz（1986）的社会能力相似，强调吸收能力相关因素的协同效应（Criscuolo，Narjlala，2001），对国家吸收能力影响因素也扩展至一国人力资本存量、研发强度金融市场有效性、知识产权等方面。由于研发活动与人力资本对吸收能力的决定性作用，许多学者以研发投入、教育、专利等衡量吸收能力实证检验吸收能力是否存在门槛效应，代表性成果有 Borensztein 等（1998）、XU（2000）、Griffith（2002）、Kinosthital（2001）和 Girmactal（2001）。

（三）共同特征

这一类理论研究围绕溢出和企业进入国际市场的模式选择展开，以溢出的空间局限性和外生性为基点，以缺乏竞争优势的跨国企业具备获得全部溢出所需要的吸收能力为前提，构造完全信息两国双寡头古诺模型求出均衡解。通过数理分析确立缺乏竞争优势的跨国企业利润最大化时选择 OFDI，而不是出口的条件。

这些理论研究假定缺乏竞争优势的跨国企业不具备对竞争优势企业的产品进行逆向工程的能力，使通过产品发生溢出的可能性为零。只有与竞争优势企业位于同一个国家时，溢出才会产生，且溢出程度在模型中外生既定，企业吸收能力满足获取溢出的需要。

（四）基于国际直接投资逆向溢出的理论研究

根据企业技术水平的高低，可以发现不同类型绝对缺乏竞争优势的跨国企业对竞争优势企业的母国市场份额和利润影响程度差异非常明

显,相应的研究可分为以下两种情形:

1. 本身技术水平低下的绝对缺乏竞争优势的跨国企业 OFDI 理论研究

代表性的国外成果有 Motta（1996）、Fosfuri 与 Motta（1999）。前者针对异质产品,后者则面向同质产品,二者都将跨国投资对竞争优势企业的市场份额的影响忽略。国内相关成果有王宗赐等（2011）。

由于国际市场的寡占特征,寡头企业的每一行为对其他企业会产生明显的影响并做出反应。一些学者以出口和 OFDI 作为进入国际市场的典型方式,构造古诺模型说明企业竞争优势的强弱对出口和 OFDI 选择的显著影响（Motta, 1992; Horsman & Marken, 1992; Cave, 1996）。这些模型通常假设国内企业竞争优势根源表现为边际生产成本低于国外企业,竞争优势的强弱反映在企业边际成本的差距。为了分析方便,通常只考虑对称情形和线性需求的同质产品。国内外企业竞争达到均衡时,随着二者边际成本差距的扩大,国内企业的竞争优势更加明显,国际市场份额占有率增加,通过 OFDI 比出口获得的利润多,选择 OFDI 的可能性因此增加;反之,二者的差距太小,竞争优势引致的成本节约难以弥补绿地投资的支出,绿地投资费用略大于出口成本,国内企业选择出口的几率也相当大。这说明企业进行 OFDI 需要相当程度的竞争优势。忽略进入国际市场模式选择时,溢出对竞争优势企业的负面影响——缺乏竞争优势的跨国企业吸收溢出而缩小竞争力差距,优势企业则因溢出而使技术差距缩小即竞争优势减弱。

D'Aspremont 与 Jacquemin（1988）、Suzummura（1992）、Ziss（1994）、Simpson 与 Vonoras（1994）、Amir 与 Wooders（2000）等专门研究了溢出对企业竞争的影响。Amir 与 Wooders（2000）分析了单向溢出即溢出从竞争优势企业流向其他企业过程; D'Asporemont 与 Jacquemin（1988）构造生产同质产品的双寡头研发、产品销售两阶段完全信息博弈模型。D'Asporemont 与 Jacquemin 假定产品的反需求函数为线形,每个寡头的研发活动都给对方带来溢出且溢出程度相同,导致对方的产品边际成本下降,然后确定三种情形下的均衡解并进行比较:以消费者剩余与生产者剩余之和构建社会福利函数，对整个社会福利而言，当溢出效应足够大时，双向溢出内部化而进行古诺竞争优于两阶段均不合作；当溢出效应相当小时，双向溢出外部化、古诺竞争优于双向溢出内部化、数量竞争。在此基础上，Ziss（1994）引入策略效应，将产品的反需求函数推广至一般情形，将同质产品转换为可替代的差异性产品，竞争类型扩展至价格竞争与数量竞争，产品的边际成本改变为非递增，外生性双向溢出情形扩展为四种，双寡头分别进行R&D竞争而销售时进行串谋构成第四种情形，最后得出了与D'Asporemont与Jacquemin（1998）不同的结论：根据代表性消费者效用函数与产品的成本函数构造社会福利函数，不考虑联合研发的协同作用前提时，当溢出效应的系数很大时，一般情况下，从两阶段不合作转向联合研发、产品销售竞争时，社会福利水平不会提高；转向分别研发、销售串谋后，能够改善社会福利状况；当溢出效应的系数相当大时，与不合作相比较，合作使社会福利水平有不同程度的提高，程度由高到低的顺序为企业合并、产品销售串谋、联合研发。这些研究几乎完全以研究开发作为创造竞争优势途径设计古诺模型，可分为两种类型：一是以R&D支出作为外生变量；二是通过均衡时确定企业的R&D支出。企业之间在竞争过程中是否合作取决于溢出程度。而这些研究没有考虑溢出的空间局限性特征，也没有把溢出与企业的国际市场扩张联系起来。

在上述两类研究的基础上，Motta（1996）构建完全信息的两国双寡头古诺模型。假定双寡头生产可替代的差别性产品，历史原因形成的技术差距，使先进企业有较多的生产功能和较高的质量产品，从而企业竞争优势体现在较大的产品市场份额。通过均衡解的分析确定通过OFDI培育竞争优势的条件：落后企业吸收的溢出引起技术水平的改善，使其产品市场份额的扩大足以使母公司的盈利超过子公司的亏损，从而整体利润增加，进而论证了即使面对较低的生产成本和没有出口成本费用，落后企业选择OFDI培育竞争优势的合理性，首次以国际直接投资逆向溢出为角度对竞争优势培育型OFDI进行了解释。在Motta（1996）

模型的基础上，Fosfuri 与其（1999）合作构建同质产品的古诺模型。假定先进技术引起生产成本下降，双寡头博弈分为两个阶段：第一阶段同时决定是否进入国际市场，若进入则同时在出口和新建投资中选择；第二阶段进行产量竞争。均衡解表明：对于稳定的两国市场规模，当溢出程度超过临界水平后，随着溢出的增加，尽管预测出口的运输成本与税收费用之和大于新建投资的额外成本，先进企业却因担心落后企业吸收溢出导致竞争优势减弱而选择出口，而预测企业海外经营亏损、出口成本极低，落后企业却因吸收溢出使之整体利润增加而选择新建投资以培育竞争优势。王宗赐等（2011）引入企业吸收能力和溢出数量修正 Fosfuri 与 Motta（1999）模型，论证竞争优势培育型 OFDI 的存在性依赖于逆向溢出效应，但需要在一定的技术差距和吸收能力的条件下才能发生。Motta（1996）、Fosfuri 与 Motta（1999）开创绝对缺乏竞争优势的跨国企业 OFDI 理论研究的先河，并奠定相对缺乏竞争优势的跨国企业 OFDI 理论研究的基石。

2. 本身技术水平较高的绝对缺乏竞争优势的跨国企业 OFDI 理论研究

代表性的国外成果有 Bjorvatn 等（2006），国内成果有康灿华等（2007）和翟伟峰等（2012）。Bjorvatn 等将 Fosfuri 与 Motta（1999）模型修正为两国市场规模相同和竞争优势企业在两个国家的溢出程度无差异，绝对缺乏竞争优势的跨国企业转移溢出（技术）存在一定的费用；并将第一阶段决策扩展到序贯决策，进而提出技术获取型 OFDI 和策略型 OFDI 的相互作用理论，完善了后者对竞争优势培育型 OFDI 的解释。技术获取型 OFDI 说明落后企业通过对外投资吸收溢出而获取对方的技术，培育了竞争优势；为了降低国内竞争程度和稳定母国市场份额，竞争优势企业主动对外投资落后国家而试图通过溢出的提供以阻止技术获取型 OFDI 的发生，构成策略型 OFDI。结果表明：只有溢出程度相当小，使之绝对缺乏竞争优势的跨国企业获得溢出，让整体利益低于出口或国内经营而中止对外投资，策略性 OFDI 才不会发生；同时决策时，和 Fosfuri 与 Motta（1999）的结论类似；序贯决策时，若溢出程度位于临界水平之上，只有跨国转移先进企业的外部技术程度较大，技术落后企业通过 OFDI 培育竞争优势才具有可行性。若溢出扩展完全而外部技术不可转移时，落后企业比先进企业率先进行 OFDI 以培育竞争优势的条件是中等程度的国际贸易成本与较小的技术差距。若外部技术转移程度上升至完全时，落后企业通过 OFDI 培育竞争优势的可能性接近对方策略性 OFDI 发生的几率。

康灿华等（2007）将南北技术差距量化为单位产出所要求的劳动力要素投入的差别，南方国家企业在北方国家设立研究机构，分享当地先进企业的技术扩散，借鉴 Krugman（2004）技术领先周期模型演绎出发展中国家技术获取型对外投资决策表达式，以古诺均衡探讨决策的结果，论证竞争优势培育型 OFDI 需具备的条件：销售数量大到足以分摊平均成本、技术创新速度要超过技术溢出的速度、发展中国家工资率的上升，提高了所属国家企业在北方国家设立研发机构的可能性。翟伟峰等（2012）以发达东道国具有生产零部件的技术优势，而跨国企业零部件组装成本的效率更高，利用两国双寡头古诺模型论证成功的竞争优势培育型 OFDI 条件：跨国企业因吸收溢出而整体生产效率高于国内企业。

（五）基于国际直接投资双向溢出的理论研究

在技术领先的领域，相对缺乏竞争优势的跨国企业同样产生了技术外溢，因此形成国际直接投资双向溢出。Siotios（1999）构造同质产品的两国双寡头古诺模型，启动相对缺乏竞争优势的跨国企业对外投资的理论研究。

Siotios 假定双寡头溢出程度和吸收能力都相同，出口采取"冰山"形式，即厂商在国外销售一单位产品必须至少生产和运输一单位数量，其他条件和 Fosfuri 与 Motta（1999）模型类似。基于双寡头古诺均衡解分析，Siotios 提出国际直接投资双向溢出的三种效应，探讨相对缺乏竞争优势的跨国企业对外投资机制。耗散效应（Dissipation Effect）是指溢出使技术先进企业的竞争优势削弱。当双寡头技术差距较大、溢出程度小时，技术先进企业吸收的溢出不足以弥补企业特定所有权优势

（竞争优势）的损失，导致通过 OFDI 获得的利润小于出口所得，先进企业因此倾向于出口，此时耗散效应最强烈。即使海外创立企业的成本为零，出口成本较大，只要技术差距存在，先进企业的耗散效应就一直存在。双向溢出引致任何一个企业对外投资引起双方的利润空间扩大，这构成国际直接投资溢出的 OFDI——加强效应（Enhancing Effect）。这种效应随着溢出程度的增加而更加明显，与技术差距负相关。双寡头位于同一个国家时，单独从国际市场观察，技术落后企业可能因无利甚至亏损而不如出口，而从国内外市场全局考虑，因吸收溢出产生的先进技术在母、子公司无成本地转移，使 OFDI 的整体利润可能超过出口，因此相对缺乏竞争优势的跨国企业存在技术寻求动机，即吸收对方溢出提高技术水平而增强竞争力。只要溢出程度超过某一水平，对于一定的创立国外企业成本，相对缺乏竞争优势的跨国企业必然进行技术寻求，即使出口成本远低于海外企业创立成本，也会选择 OFDI，这构成溢出的寻求效应（Sourcing Effect）。国际直接投资双向溢出的三种效应相互作用，达到均衡时，当技术差距较大而溢出程度不大时，竞争优势企业因耗散效应超过 OFDI——加强效应而选择出口，相对缺乏竞争优势的跨国企业必然因 OFDI——加强效应和技术寻求效应而对外投资。

Belderbos 等（2008）结合 Cohen 与 Levinthal（1989）的研究，将不同国家企业技术水平的差异归结为企业间 R&D 投入数量的不同，以企业在东道国从事 R&D 活动作为吸收当地化溢出的前提，构建两国双寡头古诺模型，确定古诺均衡时跨国公司 R&D 投入的海外分配份额。通过古诺均衡的静态和比较静态分析论证竞争优势培育型 OFDI 战略的存在性：随着竞争程度的加剧，落后的跨国公司增加海外 R&D 投入份额以增强双向溢出的技术获取效应，提高了企业竞争优势培育中的 OFDI 贡献，海外 R&D 投入份额随着溢出数量的增加或跨国技术转移效率的提高而上升。

三、后来者行为研究

20 世纪 80 年代以来，许多发展中国家企业通过 OFDI 迅速成长为全球跨国公司。这些跨国企业作为后来者,初期竞争优势体现在劳动等初级要素成本低廉,通过海外并购、合资、新建投资、战略联盟和技术许可等方式进入市场和技术发展明朗的附加值较高的行业,获取了适当的资源实现了赶超(Child,Rogdrigues,2005;Mathews,2006,2017;Luo,Tung,2007,2008)。通过后来者行为的研究解释发展中国家竞争优势培育型 OFDI 还不成熟,比较认可的成果有 LLL 框架(Linkage Leverage Learning Framework)和跳板观(Springboard Perspective)。

(一)LLL 框架

在 Deng(2004)拓展的国际企业资源观基础上,Mathew(2006)结合前期成果(Mathews,Cho,1999;Mathews,2002)构建 LLL 框架阐述,作为后来者的亚太新兴经济体企业通过 OFDI 培育竞争优势的机制。这是一个企业能力循环累积的过程,每一个循环包含联系、杠杠与学习三个环节。全球化带来跨国生产网络的快速发展和市场开放力度的加大,为企业建立外部联系提供了大量的机会。新兴经济体企业根据与其资源特征相匹配原则,对外包、技术许可、跨国并购、战略联盟等方式进行选择,通过组织创新和互补战略与发达国家跨国公司建立联系。在获取容易模仿、容易转移和可替代的伙伴控制的资源目标过程中,与发达国家跨国公司可建立密切联系,降低企业跨国化的风险。在国内公共机构的技术支持和合作方的指导下,新兴经济体企业通过获取的外部资源和内部资源的整合、使用,可显著提供企业的吸收能力和有关生产、产品开发、绩效改善等功能性能力。这一过程构成资源的杠杆利用,外部资源也成为杠杆资源。企业与跨国公司建立联系获取资源和杠杆资源的运用构成企业的组织学习。这些企业凭借自身资源的运用——单环学习,无法参与全球竞争,因此学习还包括双环学习,即利用杠杆资源与内部资源整合,显著增强企业能力。每一次联系除带来企业能力的增强外,还将外部资源转换为下一次内部资源的组成部分。因此,联系、学习和杠杆的循环累积引致新兴经济体企业在竞争力培育过程发挥后发优势,可实现对跨国公司的赶超。Mathew(2017)在"由联系、杠杆和学习驱动的 Dragon 跨国公司：回顾与发展"一文中强调，发展联系、发挥杠杆作用和学习能力以加速其国际化是后来跨国企业从追赶者跃升为世界著名跨国公司的基础，来自金砖国家和亚太地区新兴经济体跨国企业，如以联想、华为和吉利为代表的中国技术公司，印度的安赛乐米塔尔钢铁公司和墨西哥的水泥生产商 Cemex，以不同的方式实施了包括涉及各个方面的联系（与传统跨国公司的联结）、杠杆作用（从这些联系中确保技术或其他资源）和学习（或反复进行联系和杠杆作用）以增强动态能力等战略取得了巨大的成功。快速变化的全球环境要求学者、企业管理者对最初的 LLL 框架进行改进，如需要区分由联系和杠杆驱动的后进者学习与自主能力的发展之间的区别，新兴市场跨国公司有必要进行联系和利用杠杆作用，以使其与既有参与者并驾齐驱（即追赶）。LLL 框架代表了后来者的一种战略选择，可使新兴经济体跨国企业加快其国际化进程，但不是 LLL 和 OLI 之间的一些自由选择，同时该框架可理解后来者的追赶努力，却不会影响跨国企业为建立自主能力而做出的任何努力。

（二）跳板观

Moon 等（2001）将国际直接投资实践中的战略投资和逆向投资归结为非传统型 OFDI，认为其根源是跨国企业资产失衡，以资源的积累和能力的提升为基础，运用资产不平衡理论探究跨国企业寻求战略性资产的经济根源。跨国企业内部的战略资产相对于自然资产的不足引起资产失衡，直接导致其在国内市场的资产边际收益率低于市场水平，而国内市场无法为跨国企业提供必需的战略资产，迫使资产失衡状态的持续存在。由于战略资产的流动性大于自然资产，跨国企业根据自身状况选择战略资源丰富的发达国家（地区）直接投资，可获取互补性战略资产而实现资产平衡。在此基础上，结合 Mathew（2006）对"国际化（OFDI）是新兴经济体跨国企业，建立国际联系达到实现利用联系和学习的重要途径"的论述，Luo 与 Tung（2007）首次提出跳板观解释新兴经济体企业选择与传统渐进理论预测更激烈的国际化路径，如直接进入发达经济体直接投资。跳板观的核心思想是国际化扩张，即逆向直接投资是新兴经济体跨国企业获取发达经济体跨国公司战略资源、减轻母国制度约束、弥补企业竞争力劣势进而培育竞争优势的跳板。国内市场上跨国公司带来的较大竞争压力、竞争中的追随地位、国内制度与市场的双重缺陷、发达市场的贸易壁垒、技术和市场的快速变化引起产品和行业的生命周期显著缩短等诸多因素,诱发新兴经济体企业存在强烈的海外投资动机。新兴经济体中央(联邦)与地方政府对企业海外资产的跨国获取予以财税等多方面的支持,而跨国公司因业务重组或财政困难,乐于分享或出售离岸的标准技术、国际化管理经验与关键客户关系等战略资源。若新兴经济体企业选择竞争激烈的外国市场进入,与目标企业(跨国公司)建立良好的竞争与合作关系,可获取这些战略资源,通过快速的国际化扩张运用于其他海外市场可实现规模收益,从而新兴经济体跨国企业以系列的跨国并购或新建投资等进攻性冒险行为发挥了后发优势而快速提升竞争力。随着新兴经济体 OFDI 的快速发展和新现象的涌现,二位学者 2018 年对跳板观进行补充、回顾与说明,强调新兴经济体跨国企业的独特优势即合并、灵活性和适应性优势,成为与发达经济体跨国公司的显著区别,解释了为什么存在跳板行为和跳板行为如何增强跨国企业国际竞争力,引入向上螺旋的概念,以加深对新兴经济体跨国企业跳板活动和事后跳板活动之间联系的理解,并归纳通过跳板行为培育竞争优势时,应重点注意的跨文化和人力资源管理问题。

四、战略资源获取的对外投资培育竞争优势实证研究

随着经济全球化进程加快,企业竞争日益白热化,技术优势在企业竞争中的地位急剧攀升,竞争优势培育型 OFDI 现象日趋明显,并体现在一些学者的实证研究中。这引起 Fosfuri、Motta、Siotios 等学者的兴趣,他们试图从理论上解释这一现象。这些学者的研究特色是从溢出角度颠覆了传统 OFDI 理论研究的前提,认为技术优势(竞争优势)并非是企业对外投资的必要条件。此后围绕缺乏竞争优势的跨国企业 OFDI 理论的实证检验越来越多。由于企业对外投资的结果对东道国、投资母

国的技术能力产生不同的影响，因此，这些实证成果可按照东道国、投资母国进行分类、梳理和总结。

（一）从东道国角度分析外资企业是否存在技术寻求

如果外资企业存在技术寻求，则认为缺乏竞争优势的跨国企业 OFDI 理论成立；否则认为外资企业利用自身技术优势，支持传统 OFDI 理论。

1. 基于外资企业进入与东道国企业 R&D 活动的关系检验

R&D 活动是产生新技术的主要途径，溢出的范围随东道国研发活动的变动而变化，与其研发强度正相关，因而技术寻求最可能发生在溢出范围最大的领域——东道国研发密集型行业；传统 OFDI 理论的实质是对优势企业跨国利用自身技术行为的解释，而溢出削弱技术先进企业的竞争优势，这使优势利用型跨国企业倾向于投资于溢出效应最小的领域，即选择东道国研发强度低的行业。

Kogut 与 Chang（1991）考察 1976—1987 年日本制造企业对美国的直接投资，以新进入的日本企业为因变量，以 R&D 支出衡量企业技术能力。考虑到不同国家同一行业 R&D 支出的高度相关性，选择美国与日本的 R&D 支出，日本、美国 R&D 支出之和与差四个变量判断日本企业是否存在寻求美国技术动机。当美国的 OFDI 流入既与美国的 R&D 支出正相关，又与日本、美国 R&D 支出之差负相关，[①] 则日本跨国企业存在技术寻求动机；当美国的 OFDI 流入与日本的 R&D 支出，美国、日本的 R&D 支出之和都存在正相关的关系时，则日本跨国企业不可能存在技术寻求动机。然后将这四个变量与行业集中度、广告支出、运输费等企业利用先进技术相关的因素一起作为解释变量，进行回归。结果显示，美国 R&D 支出对日本企业的进入有明显的正面效应，而日本、美国企业的 R&D 之差并没有对美国吸引日本企业直接投资产生不利影响，而行业集中度、广告支出、运输费等却对其进入产生阻碍作用。这表明从整体上看，日本企业是利用其技术优势（竞争优势）而不是寻

---

① 日本、美国 R&D 支出之差定义为日本的 R&D 支出减去美国的 R&D 支出。

求美国技术。将日本企业进入的模式分解为新建、与美合资、合作形式，重新回归发现日本、美国R&D支出之差对美国、日本合资有明显的负效应，说明日本企业选择合资持有对美国技术的寻求动机。

一些学者以Kogut与Chang（1991）模型为基础对发达国家相互交叉投资进行检验，比如Anand与Kogut（1997）发现1974—1989年日本、德国、英国三国企业对美国的直接投资不存在技术寻求，即使是与美合资的国外企业也不存在获取美方技术的动机。Beladi等（1999）的实证也表明，美国引进的外商直接投资属于先进技术利用型，而不是存在寻求美国技术动机。Neven与Siotis（1996）分析法国、德国、英国、意大利等四国的内向FDI时，发现四国的双向投资符合传统OFDI理论，而美国、日本企业对这四国的直接投资存在明显的技术寻求效应（Anand，Kogut，1997；Love，2003）。Barrel与Pain（1999）实证发现美国对德国的直接投资是吸收德国的先进技术。为吸收国际直接投资逆向溢出，美国跨国企业雇用当地昂贵的劳动力（技术人员）开展R&D活动。Kim与Lyn（1990）研究1980—1984年跨国公司对美国制造业的直接投资，从35个行业选取54个企业，随机抽取相应的54个美国企业，跨国企业按照母国来源分为加拿大企业、日本企业、西欧企业及其他国别四组。通过对跨国公司与美国企业的比较，发现前者没有超越美国企业的所有权优势，同时日本企业对美国的直接投资存在技术寻求行为。若跨国企业的主要目标是获取东道国的组织管理与市场营销技术时，采用该角度检验研究，可能会提供否定对外投资企业竞争优势培育的虚假证据。

2. 基于外资企业生产率变动与东道国资本存量的关系检验

企业通过OFDI获得国外技术，不论技术的种类如何，技术的运用最终体现在生产率的提高。当外资企业的生产率增长不能全部由自身的投入解释时，则可合理推断其进行了技术寻求。因此，一些学者利用Griliches（1992）设计的对数式内外部要素构成的增广型生产函数，作为基本的计量模型，间接验证外资企业是否实施技术寻求行为，克服上述外资企业进入与东道国企业R&D活动的关系检验研究的不足。

Drifflidd 与 Love（2003）根据行业研发强度的年增长率是否大于 1%，将三位码制造业分为研发密集型和非研发密集型两组，进行回归分析后发现，外资企业生产率增长与英国当地资本存量的增加、行业的区域都存在显著正相关。而这一结论仅限于研发密集型制造部门，从而推测这些部门的外资企业获取了英国技术。考虑到国外企业技术能力的差异，二位学者（2005）采取类似的方法，对来源于不同国家的英国外资企业实证研究后认为，在研发密集型制造部门，全部外资企业都对英国企业进行技术寻求；美国企业没有对英国企业产生溢出，而其他外资企业与英国企业存在双向溢出，以瑞士、瑞典企业最明显。Gwang-hoon（2006）利用 OECD 的国家数据研究发现国际直接投资逆向溢出效应不显著，对全要素生产率的影响为负。

赵伟等（2006）研究显示中国企业对美国、日本等 R&D 要素密集国家与地区的直接投资，促进了中国全要素生产率的增长。邹玉娟等（2008）发现中国对外投资增长率与全要素增长率之间存在一定的同步关系，而对外投资企业对经济增长促进作用的统计显著性并不明显。王英等（2008）对比国际技术外溢渠道研究发现中国对外投资没有促进国内技术进步；白洁（2009）发现中国 1995—2006 年以对外投资为渠道的国外 R&D 资本溢出变量的估计参数为正，统计却不显著；李有（2013）比较发现 1981—2009 年中国从发达国家获取逆向溢出源于出口贸易，只有考虑人力资本作用时国际直接投资逆向溢出效应方可由负转为正，但不显著；李永等（2013）利用 2003—2010 年中国前 14 位对外投资存量省域数据，基于劳动投入生产率视角没有发现明显的逆向溢出效应。针对样本数据有限，部分国内学者引入灰关联方法研究中国对外投资的逆向技术溢出效应，如龚艳萍等（2009）基于 C-D 生产函数的产业技术进步的全要素生产率测度，发现 2004—2006 年中国对外投资促进技术进步，在批发零售业、信息传输与计算机服务软件业和制造业尤为显著；欧阳艳艳等（2011）运用 DEC 模型测算了中国 2005—2009 年行业对外投资行业的平均生产率（Malmquist 指数）、技术效率（TEC 指数）和技术进步（TC 指数），再通过与各行业对外投资所获得的外国研发溢出的灰关联分析后认为，中国行业的逆向技术溢出与行业平均生产率及其分解指数为中等关联，其中制造业、建筑业关联度较强，信息传输、计算机服务软件业不具有较高的关联度，而租赁和商业服务业、交通运输业的关联度较高。

3. 基于外资企业专利申请与同一部门东道国专利的关系检验

一国需求平稳快速增长导致国内企业利润明显上升，可能招致大量同一技术水平的国外企业涌入，使用生产率变动检验将可能提供支持缺乏竞争优势的跨国企业 OFDI 理论的虚假证据。而专利申请时须列出所引用的专利，这如实地反映技术外溢，故采用专利分析可克服生产率检验的不足。以 Almeida 为代表的学者，利用专利分析检验同一部门的多国外资企业是否存在技术寻求动机。Almeida（1996）随机选取来自不同国家的半导体外资企业，1980—1990 年在美国申请的 114 个专利，组成样本 A，在美国本土半导体企业申请的专利中，按照技术类别、申请时间、地理区域和企业规模与 A 匹配的原则性质确定 114 个专利组成样本 B，按照 Jaffer 等（1993）的方法构造控制样本 C，以降低区域中取得专利活动的集中性对检验的干扰作用。通过对样本 A、B、C 的统计分析和企业的采访，Almeida 发现外国公司使用当地知识比美国本土企业还频繁，根据行业显性技术优势指数的测算结果推断，[①] 德国、法国、英国、意大利和韩国的企业均为缺乏竞争优势的跨国企业，而它们吸收美国技术溢出改变了其母公司技术严重不足的状况。

Wilbur 等（2002）根据 1987—1993 年经济合作与发展组织成员国企业对美国进行制造部门直接投资的数据，从洲和经济区域两个层面，运用传统 Probit 模型和随机参数 Probit 模型的方法分析发现：美国所吸

---

① 行业显性技术优势指数 $RTA_{AI} = X/Y$，RTA_{AI} 为国家 A 在半导体细分行业 1 的显性技术优势，y 为在既定的年度国家 A 在半导体被美国专利局（USPO）授予的专利份额，X 为国家 A 在同一年度被美国专利局（USPO）授予行业 1 的专利份额。$RTA_{AI} > 1$，说明该国在行业 1 的技术水平比较强；$RTA_{AI} < 1$，则说明该国在行业 1 的技术较落后。

引的外商直接投资主要集中在低技术产业，外商直接投资企业利用自身优势实现利润最大化；少数技术寻求型外商投资仅限于制药、半导体和电子、电机等研究密集产业，制药行业尤为明显；技术寻求的外资企业来源地并不限于技术落后国家，还包括技术发达经济体。前者的目标是改善现有技术以缩小技术差距，后者则是出于竞争压力和追求技术研发的规模经济而实现技术多样化。

Cantwell 等学者则验证不同行业的一国外资企业是否进行技术获取。Cantwell 等（2004）运用专利分析美国对英国制造部门的直接投资，以美国子公司取得的专利和部门（即行业）显性技术优势指数为基础，比较1969—1995 年每一部门专利占制造业专利份额的变动与部门显性技术优势指数的变动后认为，除了金属与机械工程、电子装备与计算机、专业科技设备等部门外，美国公司与英国同行相比，并没有技术优势（竞争优势）；在化学制药部门与非金属矿产品部门，美国企业利用当地技术资源进行研发活动和吸收溢出，实现对英国同行的技术赶超，如食品、饮料、烟草部门与摩托车部门，与英国同行差距扩大，而它们的技术水平超过美国国内同行；另外三个部门没有吸收溢出，与英国企业的技术差距变大，还越来越落后于国内同行，因此，不同部门的美国外商直接投资企业的技术寻求效率存在明显差异。对外投资企业在东道国从事 R&D 活动可能是使产品适应当地市场。而东道国市场需求快速发展时，本地企业与对外投资企业的 R&D 投入都可能增加，因此，采用国家层面的经验研究，若利用国内外 R&D 存量变动的相关性分析，可能提供支持跨国企业获取东道国技术的虚假证据；由于国外企业吸收本国技术外溢，其溢出不一定完全来自本行业，还可能是邻近行业，而不同行业内跨国企业与东道国的技术差异也不同，因而基于行业角度的经验研究难以客观全面反映真实世界外资企业是否对东道国进行技术获取。Popovic（2005）从申请者引用专利角度分析，克服上述缺陷。实证显示：美国海外机构通过 R&D 活动吸收、转移国际直接投资逆向溢出并扩散至美国本土企业。类似的研究也提供竞争优势培育型 OFDI 的支持证据。如利用调查数据研究发现中国台湾地区的中低技术水平企业通过对外研发合作的技术创新效应胜过单纯依赖内部研发；林青等（2008）运用国家引用专利分析，发现十个 OECD 成员国（地区）跨国企业通过对美国直接投资，吸收当地溢出而获取美国先进技术；吴先明等（2009）以 1990—2005 年的数据研究显示中国企业对发达经济体直接投资，促进了国内的自主创新。

事实上，OFDI 的微观主体是企业，跨国企业也存在异质性，因此，从企业角度进行微观计量研究能克服国家、行业和专利层面分析的不足。这一工作直到 2006 年，由 Griffith 等学者分析英国制造企业对美国直接投资才首次实现。这些学者利用 1990—2000 年 188 家英国伦敦证券交易所上市公司的面板数据，[①] 在 Griliches（1979）提出增广型柯布——道格拉斯生产函数的基础上，将企业外部知识存量扩展至同一行业的全部跨国公司，将生产系数（A_i）构建为企业（i）在第一发明人在母国的专利份额（W_iUK）和第一发明人在东道国的专利份额（W_iUS）的函数，建立新的企业生产函数模型，运用 OLS、SYS – GMM（系统广义矩）和 Olley – Pake 三种方法进行参数估计与检验。实证显示：1990—2000 年，美国制造企业的 R&D 存量增加 33%，伴随着英国同行的全要素生产率增长 5%，[②] 而英国自身 R&D 活动对其全要素生产率的贡献为 6%，且美国企业技术创新对英国企业全要素的提升效应，主要被在美国投资的英国跨国企业所获得。与美国全要素生产率差距越大的制造行业，英国对外投资企业获取的技术外溢越多。英国对外投资企业从溢出获取的利益可能超过自身 R&D 活动对全要素生产率的作用。控制产品海外销售、技术接近和企业吸收能力等因素之后，经验研究中的关键变

---

① 这 188 家英国企业从美国专利贸易局（USPTO）取得的专利时间限于 1975—1989 年。

② 三位学者在论文中强调，由于没有找到测量企业创新活动地理位置的可信工具（代理变量），只有依赖样本信息，不能把美国制造企业 R&D 存量与英国同行全要素生产率的关系确定为因果关系。同时他们还对英国跨国企业是否对美国当地企业产生溢出进行计量研究，结果显示存在英国企业对美国企业的溢出，但与美国企业产生的溢出相比，可忽略。

量前面的系数为正且显著性水平为5%。① 这表明英国企业对美国直接投资只是为获取当地化的技术外溢，而不是由与专利第一发明人在美国相关的其他企业特征（如企业吸收能力、技术邻近、行业需求冲击与行业技术进步）引起。这为国外企业在美国直接投资进行技术获取提供了有力证据。英国对外投资企业要获取国际直接投资逆向溢出还必须在美国当地进行技术创新活动，在当地较少的R&D活动会降低对外投资企业吸收逆向溢出的能力。李泳（2009）运用二阶差分法（利用企业数据）研究中国企业对外投资的技术提升效应，国家和行业层面的结果显示，对不发达国家投资的技术提升效应并不优于国内投资，而投资发达国家技术密集型产业和梯度行业的技术提升效应却超过国内投资。中国企业投资发达经济体1年期、2年期、3年期的技术提升效应分别高于国内投资的12.6%、11.5%和16.4%，而1年期不显著，这些效应差异的可能性解释是中国对外投资的主要类型为竞争优势利用型OFDI，而技术密集型行业寻求型投资相对不足。

（二）从投资母国角度研究OFDI是否培育竞争优势

若OFDI使投资国内生产率提高，或者使对外投资企业国内经营效率明显改善，则实证结果支持缺乏竞争优势的跨国企业对外投资理论；当OFDI没有扩大对外投资企业国内市场占有率，或者使对外投资企业生产率增加，则实证研究不支持该理论。

1. 基于对外投资企业母公司经营绩效的检验

Lecraw（1993）将印度尼西亚OFDI的类型分为出口加强型和经营扩张型，对采访收集的数据研究发现，与经营扩张型跨国企业相比，出口加强型跨国企业具有市场占有份额小、技术水平低但比国内同行效率高的特征，通过收购国民生产总值更高的国家企业而获得对方技术和销售渠道，明显改善这些企业在国内市场的经营绩效；Makino等（2000）

---

① 英国企业在美国开展R&D活动，部分原因是使英国产品适应美国消费者需要，与获取美国同行先进技术没有直接联系，因此，需要控制英国产品海外销售的影响。

采用同样方法分析中国台湾地区制造企业 OFDI 的区位选择，认为区位选择直接关系到对外投资企业经营状况好坏，而企业竞争力决定区位选择结果的实现。中国台湾地区制造企业与境外企业有过技术合作经历，倾向于选择发达国家以获取台湾地区不可获得的技术或更先进的技术。

2. 基于 OFDI 母国生产率或专利的检验

Sjohom（1997）分析六个 OECD 成员国（地区）八个制造行业的双向投资是否存在技术寻求行为。假定 OFDI 行业分布与 OFDI 国别分布相同，实证结果显示，对任一国家制造行业而言，OFDI 促进了投资母国生产率增长。Globerman 等（2000）利用瑞典跨国公司和非跨国中小企业 1986 年取得的专利、1973—1986 年 OECD 二十三个国家被引用的专利数据，进行分组、考察瑞典企业对外投资，是否获得国外技术。假定这两组企业获得国外技术的途径有内向 FDI、OFDI 和国际贸易三种，运用 probit 模型和 logit 模型分别估计，以两组企业取得的专利为因变量，以与被引用国家专利存量的大小、是否在瑞典进行直接投资、与瑞典的地理距离和进出口贸易等因素为自变量进行回归，结果显示瑞典企业引用的专利来源于倾向于专利存量大、距瑞典比较近的国家，OFDI 和国际贸易成为瑞典跨国企业获取国外技术"通道"的前两位，而投资于瑞典的外资企业没有对瑞典国内企业带来溢出；与瑞典跨国公司不同的是，没有进行 OFDI 的瑞典跨国中小企业获取国外技术的首要来源是国际贸易，而不是外商直接投资。它们通过与瑞典跨国公司母公司的直接或间接联系，获得后者 OFDI 的国外技术。这表明瑞典跨国企业对外投资不仅吸收了国际直接投资逆向溢出，还促进东道国先进技术向跨国公司总部和国内进出口企业扩散。Braconier 等（2002）利用瑞典国外跨国公司与本国企业 OFDI 的面板数据，评估 OFDI 是否促进瑞典生产率提高。结论是企业对外投资的确提高了瑞典生产率，随着瑞典国内研究开发活动的加强，这种作用更加强烈。而 Braconier 等（2001）利用企业的面板数据研究发现，企业层面与行业层面的外向 FDI 都没有对瑞典生产率提高产生任何影响；Love（2003）利用美国与七个OECD成员国在1981—1995年的部门FDI双向流动的面板数据，计量显示，发现分析具有技术比较劣势的美国企业没有投资于对方技术先进的企业所在地，很少有证据支持美国对七国的直接投资存在技术获取而培育竞争优势行为。

在纠正Coe与Helpman（1995）模型中，国际贸易诱发国际R&D溢出渠道的整合误差和指数化误差的同时，Pottelelsbergbe de la Potterie与F. Lichtenberg（2001）首次提出国际直接投资国外资本存量的测算公式，构建了国际双向投资和进口的国际技术扩散模型（简称LP模型）。假定一国全要素生产率增长取决于本国研发活动和外国研发溢出，对外国产品进口、国际双向投资构成一国获取外国研发溢出的途径。回归结果表明，OECD十三个国家中任一个国家全要素生产率增长的贡献包括本国研发、对外国产品进口、OFDI，而外商直接投资前面的系数不显著，说明吸收外商直接投资没有促进东道国技术进步。从20世纪70—80年代，国内研发对一国全要素生产率增长的贡献保持稳定，进口的贡献呈现下降趋势，而OFDI的作用显示出加强之势。这些学者因而按国民生产总值，将这十三个国家分为大国组（G-7）和小国组（六国）。对小国组而言，OFDI的作用几乎与进口的贡献相当，对大国而言，OFDI的作用更大。根据一国吸收国外溢出与产生溢出的比较，G-7可分为净溢出的提供方和接受方。英国、美国与日本、德国、法国、加拿大、意大利等国家分别成为溢出的提供方和接受方。这些结果说明OECD十三国OFDI带来不同程度的生产率提高，它们企业的OFDI存在技术寻求动机，其效率因国家不同而存在明显的差异，其中日本、德国、法国的跨国技术寻求效率最高。

Bitzer与Kerekes（2008）考虑到国际直接投资的中长期效应和第三国效应而拓展LP模型（简称LP-BK模型），将OFDI的存量修正为流量，构建新的国际直接投资国外资本流量测算公式进行研究。LP模型和LP-BK模型已经成为测算国际直接投资逆向溢出效应影响因素的经典范式。计量研究普遍以投资母国全要素生产率变动作为逆向溢出效果的代理变量，选择 TFP 或 DEA（数据包络法）进行测算，运用阈值回归、线性回归、广义矩估计、灰色关联度等手段，结合相关数据，从国家、区域、省域层面和吸收能力的视角分析对外投资逆向溢出的影响因素。实证结论并不一致，甚至矛盾。理论分析显示短期，OFDI 的市场寻求型（水平型）与效率改善型（垂直型）对投资母国生产率效应为负；从长期看，两种类型 OFDI 均可培育企业竞争优势，因而计量分析通常同时进行短期与长期分析。2006 年前部门、区域或企业层面证据显示，逆向溢出的长期正效应超过短期负效应（Barba Navaretti et al, 2010；Herzer, 2012）。美国与法国国际直接投资逆向溢出的正效应出现在发达东道国，而发展中东道国逆向溢出效应为负，意大利情况正好相反（Harrison & McMillan，2006；Hijzen et al，2006；Barba Navaretti et al, 2010）。欧阳艳艳（2012）发现中国对外投资逆向溢出效应逐渐降低的区域依次为新兴国家（地区）、发达国家和其他发达国家。英国技术获取型和效率改善型跨国企业投资低成本或低 R&D 强度的国家和高成本或高 R&D 强度的国家，可获取正的逆向溢出效应，而德国只有在低成本与高成本国家投资才引起国内生产率提高，后者与对外投资互为因果关系（Herzer，2012）。日本跨国企业生产率增长超过国内同行的 1.8%（Kimura et al，2006）。Bitzer 等（2009）发现 17 个 OECD 成员国，除法国、日本、波兰、瑞典和捷克获得逆向溢出外，其余国家企业对外投资导致国内生产效率下降，韩国尤为突出。Herzer（2011）对 33 个发展中国家的研究表明，外向国际直接投资与母国全要素生产率一般存在长期的显著正效应，二者互为因果关系，形成良性循环，少数国家如巴拉圭、韩国为负效应，与发达国家相比，发展中国家逆向溢出效应国别差异更明显。印度汽车产业对发达国家或发展中国家的直接投资存在显著的正面逆向技术溢出效应（Padhan & Singh，2009）。

姚利民等（2007）先后利用 1994—2002 年中国（包括香港和澳门）对 20 个发达经济体和 18 个欠发达国家的数据，构建以 OFDI 倾向为因变量的多元线性回归模型,研究中国逆向 OFDI 的决定因素,结果显示:①技术投入差距与投资倾向显著负相关,意味中国与经济体的技术投入差距越大,中国对其投资越多,表明中国企业的投资存在强烈的获取当地先进技术动机。[①] ②劳动生产率差距与投资倾向同样显著负相关。[②] 随着中国与发达东道国技术差距的缩小,企业的投资会增加,因此对海外技术获取时,可能存在技术水平差距的门槛。只有较小的技术差距,中国企业成功获取技术的概率才比较大,而较大的技术差距无疑增加技术获取的难度。③进口倾向与投资倾向显著负相关。中国对发达东道国的投资与进口存在替代关系。由于进口的机器设备体现的是显性技术,因而中国逆向 OFDI 进行竞争优势培育,可能主要针对隐性技术知识的吸收。[③] 张宏等(2011)发现中国 30 个省域对外投资存在逆向溢出效应,而地区经济发展水平、技术水平和经济开发程度的差异使得东部收益最大,但中部获得的溢出不如西部,且在统计上不显著。中国对外投资逆向溢出的正效应微弱,限于当期,分地区后,正效应增强,无论是随机效应还是固定效应的地区情况与张宏等(2011)的结论类似(欧阳艳艳等,2013)。

3. 案例检验竞争优势培育型 OFDI 的存在性

Kummar(2003)调查发现,20 世纪 90 年代韩国和中国台湾地区等亚洲新兴经济体通过直接投资方式在欧洲建立品牌,获得了最新的生产技术和更大的分销网络;Deng(2007)通过海尔、华为、联想和 TCL 的海外并购说明中国对外投资获取技术的特殊性;李蕊(2003)总结全球制药业、电子行业的跨国并购时,发现了跨国企业的技术获取行为;《2005 世界投资报告》则以印度和韩国企业在美欧设立研发中心为例,

---

[①] 技术投入差距 =(东道国的研究开发费用占东道国 GDP 的比例 - 中国的 R&D 费用占中国 GDP 的比例)/中国的 R&D 费用占中国 GDP 的比例。

[②] 劳动生产率差距 =(东道国的劳动生产率 - 中国的劳动生产率)/中国的劳动生产率。

[③] 姚利民等的研究还发现出口倾向与投资倾向显著正相关,说明中国逆向 OFDI 还存在促进出口的战略动机。

说明外资企业立足于吸收东道国科研机构的技术溢出。杜群阳（2008）拓展斋藤优的需求——资源学说，提出 MAL 优势论，进而比较总结华为和大连机床的技术获取型 ODI 战略绩效的差异。吴先明等（2008）运用寻求创造性资产理论，讨论以技术获取为目标的联想整合 IBM 的 PC 业务的并购。刘文纲（2009）以无形资源优势转移的跨国并购战略为分析框架，探讨 TCL 集团和万向集团海外技术获取绩效差异的根源。何志毅等（2010）分析 20 世纪末至 21 世纪初国内企业十大并购案例后，总结中国企业海外技术获取的实证教训，提出以并购目标的就近法则、并购交易的拉近法则和并购融合的靠近法则为内容的"三近"法则可降低并购失败率。武常歧（2015）运用企业国际化战略理论，总结了万向、蓝星、中联重科、上海电气、上汽集团和京东方等多个企业跨国并购技术获取的经验教训。刘伟全（2011）从生产者和购买者驱动的全球价值链角度，研究华为与 TCL 的 OFDI 竞争优势培育绩效的差异与根源。欧雪银（2011）从企业家精神的视角研究了联想集团、中联重科海外并购成功实现技术获取的根源。陈建勋等（2012）从社会资本角度以中国海信集团为例，论证发展中国家开展学习型对外投资时，企业与东道国在个体层面的"嵌入"、单一组织层面的"脱嵌"和作为产业层面的多组织系统"再嵌入"世界网络体系，可有效获取海外技术。

杜晓君等（2015）通过构建组织身份变革模型，选择联想和中远开展探索性的案例佐证，结果显示：中国跨国企业在发达经济体开展技术获取型 OFDI 时，面临的外来者劣势和来源国劣势。后一劣势，由组织身份合法性缺失引起，即企业的组织身份被东道国利益相关者误解和曲解而不被认可和接受，而组织身份误解和曲解分别由身份模糊和负面的来源国形象引起，可通过"替换""进化"和"增补"三种机制实现组织身份变革予以化解。杨勃等（2016）基于上汽和 TCL 的探索性案例研究，运用组织身份理论，揭示跨国并购中组织身份落差，通过引起"组织身份威胁""群体身份隔离"和"个人身份受损"而降低并购合法性，成为中国企业跨国并购海外技术获取失败的重要因素。申俊喜等（2017）基于企业所属行业在东道国的受管制程度和国际化经验程度因素综合作用的理论分析框架，以华为和吉利为例，提出成功实现技术寻求型 OFDI 培育竞争优势的模式选择原则：当行业受管制程度较高而企业国际化经验程度较低时，企业宜采取绿地投资的进入模式；当行业受管制程度较低而企业国际化经验程度较高时，企业宜采取合资或新建模式；当行业受管制程度和企业国际化经验程度都较高或都较低时，企业宜采取合资或新建模式。基于动态能力视角提出高层管理者认知—组织内部因素—外部环境因素的选择分析框架，金鹿（2018）以康希诺生物、鹦鹉乐器和天津药业三家企业进行跨案例研究，将高管团队国际化经验、技术寻求类型、企业规模、产业变革程度识别为技术寻求型 OFDI 进入模式的关键因素，认为对外投资企业实现竞争优势培育目标应遵循如下原则：企业高管团队国际化经验丰富，倾向于决策与控制程度高的进入模式；技术寻求类型的差异影响进入模式的选择，而企业规模对进入模式的影响是无差异的；产业变革程度高的企业倾向于采取组织弹性大的进入模式。谢洪明等（2019）基于均胜集团的纵向案例分析发现：缺乏战略资源的新兴经济体企业在连续跨国并购过程中会经历"双向资源结构化—纵向资源结构化—横向＋纵向资源结构化循环"的演化过程，创造价值（培育和增强竞争优势）的方式主要依托于环境撬动、业务撬动和平台撬动 3 种资源撬动方式。

第四节　简要评述

一、对外投资企业竞争优势培育相关的实证研究评述

Fosfuri 与 Motta 创立的"不具有特定优势（竞争优势）的跨国直接

投资假说"①，经过 Wesson、Siotis、Bjorvan 和 Eckel 等学者的发展，已经引起国外学者的高度关注。然而上述两类实证研究难以得到一致的结论，有些结论甚至相互冲突，真正支持该理论的实证不多。② 以中国学者研究为例，因数据质量限制，学者大多选择 OFDI 技术进步效应或逆向技术溢出效应间接验证其存在性。实证结果不一致甚至出现矛盾，总体上近期研究倾向于存在较弱的竞争优势培育效应。使用数据已经由国家层面（林青、陈湛匀，2008；刘伟全，2010）拓展至区域（李梅、金照林，2011）和行业（杨连星，2017；王碧珺等，2018）层面，部分学者开始研究 OFDI 投资方式对竞争优势培育效应存在性的差异（陈颂、卢晨，2017），少数学者开始搜集、整理中国跨国并购的微观数据，将跨国并购分为竞争优势培育型 OFDI 与非竞争优势培育型 OFDI 两种类型，再比较研究竞争优势培育型 OFDI 的存在性（陈强等，2016），或验证是否获得发达国家高科技领域核心技术并探究其根源（刘青等，2017；沈春苗、郑江淮，2019）；研究方法不再限于经典的国际直接投资逆向技术溢出模型，而是选择和可获得数据相匹配的统计与计量模型，因而该理论对竞争优势培育型 OFDI 现象的解释不足以让人信服。实证研究的缺陷是竞争优势培育型 OFDI 现象理论解释力不足的重要原因，这主要体现在以下两个方面。

（一）部分实证结果提供否定该理论的虚假证据

当今越来越多的企业到美国加利福尼亚、新泽西和英国伦敦等全球性创新中心从事技术跟踪，表明 R&D 国际化进程中，企业建立海外研发机构至少部分存在技术获取动机以培育竞争优势。大多数学者认为 R&D 国际化滞后于生产国际化，后者是前者的决定因素，因此，当代

---

① Fosfuri 与 Motta（1999）构造的模型说明，"不具有特定优势的跨国直接投资假说"中的"特定优势"即为"技术优势"，实质就是缺乏竞争优势的跨国企业OFDI理论。

② 国外支持性的计量研究成果发表在《America Economic Review》《Review of Economics & Statistics》《Journal of International Management》《Strategic Management Journal》和《Management Science》等重要期刊上。

国际直接投资有相当大的动机是技术寻求。而学者过于依赖回归分析，数据获得性的困难迫使这些学者不得不使用代理变量，甚至不得不把一些重要因素放入计量模型的干扰项，这使总体实证结果难以完全反映这一事实，很可能掩盖一部分企业对外投资的技术获取证据。

（二）现有的回归分析的局限性

计量模型只能确定假定企业对外投资属于OFDI的技术利用型（竞争优势利用型）和技术寻求型（竞争优势培育型）的某一种，难以分辨两者并存情况。而Wesson（1999）强调对外投资均衡时，技术寻求型OFDI与技术利用型OFDI同时存在。这反映两种类型OFDI是互补而非替代关系，可能更接近跨国投资现实——企业对境外经济体不同地区的直接投资，既有技术寻求，也有技术利用，行业内的不同跨国企业对外投资，也可能同时存在技术寻求和技术利用。尤其是新兴经济体跨国企业对外投资时，采取竞争优势培育与利用的并行，战略克服了单纯的竞争优势利用战略或培育战略缺陷，[①] 降低了海外投资风险，提高企业经营绩效。这已经引起一些学者的关注，在理论与实证方面都有一定的成果体现（王凤彬、杨阳，2010，2013；Keen & Wu，2011；Hsu, Lien, Chen, 2013；李自杰等，2016，2017）。针对并行性战略，采用企业案例分析更有效，而目前这方面案例研究成果相对缺乏。

二、对外投资企业竞争优势培育相关的理论研究评述

除了实证检验的缺陷，相关理论研究的不足是其解释力不足的根本原因。竞争策略视角研究将对外投资企业竞争优势培育定位于国际企业间的战略互动，而战略资源获取视角研究将研究视野转向对外投资企业

[①] 战略管理研究开始关注竞争优势利用型和竞争优势培育型的并行性，将利用型过程和培育型过程视为两个不同但互补的方面。只强调战略资源利用的企业往往会忽视对新能力的学习，从而带来组织短视等问题；片面强调战略资源获取的企业则会忽视对现有能力的进一步提升；而并行性观点认为，战略资源的利用和培育两个过程之间存在协同效应，企业应该注意整合和平衡这两个过程，以保证企业的可持续发展和经营成功（March，1991；Hsu, Lien, Chen，2013）。

竞争力内部源泉的积累，其中，后来者行为层面研究将竞争优势培育型OFDI的研究主体，由发达对外投资企业转向发展中对外投资企业，仍限于企业内部资源分析。而这些理论的利弊都非常明显。竞争策略视角研究首次论证了OFDI作为企业培育竞争优势途径的可行性。其内在逻辑是企业实施OFDI时影响了对手的市场份额，并引起对手采取有利于自身的行动，实质隐含不同国家企业之间竞争力差距较小的前提，难以解释中小型对外投资企业也可培育竞争优势。战略资源获取视角研究顺应了人们对企业竞争力认识的改变，将决定对外投资企业竞争力的主导因素转向拥有战略资源的数量和质量，寻求创造性资产或吸收国际直接投资逆向溢出，比较符合目前对外投资企业竞争优势培育的实践。基于寻求创造性资产的研究只考虑东道国战略资产的扩散，而吸收国际直接投资逆向溢出研究还考虑了对外投资企业的吸收能力，较前者可取，却事先假定吸收能力满足要求，还忽略东道国企业对战略资源溢出的控制，难以分析对外投资企业竞争优势培育绩效的差异。竞争策略视角的相关研究的主要缺陷是缺乏海外战略资源获取机制的研究，而后来者行为方面的相关研究对发展中经济体竞争优势培育型OFDI跨国企业的归纳切合实际，并尝试建立战略资源获取机制。尽管研究的时间不长，后来者行为研究成果的说服力较强。不过这些研究以个案为基础，其结论的指导意义有限，同时，还有研究忽略实践中跨国企业技术能力和发展中投资国与东道国的激励结构、实施机制等影响资源获取的关键因素。因此，对外投资企业竞争优势培育相关的理论研究缺陷可归纳如下：

（一）溢出外生性不符合国际直接投资的实际情况

溢出外生性暗含"只要存在技术水平不同的企业，溢出就会自动发生"的观点。在总结国际直接投资溢出效应的实证研究成果时，许多学者都强调，溢出是国内外企业在市场上相互竞争的结果，技术先进企业的意愿和市场控制能力对技术外溢的产生与范围、程度起决定性作用，溢出效应还受到技术、经济等多种因素影响。

（二）缺乏竞争优势的跨国企业吸收能力满足要求的理论前提缺乏普遍性

事实上，当技术差距过大时，缺乏竞争优势的跨国企业根本不可能具备所要求的吸收能力。Kokko 等（1996）的实证研究表明，只有中等程度的技术差距，技术落后企业吸收能力才可能满足条件；而技术差距过大，企业不仅无法吸收对方的溢出，本身的市场份额还可能持续缩小，甚至被技术先进企业挤出市场。不少学者关注到吸收能力对缺乏竞争优势的跨国企业获得 OFDI 逆向溢出的制约作用。Borenszten 等（1998）最先发现了吸收能力的门槛效应（Threshold Effect）：企业吸收能力只有位于临界水平之上才能获取技术外溢。截至 2003 年所有发展中国家与转型国家的微观面板数据研究中，还没有发现一例外商直接投资存在显著的溢出效应，根本原因是这些国家企业吸收能力没有达到临界水平（Gorg，Greenaway，2004）。缺乏竞争优势的跨国企业 OFDI 理论的前提，实质上忽略吸收能力对企业获取技术溢出的制约作用，[①] 其明显的后果是该理论的实证检验没有考虑设计企业吸收能力的变量，这就很可能导致提供否定缺乏竞争优势的跨国企业对外投资理论的"伪"证据，使总体的实证结果无法反映缺乏竞争优势的跨国企业对外直接投资现象日益突出的特征，严重削弱了该理论的解释力。

（三）缺乏竞争优势的跨国企业 OFDI 理论的机制研究成果难以反映新兴经济体对外投资企业竞争优势的培育过程

溢出外生性和缺乏竞争优势的跨国企业具备相应的吸收能力两个前提都可能导致有些学者认为没必要重点研究国际直接投资逆向溢出与正向溢出机制。事实上，外商直接投资溢出效应的实证结论也并不一致，而以 Das（1987）、Wang 与 Blomstrom（1992）为代表的学者从国内外企业竞争角度研究其溢出机制，其成果已经得到业内人士认可；Fosfuri

---

[①] 缺乏竞争优势的跨国企业 OFDI 理论的创立者——Fosfuri 与 Motta（1999）以发达国家为背景，发达国家跨国企业吸收能力满足国际直接投资逆向溢出的要求具有普遍性。

等（2001）启动了基于劳动力在国内外企业之间流动的溢出机制研究，两种机制研究的结果无疑增强了外商直接投资溢出效应的说服力，推动该理论的认同。国内学者对缺乏竞争优势的跨国企业OFDI理论的机制研究进行了尝试，由早期的定性分析发展到近期国内企业案例佐证，比较认可的机制有以研发费用分摊、研发成果反馈、外围研发剥离和逆向技术转移为核心的研发效率提升机制（赵伟等，2006），以及经营成果反馈机制（陈菲琼、卢旭丹，2009）与企业逆向并购升级机制（李田等，2011）。无论是定性分析还是案例分析，目前的机制研究实质，从培育竞争优势方面归纳了对外投资企业吸收逆向溢出的主要方面。事实上，发达经济体和新兴经济体对外投资企业培育竞争优势面临的东道国环境存在明显差异，二者均面临外来者劣势，后者还面临来源国劣势（杨勃，2019）。中国学者在机制方面的研究没有考虑两类劣势的差异，因此，难以反映新兴经济体对外投资企业如何培育竞争优势的作用过程。

根据对外投资企业竞争优势培育的相关研究的缺陷，我们预测，除寻找合适的数据和发现、应用新的适宜实证方法外，案例分析是实证研究的重要方向；化解新兴经济体对外投资企业面临的双重劣势，要求OFDI竞争优势培育机制研究应立足国际直接投资双向溢出，同时放弃企业吸收能力满足获取国际直接投资逆向溢出的要求，可考虑将企业吸收能力设计为自身R&D投资的函数。

第三章 东道国行业增长性的国际直接投资溢出机制研究

除溢出的方向相反外,国际直接投资正向溢出和逆向溢出都涉及不同国家企业间的技术扩散行为而存在一定的共同特征。同时,发展中国家(地区)企业吸收外资企业溢出,与发达经济体同行获取东道国溢出没有本质的差异,即是否产生溢出都取决于企业之间的相互作用,是否获得溢出,由企业获取溢出的吸收能力高低决定。企业在本国获取外资企业溢出可能因不存在额外成本而变得容易,而投资境外则可能获取更先进技术。目前国内比较认可的国际直接投资逆向溢出机制,有以研发费用分摊、研发成果反馈、外围研发剥离和逆向技术转移为核心的研发效率提升机制(赵伟等,2006)与经营成果反馈机制(陈菲琼等,2009)及企业逆向并购升级机制(李田等,2017)。上述机制容易引起技术发达经济体或局部技术发达经济体反感、抵制,把新兴经济体对外投资企业吸收逆向溢出培育竞争优势的企业行为,视为国家利益驱使下以 OFDI 为工具寻求、获取核心技术以增强国家综合实力的政治行为,甚至被等同为技术窃取,导致来源国劣势和跨国经营风险增加,竞争优势培育受阻。2005 年 1 月到 2014 年 6 月,中国企业海外投资共发生风险案例 130 起,涉及金额高达 2359.7 亿美元,平均每起风险案例涉及 18.2 亿美元,美国和澳大利亚已成为企业海外投资风险的高发地,共发生风险案例 40 起,涉及金额 837.7 亿美元;技术窃取论、国家安全威胁论、不公平竞争论成为中国在发达经济体制造业和高科技行业投资风险爆发的根源(李锋,2016);2017 年 1 月至 2018 年 9 月,美国外商投资委员会(CFIUS)对 37 宗中国海外投资项目进行了审查,未通过率高达 49%,明显超过特朗普执政前(2014—2016 年)4% 的审查未通过率，尤其是针对科技产业尤其是半导体制造业的审查较先前明显更为严格，而2018年已披露的被CFIUS审查未通过的中国项目金额超过21亿美元，大部分投资属于技术寻求型OFDI（李童，2019）。基于化解中国对外投资企业面临外来者与来源国的双重劣势、降低海外投资风险和改善竞争优势培育绩效，本书以国际直接投资双向溢出为立足点，出于简化分析的目的，隐含对外投资企业吸收逆向溢出，只研究相对缺乏竞争优势的跨国企业在技术领先领域对东道国企业的溢出，以实现与东道国互利共赢，避免形成技术窃取。① 在既有成果基础上，基于东道国行业需求变动的外部环境，阐述国际直接投资溢出机制。

第一节 国际直接投资溢出机制研究综述

一、传统国际直接投资溢出机制研究综述

国际直接投资溢出效应可分为竞争与示范效应、上下游关联效应与劳动力溢出效应（Caves，1974；Blomstrom & Kokko，1998，2001）。溢出伴随跨国企业直接投资自动发生，构成传统国际直接投资溢出机制研究的前提，而Koizumi与Kopercky、Findlay与Das是其主要的贡献者。

Koizumi与Kopercky（1977）首次将国际直接投资溢出引入国际资本长期流动模型。假定跨国企业的技术转移是其子公司所拥有资本存量的增函数。溢出使东道国资本的边际产出提高，刺激其国内资本的积累。当国际资本流动达到均衡时，东道国资本的边际产出等于国际利率。因此溢出的大小与外资份额成正比，外资份额的差异可能使引资前

---

① 来源国劣势的内涵与外来者劣势的区别是可参考Bartlett与Ghoshal（2000）、魏江等（2017）和杨勃（2019）文章的相关阐述。

技术水平相同的两个国家，沿着时间轨迹达到不同技术水平的稳态均衡。在 Gerschenkron 的赶超理论和 Arrow 的技术扩散传染效应的基础上，Findlay（1978）构建了动态的国际技术转移模型，以考察来自发达地区的跨国企业直接投资对落后东道国（地区）技术进步的影响，得出 Koizumi 和 Kopercky 类似的结论：跨国企业与当地企业的资本存量之比值越大，溢出越多；溢出与跨国企业和当地企业的技术差距正相关；国际技术转移达到均衡时，发达地区与落后地区的技术增长率相同，从而地区之间的技术差距保持稳定。而前者的创新之处在于 Findlay 认为技术差距越大，技术模仿的潜力越大，进而假定后进地区的技术进步率是技术差距的增函数，并将溢出类比于流行病的传染，通过员工的流动，拥有先进技术知识与后来采用它的员工间建立了个人联系，使先进技术迅速由子公司向当地扩散。

Koizumi 与 Kopercky（1977）和 Findlay（1978）都没有考虑溢出对跨国企业的不利影响。事实上，溢出使跨国企业自身的边际收益小于边际社会收益，还增强当地企业的竞争优势。当地企业竞争优势的增强不利于跨国企业市场份额的维持与增大。考虑上述研究的缺陷，Das（1987）创建以跨国企业为价格领袖的寡头竞争模型，研究溢出成为其附加成本条件下（即事先假定溢出对跨国企业存在不利影响）的跨国企业最优技术决策行为。假定溢出的大小与跨国企业子公司的产品销量正相关，并把溢出的途径归结为看中学（Learning from Watching），将东道国企业效率设计为跨国企业子公司活动的增函数。Das 通过数理分析发现，与不存在溢出相比，跨国企业子公司产品的售价提高、销量减小，引起其短期利润下降，跨国企业只有持续转移更先进的技术，才能使子公司利润回升。因此跨国企业的最优行为是，尽管溢出使当地企业受益，子公司持续引进总部技术才是实现利润量大化的必然选择。这表明国际直接投资溢出源于东道国企业与跨国企业的技术差距，溢出数量是技术差距和外资份额的增函数。同时传统学者认为技术的公共品性质使跨国企业技术转移成本很小，国际直接投资溢出使当地企业以很小的代价获取对方的先进技术,因而模型设计时都忽略跨国企业技术转移成本和当地企业获取溢出的费用。

Blomstrom 与 Kokko (1998) 指出, OFDI 是跨国企业利用技术优势(竞争优势)克服自身东道国的市场知识、消费者偏好信息与商业实践的不足实现利润最大化的结果。如果技术以极低的成本被东道国企业获取,跨国企业的技术优势难以维持,进而 OFDI 不可持续。事实上跨国技术转移存在较大的成本,[①] 只有预测到在东道国市场能获得足够的补偿,跨国企业才可能将技术引入子公司。出于技术转移和维持技术优势(竞争优势)的成本—收益考虑,跨国企业会在选址、管理机制和投资方式等方面进行权衡,最大限度控制溢出以增加东道国企业获取技术的成本,比如尽量在竞争对手无法侵蚀其市场份额的地方设立子公司,进行"内部化"管制和对当地技术人才与中高层管理人员支付"效率工资",加强知识产权保护,倾向于独资甚至兼并潜在的技术受益方,使东道国企业不可能以较小的代价获得溢出。因此,忽略跨国企业技术转移成本和东道国企业获取溢出的费用是传统国际直接投资溢出机制研究的主要缺陷。

众多学者利用各国截面、时序数据或平行数据对跨国企业直接投资溢出假设进行实证检验,结果表明,流入发达经济体的跨国企业对东道国企业普遍存在溢出效应,而对发展中东道国的跨国企业溢出经验研究结论不一致,甚至存在冲突(包群等,2006);截至2003年,利用发展中国家与转型国家的微观面板数据研究,基本上未能发现跨国企业直接投资溢出效应的存在(Gorg & Greenaway, 2004)。这说明跨国企业的进入并不意味东道国企业可自由获得溢出。Blomstrom 等(2001)和 Gorg 等(2004)相继总结跨国企业溢出的实证研究成果后发现,溢出不是

---

① Teece (1976) 以美国制造业跨国公司26次国际技术转移的数据,说明技术转移成本与技术创新费用的差别并不大,回归分析表明转移成本主要受到技术的隐性知识比例和子公司对技术的理解程度的影响,技术转移存在"干中学"效应,即随着技术转移次数的增加,转移成本显著下降。

单方面的，而是跨国企业与东道国企业相互作用的产物。这些观点已成为当今学术界的共识。因此，传统国际直接投资溢出机制研究的前提与 OFDI 现实并不相符。

外资主导型的拉美经济出现"增长不发展"的奇怪现象，其根源是拉美国家企业技术创新能力不足和创新意识不强，使技术进步严重依赖跨国企业直接投资溢出，而自身技术水平低下无法使吸收、获取较多的跨国企业溢出，最终导致本国产品附加值低，跨国企业因而成为分享拉美经济繁荣的绝对主体（梅妹娥等，2007）。这表明外资份额越大，并不能保证跨国企业溢出数量越多。传统国际直接投资溢出机制研究的另一结论也受到实证检验的质疑。Tsou 等（1994）利用中国台北工商普查数据将当地企业按照与外资企业技术差距的高低进行分组计量，结果显示：1986 年在技术差距小的行业，跨国企业直接投资溢出显著；而 1991 年却是技术差距大的行业溢出显著。这表明跨国企业直接投资溢出与技术差距并非简单的正相关，可能是非线性关系（周春应，2009；李梅等，2011；王碧珺等，2018）。Prez（1997）运用演化经济学的思想阐述"跨国企业直接投资溢出效应随技术差距的扩大呈现先升后降"的机理。在技术差距较小范围内，随着技术差距的扩大，东道国企业学习模仿的空间扩大，溢出增加；超过这一范围时，技术差距继续扩大时，由于对企业学习能力的要求较高，东道国企业模仿效率反而下降，溢出效应减弱；当技术差距过大时，企业缺乏相应的学习能力而无法吸收溢出，或者内外资企业可能采用的技术完全不相关。市场竞争的结果可能是不仅没有溢出的产生，东道国同行甚至被跨国企业挤出市场。这一转折点就是技术差距门槛，而首次支持国际直接投资溢出技术差距门槛效应存在性的证据为 Borensztein 等（1998）的研究成果。

二、国际直接投资溢出机制研究新进展

研究前提缺乏现实基础，模型设计存在严重缺陷，研究结论与越来越多的经验研究相冲突，使之传统国际直接投资溢出机制研究很难被学

术界和企业界普遍认可。Wang 与 Blomstrom（1992）认为国际直接投资溢出是内外资企业对产品市场竞争的产物，外溢的数量与跨国企业技术转移投资直接相关。以此为基础建立跨国企业子公司与当地企业的非合作微分博弈模型，并将技术转移成本和当地企业技术学习费用纳入模型之中。假定内外资企业生产、销售可替代的差异性同类产品和产品市场容量保持不变，技术水平高的企业因产品性能与质量优势而占有较大的市场份额，技术差距成为企业产品市场份额的决定性因素。内外资企业技术差距越大，外资企业竞争优势（市场份额优势）越明显；内资企业通过学习投资而吸收溢出，导致外资企业竞争优势减弱。为维持竞争地位和巩固市场份额，跨国企业必须向子公司转移更先进的技术。因此，本地企业的学习投资，一方面促进跨国企业技术转移；另一方面，跨国企业技术转移速度加快。若当地企业学习投资保持不变，技术差距将扩大，外国产品的竞争优势更加明显，本地企业的产品市场份额下降继而导致前一时期学习投入的实际利润减少，从而当地企业的理性选择是扩大学习投资。因而跨国企业技术转移也促进本地企业学习。通过产品市场的争夺，跨国企业的技术转移和东道国企业的技术学习相互促进，导致溢出的持续产生和吸收。经验研究支持国际直接投资溢出的竞争机制的存在，Wang 与 Blomstrom 的研究因此被业内人士广泛认可。

Wang 与 Blomstrom（1992）对国际直接投资溢出机制的研究并不全面，至少存在两个明显的不足：一是采取严格的假设以保证内外企业竞争均衡时，技术差距始终维持在对跨国企业有利的范围，这可能使跨国企业技术转移分析不全面。若跨国企业无法维持长期技术领先态势时，或者东道国企业本身技术水平较高而使学习效率较高时，产品内在的技术优势不足以保证跨国企业能够收回技术创新成本和技术转移费用，跨国企业技术转移的动机必然减弱，此时不可能出现技术转移与本地企业技术学习的相互促进情形。二是假定产品市场容量外生既定，实质上忽略东道国行业需求变动对国际直接投资溢出的重要影响。陈涛涛（2004）在案例研究后强调，1999 年后国内移动电话市场的快速发展对中国企业吸收国际直接投资溢出发挥着重要的推动作用，不亚于中国政府对国内企业的相关扶持政策；陈涛涛等（2005，2006）还利用中国2000—2002年制造业320个四位码行业数据进行计量研究发现，中国行业需求的增长对国际直接投资溢出效应存在显著的积极影响，而技术差距与国际直接投资溢出效应负相关。只有在技术差距较小且具有良好的需求增长性的行业，国际直接投资溢出才非常显著。[①] 因此，东道国行业需求增长性对国际直接投资溢出的影响，应纳入国际直接投资溢出机制的分析范畴。

在 Wang 与 Blomstrom（1992）模型的基础上，本章基于东道国的行业需求增长性考量，均衡的技术差距已不再是一个静态不变的常数，同时均衡技术差距也并不必然落在相对缺乏竞争优势的跨国企业有利的范围，但随行业需求增加和下降的幅度进行变动和调整。这使跨国企业技术转移和东道国企业技术学习的研究更贴近现实，从而更准确刻画博弈对外投资企业竞争优势培育的外部环境，较全面地探讨国际直接投资溢出机制。

第二节　东道国行业增长性的国际直接投资溢出模型的构建与均衡解

一、国际直接投资溢出模型的构建

相对缺乏竞争优势的跨国企业，在某些技术领域拥有超越东道国企

[①] Teece（1976）以美国制造业跨国公司26次国际技术转移的数据说明技术转移成本与技术创新费用的差别并不大，通过回归发现，转移成本主要受到技术的隐性知识比例和子公司对技术的理解程度的影响，技术转移存在"干中学"效应，即随着技术转移次数的增加，转移成本显著下降。

业的技术优势（即相对技术优势）。① 沿用 Wang 与 Blostrom（1992）的假定，将技术差距（K）界定为跨国企业（f）与东道国企业（d）的技术水平之比，即 $Hyp1: K = K_f/K_d > 1$，其中，K 为跨国企业与东道国企业的技术差距，K_f、K_d 分别为跨国企业和东道国企业的技术水平。

跨国企业的相对技术优势源于跨国企业技术转移和子公司原有的技术水平，子公司技术水平的增长取决于跨国企业技术转移效率，而技术转移效率为技术转移产出与其投入之比。令技术转移投入的边际生产率为 1，以简化计算。相对缺乏竞争优势的跨国企业技术水平的增量取决于两方面因素：一是母公司向子公司的技术转移产出，这与技术转移效率成正比；二是子公司原有的技术水平（Wang & Blomstrom，1992）。技术水平高的企业技术能力强，而较强的技术能力促进了被转移技术的消化、应用。故相对缺乏竞争优势的跨国企业技术水平的增量为技术转移产出与子公司原有技术水平之积，即 $Hyp2: \dot{K}_f = I_f K_f$，其中 $\dot{K}_f$ 为相对缺乏竞争优势的跨国企业技术水平增量，I_f 为技术转移产出。技术转移的投入费用，主要是新技术或专利的使用与许可费、员工培训以及防止技术泄密成本。技术转移投入函数具有产品成本函数性质（Wang & Blomstrom，1992），即 $C(I_f): R_+ \to R_+, C'(I_f) > 0, C''(I_f) > 0, I_f \geq 0$。

Wang 与 Blomstrom（1992）认为东道国企业技术能力是技术学习产出与跨国企业技术水平的增函数，技术学习产出是学习投入的增函数，遵循学习投入的边际递减规律。由于企业技术水平对其产品需求的决定性作用，相对缺乏竞争优势的跨国企业提高产品需求的重要途径是引进

---

① 本章处理是基于分析简便的需要，不考虑跨国企业整体技术落后于东道国企业。从应对发达经济体和局部发达经济体投资保护主义与逆全球化、化解新兴经济体跨国企业双重劣势的现实背景，强调对外投资企业培育竞争优势时，必须对东道国企业产生溢出以实现互利共赢，才可能有效克服来源国劣势，即本章研究前提没有否定国际直接投资逆向溢出机制，只是因为分析逆向溢出机制，使模型构建更加复杂。这样处理对结论说服力会产生不利的影响，但影响不会很严重。因此本章研究与既有的国际直接投资逆向溢出机制成果，不是替代关系，而是互补关系。

母公司的先进技术以增强产品吸引力。面对技术含量相同的国内外产品，东道国消费者因社会风俗、民族精神、文化传统和产品的国别形象等因素会选择本国产品，因此，相对缺乏竞争优势的跨国企业克服外来者劣势和来源国劣势，提高其产品需求的唯一途径是：引进母公司的先进技术来改变东道国消费者对跨国企业母国不利的印象，以增强产品吸引力。当东道国行业需求增长时，出于巩固和扩大市场份额的战略动机，相对缺乏竞争优势的跨国企业将加快技术转移速度，增加了东道国企业的技术学习难度，挫伤后者学习投资积极性，而需求增加引起二者生存发展空间的扩大。技术学习与技术创新一样存在较高的风险，技术学习难度的加大，提高东道国企业技术学习失败的几率，降低其技术学习的期望收益；企业生存空间的扩大，提高对技术学习在内的所有投资的期望收益。两方面因素的作用使企业技术学习的资金投入和管理投入均下降，导致技术学习效率下降。当东道国行业需求下降时，本地企业因生存环境恶化更加倾向于保守的投资；为了使市场收缩的不利后果最大限度转嫁到东道国企业，相对缺乏竞争优势的跨国企业加大技术转移力度以吸引东道国消费者，显著增加了技术学习难度，导致本土企业技术学习风险更大。因此，东道国企业的技术学习活动也减弱，学习效率下降。故本地企业技术学习效率是本国行业需求增长和下降的减函数。东道国企业技术水平的提升还取决于学习对象——相对缺乏竞争优势的跨国企业的技术水平，因此东道国企业技术水平的增量可构造为

$$Hyp3: \dot{K}_d = \phi(I_d, g) K_f \qquad \phi(I_d, g) = I_d^\varphi / (1 + |g|^\gamma)$$

$$\varphi \in (0,1) \quad \gamma > 0 \quad g \in (-1,1)$$

$\dot{K}_d$ 为东道国企业的技术水平增量，$\phi(I_d, g)$ 为东道国企业的技术学习效率函数，I_d 为东道国企业技术学习的产出。东道国企业技术水平随技术学习产出的增加而提高，而单位学习产出引起东道国企业技术水平的提高遵循递减规律（Wang & Blomstrom，1992），故把 φ 的区间界定为 $(0,1)$，g 为行业增长性。根据行业需求的增长与下降把增长性分为

正、负两种类型，并通过对 g 的标准化处理，将其区间确定为 $(-1, 1)$。γ 度量行业需求增长性对企业学习效率的影响。γ 越接近于零，说明行业需求增长性对东道国企业技术学习的负面影响越大；γ 越趋近于无穷时，需求增长性对技术学习影响可忽略。技术学习产出同样具有产品成本函数的性质（Wang & Blomstrom，1992），$C_d(I_d):R_+ \to R_+$。$I_d \in R_+$，$C'_d(I_d) > 0$，$C''_d(I_d) > 0$。

相对缺乏竞争优势的跨国企业的技术优势源于内部技术转移和子公司原有的技术水平，技术水平的提升取决于内部技术转移效率；东道国企业的技术提升有赖于学习行为，学习效率的高低决定技术提升速度。假定技术学习没有让技术赶超，双方的技术领先与追随关系保持不变，技术学习效率不可能高于技术转移效率（Wang & Blomstrom，1992）即 $Hyp4:\phi(I_d,g)K \leq I_f$。[①]

假定相对缺乏竞争优势的跨国企业与东道国企业生产替代性强的同类异质产品，价格由二者产出共同决定。企业产品的需求量除了与自身的价格有关，还明显受到竞争对手产品的供给量影响。二者产品需求量的不同，主要源于产品差异性。产品差异性程度反映企业产品吸引力的强弱。企业的技术水平决定其产品差异化能力，成为影响其产品吸引力的关键因素，进而技术水平高的企业产品具有市场份额优势即销售优势。由于相对缺乏竞争优势的跨国企业与东道国企业生产同类异质产品，产出竞争表现为对行业市场份额的争夺，企业根据产品的市场需求决定其产出。令产品的反需求函数为

$$Hyp5:P = a - d(K,g)Q_d - f(K,g)Q_f$$

$$a > \max(2c_f - c_d, 2c_d - c_f),^{②} \quad d(K,g) = \{\overline{D} - [K/(1+|g|^\theta)]^{\beta d}\}^{-1}$$

$$f(K,g) = (1+|g|^\theta)/K^{\beta_f}, \beta > 1, 0 < \theta < 1, 0 < \beta_f < 1$$

---

① 出于全面分析国际直接投资溢出的需要，在本章第三、四节技术学习的某些类型放弃该假设，以满足发达东道国可能存在落后企业学习效率超过技术转移效率的情形。

② 由产品市场均衡时东道国企业与外国企业产出为正推出。

第三章 东道国行业增长性的国际直接投资溢出机制研究

θ 表示行业增长性对不同企业产出影响，Q_d、Q_f 分别代表东道国企业与相对缺乏竞争优势的跨国企业的产出，二者产出为正。$\beta > 1$ 表明东道国企业技术落后导致其产品需求下降具有边际正效应；$0 < \beta_f < 1$ 反映相对缺乏竞争优势的跨国企业技术优势引起其产品市场扩张的边际效应递减。当东道国企业与相对缺乏竞争优势的跨国企业的产品相同时，东道国居民倾向于本国产品，东道国政府也对国内企业提供支持，诸如此类因素构成东道国企业的本土优势，用 $\overline{D}$ 表示。当它使东道国企业面临跨国企业强大的技术冲击时，仍然能够生存。当技术差距保持既定时，东道国行业需求增长时，本土企业产出增加，本土产品市场扩张的边际效应递减；东道国行业需求下降时，相对缺乏竞争优势的跨国企业产出扩大，其产品扩张边际效应为正，故 θ 落在区间 $(0,1)$。

二、国际直接投资溢出模型的均衡解

相对缺乏竞争优势的跨国企业与东道国企业的长期竞争，实质上可视为无穷次重复博弈。相对缺乏竞争优势的跨国企业与东道国企业的每次博弈分为两个阶段：第一阶段，技术投资竞争，双方同时决定最优技术转移产出与最优技术学习产出；第二阶段，在既定的技术差距下进行产出竞争。因此，我们假定的企业竞争实质是无限期两阶段博弈，利用逆向归纳法求解。

（一）产品生产博弈

假定相对缺乏竞争优势的跨国企业与东道国企业的技术差距确定，企业 i 的目标函数为

$$\pi_i(K,g) = max\{(P - c_i)Q_i \mid Q_i > 0\} \quad i \neq j \quad i,j = d,f \quad (3.1)$$

其中，π_i、c_i 分别为企业 i 的支付和边际生产成本，仍沿用 Wang 与 Blomstrom（1992）的假定，企业 i 的固定成本为零，且边际生产成本为常数。

通过目标函数的一阶条件求出均衡产出与均衡支付：

$$\widetilde{Q}_f = \widetilde{Q}_f(K,g) = (a + c_d - 2c_f)/3f(K,g) \qquad (3.2a)$$

$$\widetilde{Q}_d = \widetilde{Q}_d(K,g) = (a + c_f - 2c_d)/3d(K,g) \qquad (3.2b)$$

$$\widetilde{\pi}_f = \widetilde{\pi}_f(K,g) = \widetilde{Q}_f^2 f(K,g)/9 \qquad (3.3a)$$

$$\widetilde{\pi}_d = \widetilde{\pi}_d(K,g) = \widetilde{Q}_d^2 d(K,g)/9 \qquad (3.3b)$$

利用均衡产出与均衡支付，可推导技术差距、东道国行业需求增长性对相对缺乏竞争优势的跨国企业与东道国企业均衡支付的表达式为

$$\partial \widetilde{\pi}_f/\partial K = (a + c_d - 2c_f)^2 \beta_f K^{\beta_f - 1}/9(1 + |g|^\theta) \qquad (3.4a)$$

$$\partial \widetilde{\pi}_d/\partial K = -(a + c_f - 2c_d)^2 \beta_d K^{\beta_d - 1}/9(1 + |g|^\theta)^{\beta_d} \qquad (3.4b)$$

当 $g > 0$ 时，$\partial \widetilde{\pi}_f/\partial g = -\theta |g|^{\theta-1} K^{\beta_f}$
$$(a + c_d - 2c_f)^2/(1 + |g|^\theta)^2 \qquad (3.5a)$$

$$\partial \widetilde{\pi}_d/\partial g = \theta \beta_d K^{\beta_d} |g|^{\theta-1} (a + c_f - 2c_d)^2/(1 + |g|^\theta)^{\beta_d+1} \qquad (3.5b)$$

当 $g < 0$ 时，$\partial \widetilde{\pi}_f/\partial g = -\theta K^{\beta_f} |g|^{\theta-1}$
$$(a + c_d - 2c_f)^2/(1 + |g|^\theta)^2 \qquad (3.6a)$$

$$\partial \widetilde{\pi}_d/\partial g = -\theta |g|^{\theta-1} \beta_d K^{\beta_d}$$
$$(a + c_f - 2c_d)^2/(1 + |g|^\theta)^{\beta_d+1} \qquad (3.6b)$$

根据前面的假设可确定 (3.4a)、(3.5b)、(3.6a) 为正，而 (3.4b)、(3.5a)、(3.6b) 为负，因此单独从产品市场博弈看，相对缺乏竞争优势的跨国企业均衡利润，随着技术差距的扩大而增加，也是东道国行业需求递增的减函数和东道国行业需求递减的增函数；而东道国企业的均衡利润是技术差距的减函数，其均衡利润与东道国行业需求同方向变动。

(二) 企业技术投资博弈

根据假设 1、2、4 可推出反映相对缺乏竞争优势的跨国企业技术转移与东道国企业技术学习吸收过程的方程为

$$\dot{K} = [I_f - I_d^\varphi K/(1 + |g|^\gamma)]K \quad (3.7)$$

$\dot{K}$ 是相对缺乏竞争优势的跨国企业与东道国企业技术差距的增量，方程（3.7）构成相对缺乏竞争优势的跨国企业与东道国企业技术投资博弈的约束条件。

设企业 i 的贴现率为 ρ_i，则企业 i 技术投资的目标函数为

$$V_i = \int_0^\infty e^{-\rho_i t}[\pi_i(K,g) - C_i(I_i)]dt \quad i = f,d \quad (3.8)$$

企业 i 技术投资的最优化决策是企业 j 对技术差距的反应既定，满足约束（3.7）条件下，使自身利润净值量大即目标函数（3.8）最大化。构造企业 i 的现值 Hamilton 函数为

$$H_i(K, I_i, I_j, \lambda_i, t) = \pi_i(K,g) - C_i(I_i) +$$
$$\lambda_i[I_f - I_d^\varphi K/(1 + |g|^\gamma)]K \quad i,j = f,d \quad i \neq j \quad (3.9)$$

通常情况下，相对缺乏竞争优势的跨国企业与东道国企业估计技术差距比预测东道国行业增长性更容易，因此假定企业 i 根据技术差距进行决策，其决策的最优条件为

$$\partial H_f/\partial \lambda_f = \partial H_d/\partial \lambda_d = [I_f - I_d^\varphi K/(1 + |g|^\gamma)]K = \dot{K} \quad (3.10)$$

$$\dot{\lambda}_f = \rho_f \lambda_f - \partial \pi_f/\partial K - \lambda_f[I_f - 2I_d^\varphi K/(1 + |g|^\gamma)] \quad (3.11a)$$

$$\partial H_f/\partial I_f = \lambda_f K - C'_f(I_f) = 0 \quad (3.12a)$$

$$\dot{\lambda}_d = \rho_d \lambda_d - \partial \pi_d/\partial K - \lambda_d[I_f - 2I_d^\varphi K/(1 + |g|^\gamma)] \quad (3.11b)$$

$$\partial H_d/\partial I_d = -\lambda_d \varphi I_d^{\varphi-1} K^2/(1 + |g|^\gamma) - C'_d(I_d) = 0 \quad (3.11b)$$

相对缺乏竞争优势的跨国企业与东道国企业技术投资博弈均衡时，

满足 $\dot{\lambda}_d = \dot{\lambda}_f = \dot{K} = 0$

将 $\dot{K} = 0$ 代入 (3.10) 求出: $K = I_f(1 + |g|^\gamma)/I_d$ (3.13)

联立 $\dot{\lambda}_f = 0$ 与 (3.13)、(3.11a) 可得相对缺乏竞争优势的跨国企业最优技术转移产出函数为

$$T_f(I_f, I_d; \rho_f, g) = \frac{-I_f^2 \pi_{d1}'(I_f \phi^{-1}(I_d, g), g) \phi_1'(I_d, g)}{(\rho_d + I_f)\phi^2(I_d, g)} -$$

$$C_d'(I_d) = 0 \tag{3.14a}$$

同理,将 $\dot{\lambda}_d = 0$ 与 (3.13)、(3.11b) 整理后有东道国企业最优技术学习产出函数为

$$T_d(I_f, I_d; \rho_d, g) = \frac{-I_f^2 \pi_{d1}'(I_f \phi^{-1}(I_d, g), g) \phi_1'(I_d, g)}{(\rho_d + I_f)\phi^2(I_d, g)} -$$

$$C_d'(I_d) = 0 \tag{3.14b}$$

对 $T_d(I_f, I_d; \rho_d, g) = 0$ 求关于 I_d、I_f 的全微分为

$$dI_f/dI_d = -(\partial T_f/\partial I_d)/(\partial T_f/\partial I_f) \tag{3.15a}$$

对 (3.14a) 分别对 I_d、I_f 求偏导可推出 $\partial T_f/\partial I_d < 0$,$\partial T_f/\partial I_f < 0$,则 $dI_f/dI_d < 0$,即最优技术转移产出与技术学习产出反向变动。

对 $T_d(I_f, I_d; \rho_f, g) = 0$ 求关于 I_d、I_f 的全微分为

$$dI_d/dI_f = -(\partial T_d/\partial I_f)/(\partial T_d/\partial I_d) \tag{3.15b}$$

对 (3.14b) 分别对 I_d、I_f 求偏导,可推出 $\partial T_d/\partial I_f < 0$,$\partial T_d/\partial I_d < 0$,则 $dI_d/dI_f > 0$,即最优技术学习产出与技术转移产出同向变动;$\partial T_f/\partial I_f \times \partial T_d/\partial I_d - \partial T_f/\partial I_d \times \partial T_d/\partial I_f > 0$ 故 (3.14a)、(3.14b) 构成的非线性经济系统存在唯一的稳定均衡点。

图 3.1 反映相对缺乏竞争优势的跨国企业的最优技术转移产出与东道国企业最优学习产出动态调整过程。当相对缺乏竞争优势的跨国企业

与东道国企业的技术投资位于图中的任意一点，技术投资博弈沿着图中箭头所示移动，移动至在最优技术转移产出线 $\dot{I}_f = 0$ 与最优技术学习产出线 $\dot{I}_d = 0$ 的交点 A 处达到均衡。除非条件发生变化，东道国企业技术学习与跨国企业技术转移保持稳定。

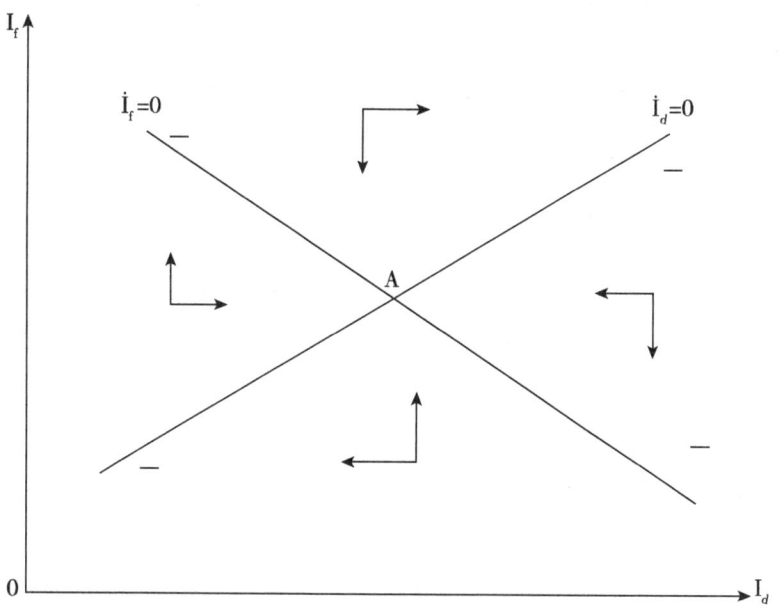

图 3.1　跨国公司与东道国企业的技术投资均衡

资料来源：笔者自制。

第三节　企业技术投资博弈、东道国行业增长性与国际直接投资溢出

海外沉没成本的存在，东道国的行业需求不可能是相对缺乏竞争优势的跨国企业进入或退出当地市场决策的控制变量，而行业需求增长性影响相对缺乏竞争优势的跨国企业技术转移，进而影响东道国企业技术学习行为。

一、东道国行业需求增长与国际直接投资溢出的产生及其变动

相对缺乏竞争优势的跨国企业,由于行业需求增长,导致相对技术领先引致的竞争优势削弱。行业需求增长越明显,东道国企业产品受到的技术冲击越弱,而它的技术学习效率下降却更加突出,继而影响国际直接投资溢出。

(一) 相对缺乏竞争优势的跨国企业内部技术转移

对 $T_f(I_f, I_d; \rho_f, g) = 0$,求关于 I_f、g 的全微分可得

$$dI_f/dg = -(\partial T_f/\partial g)/(\partial T_f/\partial I_f) \tag{3.16a}$$

考虑 $\partial T_f/\partial I_f < 0$,因此,根据东道国企业技术学习的难易程度,结合参数 γ、θ、β_f,分析 $\partial T_f/\partial g$ 的符号,阐述东道国行业需求的增长对相对缺乏竞争优势的跨国企业技术转移的影响。

(1) 东道国企业技术学习非常困难,即 $0 < \gamma < \theta/(2 - \beta_f)$,若 $0 \leq g < g_1$,$dI_f/dg > 0$;若 $g_1 < g \leq 1$,$dI_f/dg < 0$。[①]随着行业需求增长,东道国产品因此所受到的保护程度加强,相对缺乏竞争优势的跨国企业必须加大技术转移产出才能巩固、扩大其市场份额;同时加大技术转移产出,能增加东道国企业技术学习难度,降低对手的学习效率,因而有利于技术差距的维护、扩大和自身产品吸引力的增强,因此,相对缺乏竞争优势的跨国企业技术投资增加。当行业需求增长达到某一点后,[②]继续增加对东道国产品的保护超过技术差距扩大对其的不利影响。由于相对缺乏竞争优势的跨国企业单位技术转移的收益随技术差距的扩大而递减,而技术转移的边际成本始终处于上升趋势,使转移达到最优值,即技术转移产出出现拐点。[③]超过拐点,在保证技术差距不变前提下,相对缺乏竞争优势的跨国企业技术投资(转移)增加的幅度

[①] 东道国企业技术学习的难易程度主要取决于企业目前的技术水平的高低。
[②] 我们通过中值定理确定这一点的存在,下面的情况相同。
[③] 技术转移产出需求函数曲线出现了拐点,当两者的需求超过这一点后,二阶导数由正变为负。

随需求增长反而下降。

（2）东道国企业学习困难不太大，即 $\theta/(2-\beta_f) < \gamma < \theta$，$dI_f/dg > 0$。东道国行业需求增长，相对缺乏竞争优势的跨国企业技术投资加大。尽管转移产出的增加使企业技术学习效率下降而技术学习边际成本上升，技术学习困难不太大使相对缺乏竞争优势的跨国企业无法通过加快技术转移，使技术差距逼近最优值，因此，跨国企业技术转移速度一直增加。

（3）东道国企业技术学习比较容易，即 $\theta < \gamma$，若 $0 \leq g < g_2$，$dI_f/dg < 0$；若 $g_2 < g \leq 1$，$dI_f/dg > 0$。当东道国行业发展缓慢时，需求增长对企业学习的不利影响几乎可忽略。若跨国企业加快技术转移，反而可能会使技术差距缩小甚至使对方技术赶超，因此，相对缺乏竞争优势的跨国企业增加技术投资（转移）的动机反而弱化。当行业快速发展时，需求增长对东道国产品的保护程度明显上升，不利于东道国企业追加学习投入。相对缺乏竞争优势的跨国企业加快技术转移速度，有利于维持和扩大技术差距进而增加市场份额，故跨国企业技术投资（转移）随需求增长而扩大。

（二）东道国企业的技术学习

假设 I_f、ρ_f 不变，对 $T_d(I_d, I_f; \rho_f, g) = 0$，求全微分为

$$dI_d/dg = -(\partial T_d/\partial g)/(\partial T_d/\partial I_d) \tag{3.16b}$$

由于 $\partial T_d/\partial I_d < 0$，根据东道国企业技术学习是否具有优势，结合参数 γ、θ 确定 $\partial I_d/\partial g$ 的符号，讨论东道国行业正增长性对本土企业技术学习决策的影响。

（1）东道国企业没有技术学习优势，即 $0 < \gamma < \theta$，若 $0 \leq g < g_3$，$dI_d/dg > 0$；若 $g_3 < g \leq 1$，$dI_d/dg < 0$。东道国行业需求增长时，若行业发展缓慢，致使学习投入成本并不大。即使技术学习效率低，企业增加学习投资，也能有效改善技术落后状况而迅速增强产品吸引力，加大技术投资成为东道国企业的理性行为。若行业发展迅

速，相对缺乏竞争优势的跨国企业技术转移加快，明显增加东道国企业的学习难度。技术学习效率低下使增加学习投资也难以缩小技术差距，只能依靠本土优势与需求增长，直接带来的产品保护作用与相对缺乏竞争优势的跨国企业抗争，因而东道国企业理性选择为减少学习投资。

（2）东道国企业具有学习优势，即 $\gamma > \theta$，若 $0 \leq g < g_4$，$dI_d/dg < 0$；若 $g_4 < g \leq 1$，$dI_d/dg > 0$。东道国行业需求增长时，当行业快速发展使东道国企业面临强大的技术冲击，并使学习效率明显下降，而技术学习仍然能够缩小技术差距，有利于巩固、扩大市场份额，因此，东道国企业学习投资随需求增长而增加。当行业发展缓慢时，反而随行业需求增长而降低，足以化解相对缺乏竞争优势的跨国企业技术领先对于其市场份额的威胁，则企业学习投资随需求增长反而下降。

（三）国际直接投资溢出的产生及其变动

（1）东道国企业技术学习非常困难，即 $0 < \gamma < \theta/(2 - \beta_f)$。国际直接投资溢出分两种情形。若东道国行业发展缓慢时，行业需求增长对国际直接投资溢出的影响如图 3.2a 所示。行业需求增长，相对缺乏竞争优势的跨国企业加快技术转移，东道国企业追加技术学习投入，投资博弈重新达到均衡时，相对缺乏竞争优势的跨国企业的技术转移产出增加很小，而东道国企业技术学习产出明显增加。因此，尽管东道国企业学习非常困难，而行业需求增长使东道国企业学习投资增加，部分抵消其对学习效率的不利影响，促进相对缺乏竞争优势的跨国企业技术溢出的产生和东道国企业溢出的获取。如果东道国行业快速发展时，行业需求增长使双方技术投资动机明显弱化。相互作用重新达到均衡时，东道国企业学习投资产出明显下降，而相对缺乏竞争优势的跨国企业技术转移产出变化不大。因此，东道国行业需求增长反而不利于国际直接投资溢出的产生（见图 3.2b）。

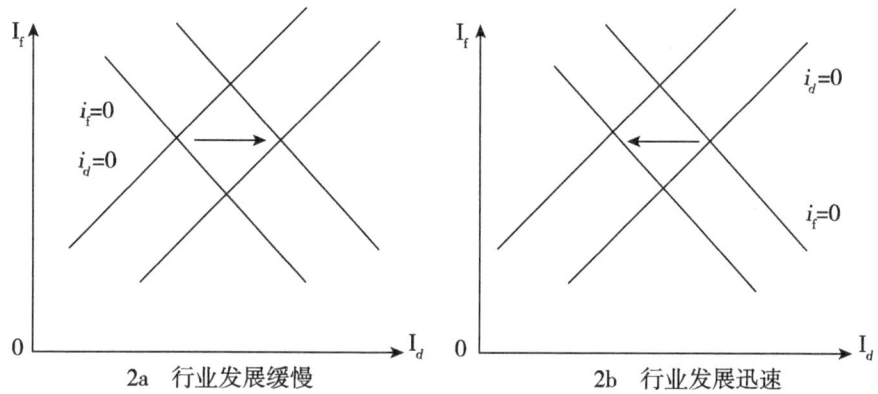

图 3.2　技术学习非常困难时东道国行业需求增长与国际直接投资溢出

注：本章以下的图形都是笔者自制。

（2）东道国企业技术学习困难不大，即 $\theta/(2-\beta_f) < \gamma < \theta$，国际直接投资溢出也分两种情形。如果东道国行业发展缓慢时，行业需求增长对国际直接投资溢出的影响与技术学习非常困难情形（见图3.2a）类似。对于相同的行业需求增长率与后者相比，由于东道国企业学习相对容易，此时企业获得相对缺乏竞争优势的跨国企业溢出概率上升、数量增加。

若行业发展迅速时，需求增长使东道国企业学习更加困难，学习投资动机减弱，而相对缺乏竞争优势的跨国企业则利用对方的学习困难增加内部技术转移，重新达到均衡，技术投资略有上升。此时东道国行业增长对相对缺乏竞争优势的跨国企业溢出效应的影响可忽略（见图3.3）。

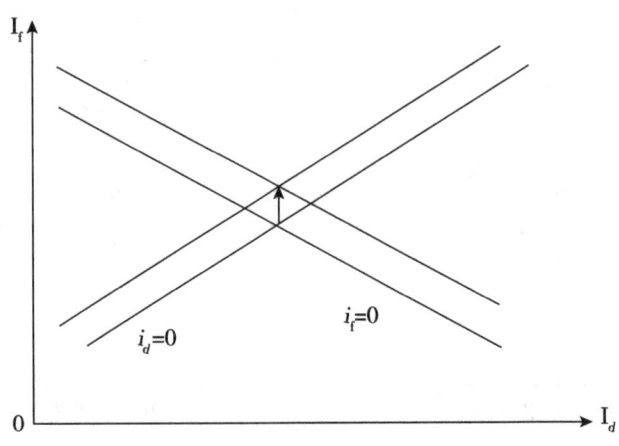

图 3.3 学习困难不大时东道国行业发展迅速
与国际直接投资溢出

（3）当东道国企业技术学习比较容易，即 $\theta < \gamma$，国际直接投资溢出的两种情形与第一种相反。当东道国行业发展缓慢（见图 3.4a），行业需求增长使双方技术投资动机减弱。博弈达到新的均衡点时，相对缺乏竞争优势的跨国企业内部技术转移产出变化不大，而东道国企业技术学习产出显著减少，故东道国行业需求增长不利于国际直接投资溢出的发生与获得。若东道国行业快速发展时，需求增加，相对缺乏竞争优势的跨国企业与东道国企业技术投资动机均增强。二者相互作用重新均衡时，相对缺乏竞争优势的跨国企业技术转移变动不大，本地企业技术学习投入增加非常明显，从而东道国行业需求增长提高了企业获取相对缺乏竞争优势的跨国企业溢出的概率，增加吸收的溢出数量（见图 3.4b）。

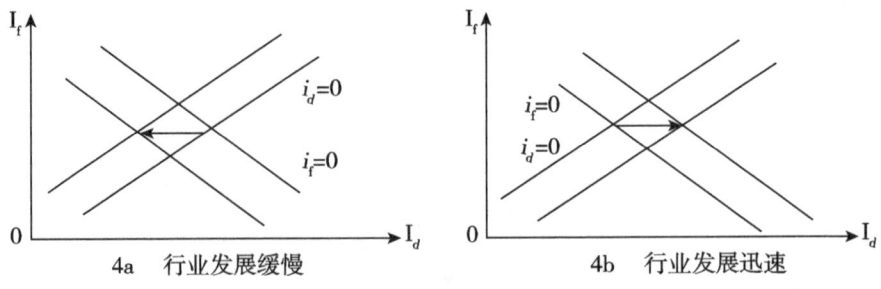

图 3.4 技术学习比较容易时东道国行业需求增长与国际直接投资溢出

二、东道国行业需求负增长与国际直接投资溢出的产生及其变动

东道国行业需求的增长与下降对相对缺乏竞争优势的跨国企业技术转移与本地企业技术学习的影响截然不同,从而对国际直接投资溢出的作用存在明显的差异。前者在一定程度上对本地产品提供了保护,刺激了相对缺乏竞争优势的跨国企业技术转移;后者有利于相对缺乏竞争优势的跨国企业产品竞争,弱化相对缺乏竞争优势的跨国企业技术投资动机。东道国行业需求的增长与下降对当地企业技术学习的影响也不同,因此,东道国行业负增长性对国际直接投资溢出的影响也有必要进行研究。采用与前面类似的方法进行分析,可得到下面的结论。

(一) 相对缺乏竞争优势的跨国企业技术转移

(1) $0 < \gamma < \theta$,即东道国企业技术物非常困难,若 $g_5 < g \leq 0$,$dI_f/dg < 0$;若 $-1 < g \leq g_5$,$dI_f/dg > 0$。随着东道国行业需求下降,相对缺乏竞争优势的跨国企业利用东道国企业技术学习效率低,加快技术转移、扩大技术差距,进而转嫁市场收缩的不利影响。由于技术转移的边际收益递减与边际成本上升的相互作用,便出现了最优技术转移产出点。超过最优技术转移产出点,行业需求负增长取代技术差距成为相对缺乏竞争优势的跨国企业产品竞争贡献的主导因素。此时,行业衰退严重,相对缺乏竞争优势的跨国企业在稳定技术差距目标时,利用对手的学习困难而有意识降低技术转移速度。

(2) $0 < \gamma < \theta/\beta_f$,即东道国企业学习困难不太大,$dI_f/dg > 0$。东道国保持一定的技术学习效率,迫使相对缺乏竞争优势的跨国企业选择行业负增长性成为维持其产品竞争贡献的主导因素。若相对缺乏竞争优势的跨国企业加快技术转移产出,导致技术差距加大具有较大的不确定性,同时,技术转移的边际成本服从递增规律。在一定的技术差距范围内,需求下降致使相对缺乏竞争优势的跨国企业与东道国企业竞争程度的下降,足以抵御东道国企业的本土优势,且这种作用随需求的继续下

降而加强，故相对缺乏竞争优势的跨国企业在维持一定技术差距的前提下，有意识减少技术转移速度。

(3) $\theta/\beta_f < \gamma$，即东道国企业技术学习存在优势，若 $g_6 \leqslant g < 0$，$dI_f/dg > 0$；若 $-1 \leqslant g < g_6$，$dI_f/dg < 0$。东道国企业良好的技术学习效率迫使相对缺乏竞争优势的跨国企业竞争时，只能在某种程度上利用东道国行业负增长性。当东道国行业需求下降不明显时，企业学习优势所蒙受的不利影响很小，若相对缺乏竞争优势的跨国企业加快技术转移，可能会使技术差距缩小，因此跨国企业技术转移动机随需求下降而减弱。当东道国行业衰退严重时，东道国企业因市场生存取代企业发展而被迫减少技术学习投入，相对缺乏竞争优势的跨国企业加快技术转移，显著提高了市场生存概率甚至扩大技术差距，因此技术转移动机随行业需求下降而加强。

(二) 东道国企业技术学习

(1) $0 < \gamma < \theta$，即东道国企业技术学习处于劣势，若 $g_7 < g \leqslant 0$，$dI_d/dg < 0$；若 $-1 \leqslant g < g_7$，$dI_d/dg > 0$。当东道国行业衰退不太严重时需求下降，学习成本不大。尽管技术学习效率不高，东道国企业却加大技术学习投入，可缩小技术差距、降低跨国企业产品吸收力和缩小需求下降的不利影响。当东道国行业衰退严重时行业需求下降，东道国企业亟须应对市场生存问题，即使增加学习投资也难以改变产品销售下降，因此，企业学习投入随需求下降而减少。

(2) $0 < \gamma < \theta/\beta_f$，即东道国企业技术学习具有优势，若 $g_8 < g \leqslant 0$，$dI_d/dg > 0$；若 $-1 \leqslant g < g_8$，$dI_d/dg < 0$。当东道国行业衰退严重时需求下降，东道国企业只有增加技术学习投资，充分发挥学习优势，吸收相对缺乏竞争优势的跨国企业溢出，扩大市场份额才可能在市场中生存、发展。当东道国行业衰退不太严重时，伴随相对于缺乏竞争优势的跨国企业技术溢出，跨国企业较少的学习投资因学习优势可控制并缩小技术差距，进而化解对手技术优势的不利影响和行业需求下降的不利冲击，故技术学习投资随需求下降而减少。

(三) 国际直接投资溢出的产生与变动

(1) $0 < \gamma < \theta$,即东道国企业技术学习非常困难。如果东道国行业衰退不太严重,行业需求下降,相对缺乏竞争优势的跨国企业与东道国企业增加技术投资的动机加强。投资博弈形成新的均衡时,跨国企业技术转移产出增加很小,而东道国企业技术学习产出大幅度增加,部分抵消了需求下降对企业学习效率的不利影响。因此,只要技术转移波动不大、本土企业学习投资变化较大时,东道国行业需求下降,对相对缺乏竞争优势的跨国企业技术溢出影响不大(见图3.5a)。

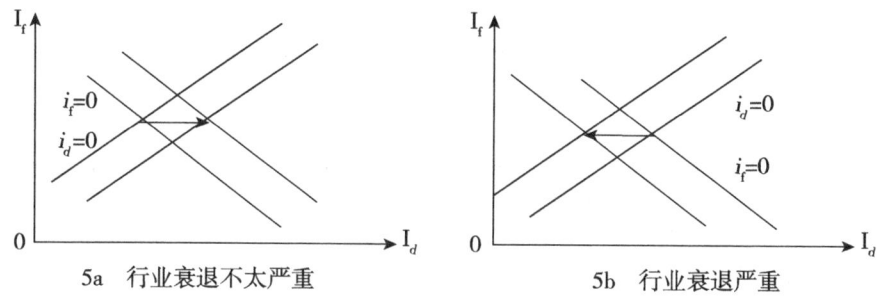

图 3.5　技术学习非常困难时东道国行业需求下降与国际直接投资溢出

当东道国行业衰退严重时(见图3.5b),行业需求下降使相对缺乏竞争优势的跨国企业与东道国企业的技术投资动机都减弱。技术投资博弈达到新的均衡,跨国企业技术转移波动不大,而东道国企业技术学习投资减少,因此,需求负增长不利于相对缺乏竞争优势的跨国企业溢出的发生与获取。

(2) $0 < \gamma < \theta/\beta_f$,即东道国企业技术学习困难不大。若东道国行业衰退不太严重时,行业需求下降对国际直接投资溢出的影响,类似于行业衰退严重时技术学习非常困难的情形,明显增加东道国企业吸收溢出的难度。

如果东道国行业衰退严重时(见图3.6),由于东道国企业学习困难不太大,需求下降时,跨国企业增加技术转移动机减弱,而企业学习投资动机加强。技术投资博弈达到新的均衡时,相对缺乏竞争优势的跨国企业与东道国技术投资略有减少。

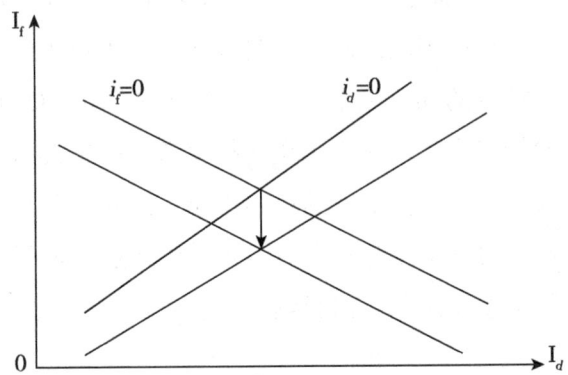

图 3.6　学习困难不大且东道国行业衰退严重时
需求下降与国际直接投资溢出

综合这两种情形，并与企业学习特别困难时比较，我们发现面临同样的东道国行业需求下降，学习困难程度小的东道国企业获取国际直接投资溢出的概率与数量上升。

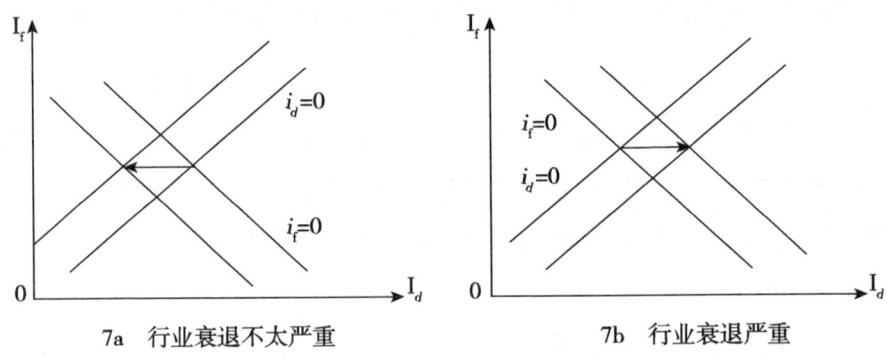

7a　行业衰退不太严重　　　　　　7b　行业衰退严重

图 3.7　存在学习优势时东道国行业需求下降与国际直接投资溢出

（3）$\theta/\beta_f < \gamma$，即东道国企业技术学习比较容易。如果东道国行业衰退不太严重时（见图 3.7a），随着行业需求下降，双方均有减少技术投资的动机。技术投资博弈重新均衡时，相对缺乏竞争优势的跨国企业技术移动波动不大，而东道国企业技术学习投资明显减少。因此，负增长性

阻碍跨国企业溢出的发生和东道国企业的溢出获取。若东道国行业衰退严重时（见图3.7b），行业需求下降使相对缺乏竞争优势的跨国企业与东道国企业的技术投资动机加强。重新达到均衡时，相对缺乏竞争优势的跨国企业技术投资增加不明显，而东道国企业学习投入相对增加。因此，需求下降在一定程度上促进相对缺乏竞争优势的跨国企业技术溢出。

三、结论

在 Wang 与 Blomstrom（1992）的国际技术转移模型基础上，本章以国际直接投资双向溢出为出发点，考虑对外投资企业培育竞争优势时，技术发达经济体与局部技术发达经济体投资保护主义的兴起和逆全球化影响的加剧，尤其是中国这一类型海外投资面临更大的阻力和不公平的待遇即外来者劣势和来源国劣势，重点考虑正向溢出以实现互利共赢，降低东道国的抵制与反感。出于简化分析的目的，只考虑相对缺乏竞争优势的跨国企业，即在局部技术领域具有相对技术优势而总体依然为技术劣势，吸收东道国企业的溢出数量小于获取东道国企业溢出的数量。引入东道国行业增长性，重点研究行业需求的增长和下降对本地企业和跨国企业的技术投资博弈和溢出的影响，较全面地探讨了国际直接投资溢出机制，从而更符合中国竞争优势培育型 OFDI 的现实环境。具有实际意义的结论归纳如下：

（1）公司内部的跨国技术转移成本直接决定相对缺乏竞争优势的跨国企业是否加速技术转移，而加速技术转移并不必然有利于互利共赢。技术学习难度越大，相对缺乏竞争优势的跨国企业加快技术转移的概率就越大。[①] 相对缺乏竞争优势的跨国企业技术转移也需进行成本—

[①] 技术发达经济体或局部技术发达经济体企业技术学习非常困难，不具备竞争优势培育型 OFDI 东道国企业的一般性；而东道国行业衰退严重时，即使东道国行业市场容量很大，且东道国企业具备技术学习优势，行业内企业退出市场的可能性非常大。因此，新兴经济体对外投资企业实施竞争优势培育战略时，盲目并购发达国家科技型企业并不必然具有合理性。一旦被并购企业所在地经济严重衰退，企业扭亏为盈无望，培育竞争优势预期目标难以实现。

收益分析。即使东道国企业技术学习相当困难，如果技术转移的预期边际收益没有超过边际成本，跨国企业也不会加大技术转移力度。只有在三种情形：即东道国行业需求增长、东道国企业技术学习困难不大，东道国行业发展发展迅速或衰退非常严重，东道国企业技术学习非常容易，跨国企业才会加速向子公司转移技术，促进国际直接投资的溢出和溢出数量的增长，才可能实现互利共赢。

(2) 东道国企业现有的学习能力与技术学习成本构成企业技术学习投资的制约因素。只有在较低的学习成本条件下，学习能力弱的企业才可能被动增加技术学习投入；而能力强的企业通常会主动进行充足的学习投资，以应对相对缺乏竞争优势的跨国企业的技术冲击。竞争优势培育型 OFDI 发生的区域——技术发达或局部技术发达东道国企业通常满足技术学习能力强的条件。因此，在对外投资企业实施竞争优势培育战略时，应事先考虑东道国企业的主动技术学习投资。

(3) 东道国行业需求增加时，相对缺乏竞争优势的跨国企业与东道国企业的技术投资动机是否增强视具体情况而定；技术投资博弈达到新的均衡时，大多数情况下，相对缺乏竞争优势的跨国企业技术转移波动不大，东道国企业技术学习投资的变动依赖于行业发展速度。行业发展缓慢时，则东道国企业学习产出明显增加，国际直接投资溢出主要取决于东道国企业技术投资。只要学习投资较大，溢出非常明显；相反，行业发展迅猛时，东道国企业学习投入反而下降。这是由于需求增长过快对东道国企业的保护作用更加明显，弱化东道国企业学习投资动机，导致行业增长对相对缺乏竞争优势的跨国企业溢出的影响由积极转向消极，竞争优势培育型跨国企业应注意东道国行业迅猛可能带来的不利影响，即东道国政府、媒体以增强企业社会责任为由提出更多的不合理要求。

(4) 东道国行业需求下降时，相对缺乏竞争优势的跨国企业与东道国企业技术投资的动机可能增强也可能减弱。技术投资博弈重新达到均衡时，一般情况下，相对缺乏竞争优势的跨国企业技术转移产出变动很小,而东道国企业学习产出波动具有相当大的不确定性。若行业衰退不太严重时,则学习产出明显减少,如果东道国企业学习投资本身较少时,则相对缺乏竞争优势的跨国企业溢出几乎不存在。这是因为需求下降已经成为跨国企业产品竞争贡献的重要因素,使跨国企业增加技术转移投资的动机减弱。只有行业衰退严重,导致市场上任何企业生存相当困难,跨国企业必须增加技术转移才能克服行业市场收缩的不利影响,需求负增长性对国际直接投资溢出的消极影响才可能消除。

(5) 东道国行业增长性对国际直接投资溢出的影响还会因东道国企业学习能力的不同而存在差异。行业需求增长时,学习能力强的企业获取技术溢出的概率与数量均上升;行业需求下降时,学习能力弱的企业获取跨国企业溢出数量下降的概率与程度都增加。这说明竞争优势培育型跨企业须考虑不同类型的东道国企业技术学习能力差异对溢出和逆向溢出的影响。

第四章 国际直接投资溢出与对外投资企业竞争优势培育

本章通过事先假定技术落后的国内企业吸收能力满足获取国际直接投资逆向溢出的要求,以溢出的空间局限性为背景,通过拓展和综合竞争策略与溢出的相关研究成果,以国际企业间逆向和双向的溢出为角度,构建两国双寡头古诺模型。通过古诺模型均衡解的比较分析,确定企业对外投资相对于经营范围限于国内,实施交换威胁战略和吸收溢出而总体利润增加或亏损减少需要具备的条件,从而揭示对外投资企业竞争优势培育机制。

第一节 逆向溢出、交换威胁与对外投资企业竞争优势培育

一、文献回顾与问题的提出

(一) 文献回顾

20世纪80年代以来,随着经济全球化趋势的不断加强和企业间竞争程度的加剧,竞争优势培育型OFDI日益突出,越来越多的经验和研究发现这一现象的存在。这些经验和研究可分为以下三类:

(1) 案例研究,如《2005世界投资报告》以金砖国家和亚洲"四小龙"企业在美国和欧洲设立研发中心为例说明外资企业吸收东道国企业与科研机构的溢出;吴先明等(2008)利用寻求创造性资产理论

研究，以技术获取为目标的联想整合 IBM PC 业务的并购事件；刘文纲（2009）构建无形资源优势转移的跨国并购战略框架，探讨 TCL 集团和万向集团海外技术获取绩效差异的根源；康荣平（2009）以趋势科技、金鹰国际和日本软脑公司为例分析海外华人企业如何通过 OFDI 获取海外技术而迅速成长为跨国企业；刘伟全（2011）则从生产者和购买者驱动的全球价值链角度研究华为、TCL 的对外投资海外技术获取绩效及绩效差异的根源；陈建勋等（2012）从社会资本角度以海信集团为例，论证发展中国家开展学习型对外投资，与东道国在个体层面的"嵌入"、单一组织层面的"脱嵌"和作为产业层面的多组织系统"再嵌入"世界网络体系，可有效获取海外技术；李田等（2017）以劳动密集型产业（家具业）和高新技术产业（汽车零部件业）的国内著名企业——台升集团与万向集团为例，比较、总结二者多次对发达经济体并购获取以技术、品牌为核心的战略资产的异同，发现竞争优势培育型 OFDI 战略可实现 OEM 企业向 OBM 企业的转变。

（2）从行业和企业的层面进行计量分析。Kogut 与 Chang（1991）考察日本制造企业对美国的直接投资，将前者的进入模式分解成新建、与美合资和并购，回归发现采取合资形式时，日本、美国 R&D 支出之差对美国、日本合资有显著的负效应，说明日本企业与美国同行合资时，存在对美国合资者的技术寻求动机。在生物技术行业，其他经济体企业以股权投资的方式对美国直接投资，能有效获得东道国（美国）的先进技术（Wei, Song, 1997）。Neven 与 Siotis（1996）采用与 Kogut 与 Chang（1991）类似的分析，发现美国、日本企业对法国、德国、英国、意大利的直接投资存在显著的技术获取行为。而 Griffith 等（2006）首次使用企业面板数据进行微观计量研究后发现，在美国直接投资的英国企业对母国全要素生产率的贡献几乎接近整个英国企业自身 R&D 活动，而获取美国技术溢出的前提是英国跨国企业在美国需进行 R&D 投资。

（3）统计分析。Cantwell 等（2004）研究 1969—1995 年期间美国对英国制造部门的直接投资，以美国子公司取得的专利和部门的显性技术优势指数为基础,通过比较每一部门专利占制造业专利份额与部门显性技术优势指数的变动后发现:在化学制药与非金属矿产品部门,美国企业利用当地技术人才进行研发活动,技术水平最终超过英国企业;而食品饮料、烟草与摩托车部门,与英国同行差距反而加大,但它们的技术水平超过美国国内企业;另外,橡胶、塑料及纺织部门与英国同行的技术差距加大,而且越来越落后于其国内企业。这说明不同行业的美国跨国企业对英国技术溢出的获取效果差别显著。

综合上述研究成果,可推出竞争优势培育型 OFDI 主要发生在美欧技术发达经济体,而进行这种类型投资的跨国企业不一定必然来自传统发达经济体,也可能是新兴经济体。

针对发达国家缺乏竞争优势(技术优势)跨国企业的对外投资,Fosfuri 与 Motta(1999)在学术期刊上发表"不具有特定优势(技术优势)企业的跨国直接投资"假说进行诠释。该假说的前提是当地化溢出(Localized Spillovers)——溢出局限于一个国家内部,缺乏竞争优势的国内企业与竞争优势的国外企业只有位于同一个国家时,才能获得溢出,也就是第二章提到溢出的空间局限性(Spatial Limitation of Spillovers)。溢出程度取决于技术先进企业生产经营所在国的特征,缺乏竞争优势的国内企业吸收能力满足获取对方溢出的要求,这些内容构成此假说的基础。两位学者构建两国双寡头古诺模型并论证了溢出对技术水平不同的企业国际市场扩张模式的影响:追求利润最大化使竞争优势企业(技术先进)选择出口而放弃 OFDI,缺乏竞争优势企业(技术落后)选择正好与前者相反。"不具有竞争优势(技术优势)企业对外投资"假说迅速引起众多学者对竞争优势培育型 OFDI 现象的广泛关注。

(二) 问题的提出

Fosfuri 与 Motta(1999)首次提出"不具有特定优势(技术优势)企业的跨国直接投资"假说,因研究基础的缺陷,难以得到业内人士的普遍认可。

大量的国际直接投资溢出实证研究表明,溢出程度取决于不同国家企业之间的相互作用，本地企业吸收能力达到获取跨国企业溢出的要求并不容易，① 尤其是对发展中国家企业而言，满足这一要求缺乏普遍性。截至2003年，在所有发展中国家与转型国家微观面板数据研究中，还没有发现一例外商直接投资产生显著的技术溢出效应（Gorg & Greenaway，2004）。OFDI不过是通过吸收溢出而培育竞争优势的前提，能否培育竞争优势取决于跨国企业在东道国R&D投入的规模与效率。Cohen与Levinthal（1989）发现企业R&D活动的双重作用：①产生新的技术知识；②增强企业的吸收能力。因而R&D活动对企业选择OFDI具有明显的影响。在此基础上，Petit与Sanna – Randaccio（2000）构建国际寡头竞争模型说明，寡头博弈达到均衡时，R&D强度大、R&D活动效率高的企业选择OFDI，而选择出口的企业具有R&D强度小且R&D活动效率低的特征；随着R&D费用的增加与R&D活动效率的提升，企业选择OFDI的可能性也加大。

自从Knickbocker发现国际直接投资领域的"寡占反应"现象以来，战略性OFDI逐渐被众多学者所关注。这类国际直接投资不是以合理性扩张为动因，而是以战略性动机为依托。在吸收寡占反应研究成果的基础上，Graham（1990）构建两国双头垄断模型，提出并论证交换威胁战略致使企业对外投资：在无限重复博弈过程中，只要一个寡头对外投资，则其隐性串谋（Tacit Collusion）即子博弈精炼纳什均衡被打破，另一寡头必进入对方母国直接投资，实施交换威胁战略，以报复对手的不合作。从Graham的研究结论可推出，OFDI与企业是否拥有竞争优势（先进技术）没有必然联系，纯粹是国际寡头争夺市场的一种战略。即使企业缺乏特定优势（技术优势），国际寡头之间策略竞争的结果也可能导致OFDI的发生。

本节试图在保留溢出的空间局限性背景下，从对外投资企业伴随着

---

① Cantwell等（2004）通过实证研究发现，1969—1995年期间，在美国企业对英国的直接投资中，橡胶、塑料与纺织行业因企业吸收能力未达到临界水平而无法吸收英国同行的溢出。

大量 R&D 活动的现实出发，将企业的 R&D 活动纳入分析范畴，把企业竞争力（技术水平）的差异直接归结为 R&D 投入和 R&D 活动效率的不同。溢出程度由企业的相互作用决定，对外投资企业的 R&D 活动足以保证其吸收能力满足获得溢出的要求，二者作为研究的基础。Fosfuri 与 Motta（1999）提出的溢出与传统国际直接投资溢出的方向相反，实质为 OFDI 逆向溢出。根据企业间 R&D 活动的差异程度，从交换威胁战略和技术寻求动机的两个维度构建两国双寡头古诺模型，论证了发达国家和发展中国家对外投资企业如何培育竞争优势。

我们的研究表明，与技术先进企业相比，若落后企业 R&D 强度与 R&D 活动效率的差别较小时，企业间的相互作用使逆向溢出程度比较大，迫使技术先进企业限于国内经营，落后企业则因技术寻求的动机而对先进企业母国直接投资，吸收逆向溢出而培育竞争优势，这可解释发达国家对外投资企业竞争优势的培育；当二者 R&D 强度、R&D 活动效率的差距都较大时，则逆向溢出程度很小，技术先进企业采取 OFDI 战略，在交换威胁战略和技术寻求动机的双重作用下，落后企业也可能选择 OFDI 培育竞争优势，这可说明发展中国家对外投资企业竞争优势培育。

二、逆向溢出诱发对外投资企业竞争优势培育的基准模型

考虑国家 F 和 H 内部分别有一家企业 f 和 h 生产同质产品。当二者在同一个国家经营时，进行古诺竞争。企业竞争力差距体现在技术水平上，其中企业 h 是技术领先者，具有竞争优势。造成二者技术水平不同的根源是企业 R&D 投入和 R&D 活动效率的差异。假设不存在 R&D 活动时，两个企业产品的平均成本相同，记为 A。当两个企业在同一个国家经营时，企业 h 对 f 产生溢出，二者相互作用的强度决定溢出程度大小，同时企业 f 的 R&D 活动足以保证其吸收能力满足获得对方溢出的要求。技术在一个企业内部使用、转移的成本为零，而企业 f 使用、转移因溢出引致的技术成本也为零。沿用 Wang 与 Blomstrom（1992）的

假定，技术知识降低企业平均成本的效率均为1。[①] 企业 i (= f , h) 的平均成本下降取决于自身的 R&D 活动的产出——技术水平，在一个国家经营时，企业 f 的平均成本还要受到企业 h 的溢出的影响，即

$$m_i(K_i) = \begin{cases} A - k_i & i = f, h \\ & \text{企业 f, h 不在同一个国家经营} \\ A - k_i - \theta k_j & i = f, j = h \\ & \text{企业 f, h 在同一个国家经营} \end{cases} \quad (4.1)$$

其中，$A > (k_f + \theta k_h)$，$m_i(K_i)$ 为企业 i 进行 R&D 活动以后的平均成本，k_i 为企业 i 开展 R&D 活动的产出，θ 为企业 h 的溢出系数，其大小取决于企业 h 与 f 的相互作用，考虑到人员流动与技术先进企业的控制，先进企业溢出的程度不可能出现完全和没有的极端情形，因此假定 $\theta \in (0,1)$。

假定两个企业产品的反需求函数为线性且具有对称性，将其标准化，则国家 F 和 H 在市场上这些产品的反需求函数可表示为

$$P_i = \begin{cases} a - q_{iI} & i = f, h; I = F, H \\ & \text{企业 f, h 不在同一个国家经营} \\ a - q_{iI} - q_{jI} & i, j = f, h \text{ 且 } i \neq j; I = F, H \\ & \text{企业 f, h 在同一个国家经营} \end{cases} \quad (4.2)$$

$a > A, q_{jI} \geq 0, q_{iI} \geq 0, P_i > 0$，而 q_{iI}、q_{jI} 分别企业 i、j 在 I 国市场上的产品销售量，P_i 为两个企业产品在 I 国市场上的价格。

D'Aspreman 与 Jacquemin（1988）总结有关 R&D 活动的实证研究成果后，认为 R&D 投入与 R&D 活动的产出并没有显示研发活动规模经济的存在，R&D 活动也不服从边际收益递增规律。这一结论得到业内人士普遍认同。美国国家科学委员会的一份报告中指出：最小公司的用于研究开发的每 1 美元促成的研发产出（技术）为中型公司的 4 倍、为

[①] Petit 与 Sanna – Randaccio（2000）对技术知识降低企业平均成本的效率进行了较为详细的讨论。

大型公司的24倍（薛求知，2007）。因此，假定企业 i 的 R&D 活动不存在边际收益递增，R&D 投入为 $\gamma_i k_i$，且 $\gamma_i > 1$，[①] γ_i 为企业 i 的研发投入与研发产出之比。与东道国企业 j 相比，企业 i 对外投资面临额外的经营成本 G_i 为正，即 $G_i > 0$。

根据 Graham（1990）的思路可假设，运输成本和贸易壁垒的双重作用使之国家 F 和 H 都不存在企业 f 与 h 产品的进出口。根据无名氏定理，在完全信息无限次重复博弈中，参与方采取触发策略（Trigger Strategy），可能导致合作均衡的结果（弗登伯格等，2010），即厂商 h 偏离合作选择，则厂商 f 在以后的每一次博弈中都开展 OFDI 对前者实行惩罚。只要厂商 h 一次的不合作引起整个利益的净现值小于自始至终的合作所得时，企业 h 出于长期利益考虑，保持足够的耐心不侵犯对方的市场，两个企业都在国内经营成为无限次重复博弈的纳什均衡。因此，我们以企业 f 和 h 形成隐性串谋（Tacit Collusion）作为分析的出发点。[②] 此时双方达成默契：彼此不进入对方市场，使每一个企业成为国内市场的完全垄断者，获取垄断租金。这一情形用 NN 表示。企业决策分为两个阶段：第一阶段确定企业的 R&D 投入；第二阶段决定企业的产出。根据上述假定，企业 i 的利润函数为

$$\pi_i^{NN} = (a - q_{i1}^{NN})q_{i1}^{NN} - (A - k_i^{NN})q_{i1}^{NN} - \gamma_i k_i^{NN} \quad i = f, h \quad I = F, H \quad (4.3)$$

利用逆向归纳法求出完全信息无限次重复博弈均衡解。首先假定企业 i 的 R&D 投入既定，确定其均衡产出为

$$\widetilde{q_{i1}^{NN}} = (a - A + k_i^{NN})/2 \quad i = f, h \quad I = F, H \quad (4.4)$$

将（4.4）代入（4.3），由 k_i^{NN} 的一阶条件求出企业 i 均衡时的技

[①] 我们放弃 Sanna-Randaccio（2002）、Petit 与 Sanna-Randaccio（2000）、Ether 与 Markusen（1996）的平方形式，避免使分析过于复杂，选择线性形式仍满足研发活动不服从边际收益递增规律的要求。

[②] 在我们的分析中，两个企业均局限于国内经营是特定条件下的子博弈精炼纳什均衡，该条件要求企业对外投资的额外成本大于临界值。

术水平为

$$\widetilde{k_i^{NN}} = 2\gamma_i - (a - A) \quad i = f, h \tag{4.5}$$

因而在第一阶段,企业 i 的 R&D 投入为 $\gamma_i \widetilde{k_i^{NN}} = \gamma_i [2\gamma_i - (a - A)]$。由前面的假设可知 $k_h > k_f$,则 $\gamma_h > \gamma_f > (a - A)/2 \geq 1$。由 (4.4)、(4.5) 可确定其均衡产出 $\widetilde{q_i^{NN}} = \gamma_i$,企业 f、h 对外投资之前的技术差距 $\widetilde{k_h^{NN}} - \widetilde{k_f^{NN}} = 2(\gamma_h - \gamma_f)$。

三、交换威胁诱发对外投资企业竞争优势培育

不考虑企业 f、h 位于同一个国家时的溢出。假定企业 f、h 海外经营的额外成本均为 G,满足 $0 < G \leq 9(a - A)^2/64$。当企业间 R&D 投入与 R&D 活动效率差别较大,即 $\gamma_h > 17\gamma_f/8$,技术先进企业的海外经营收益超过其额外成本。[①] 根据传统 OFDI 理论,企业 h 对 H 国投资,企业 f 在国内经营,用 ND 表示。企业 f、h 的利润函数分别为

$$\pi_f^{ND} = (a - q_{fF}^{ND} - q_{hF}^{ND})q_{fF}^{ND} - (A - k_f^{ND})q_{fF}^{ND} - \gamma_f k_f^{ND} \tag{4.6}$$

$$\pi_h^{ND} = (a - q_{hH}^{ND})q_{hH}^{ND} + (a - q_{hF}^{ND} - q_{fF}^{ND})q_{hF}^{ND} - \\ (A - k_h^{ND})(q_{hH}^{ND} + q_{hF}^{ND}) - \gamma_h k_h^{ND} - G \tag{4.7}$$

对于完全信息无限次重复博弈,[②] 仍采用逆向归纳法求均衡解。具体计算与两个企业都限于国内经营情形相似,企业博弈均衡时的技术水平须通过联立方程组求出。与国内企业经营相比,企业 h 的利润增加,

---

① R&D 的国际化没有改变母国在跨国企业的技术来源中的核心地位,因而我们将企业的 R&D 投入视为国内成本。

② 出于简化分析的目的,没有考虑贴现率,但这并不影响结论的实质。

而企业 f 的市场份额和利润都下降。①

对于企业 f 和 h 组成的国际寡占市场，在企业 h 进入国家 F 的市场前提下，企业 f 的最优反应如何？只要其反应不太消极，企业 h 就难以顺利侵占企业 f 的市场份额。因此企业 h 的国际扩张决策明显受到企业 f 反应的影响。在对外投资之前，企业 h 应该估计企业 f 对其扩张的反应，然后根据这些反应确定自身的利润，最后判断进行 OFDI 是否带来利益增加。只有利益增加，OFDI 才是理性行为。事实上，在国际寡占市场，任一寡头行为都会对竞争态势产生重要的影响，冲击既有的市场份额分配，其他寡头不可能视而不见。每一个寡头的利润也会受到其他寡头行为的影响，影响的程度取决于这些寡头市场势力的对比，任何寡头采取行动之前都会预测其他寡头的反应。而传统 OFDI 理论很少考虑不同企业行为的相互影响，因此，基于传统 OFDI 理论的上述分析缺乏现实合理性。

暂时考虑企业 h 已经进入 F 国，这明显损害企业 f 在其母国的市场利益，违背了不侵犯对手市场的隐性"承诺"，企业 f 采取报复手段（即对 H 国投资）以加剧对方市场竞争程度，使企业 h 无法获得垄断租金，并受到在母国市场份额的威胁。这种反向进入（Counterentry）是一种对企业 h 偏离合作（互不侵犯对方垄断地位）的"惩罚策略"。因此，企业 f 的对外投资具有交换威胁战略意义，可能因增加自身利润或降低亏损而培育竞争优势。企业 f 在如下两种情形下实施 OFDI，交换威胁就具有可信性。

情形一：相对于企业 h 的 R&D 投入的效率而言，企业 f R&D 活动的投入相对不足且效率相对低，而 R&D 投入的资金数额较大且 R&D 效率高，即 $\gamma_f > (a - A)$，使企业 f 预期在 H 国市场赢利，即 $\widetilde{\pi_{fH}^{DD}} = 9\gamma_f^2/$

---

① $\widetilde{q_f^{ND}} - \widetilde{q_f^{NN}} = -0.25\gamma_f < 0$，由 $\gamma_h > 17\gamma_f/8, \gamma_f > (a-A)/2 \geqslant 1, G \geqslant 9(a-A)^2/64$ 可推出 $\widetilde{\pi_f^{ND}} - \widetilde{\pi_f^{NN}} = -\gamma_f(48\gamma_k - 25\gamma_f)/112 < 0$，$\widetilde{\pi_h^{ND}} - \widetilde{\pi_h^{NN}} = 25(\gamma_k - 3\gamma_f/8)/49 - G > 0$

$64 - G > 0$,利润最大化驱使企业 f 进行 OFDI,可培育竞争优势。

情形二:企业 f 的 R&D 活动投入的金额数小且效率也低,二者 R&D 活动的差距仍控制在适当的范围,即 $1 \leq (a-A)/2 < \gamma_f < (a-A)$,$\gamma_h > 69\gamma_f/4$,尽管企业 f 预期在 H 国市场亏损,而整体利润(亏损)$\widetilde{\pi}_f^{DD}$ 却超过(小于)限于国内经营的情形 $\widetilde{\pi}_f^{ND}$,也可培育竞争优势,也必然开展 OFDI。再从企业 h 角度考虑,假定预期对方针对性行为的最优反应是进入 H 国市场,不改变进入 F 国的决策要求是:双方进行 OFDI 时,企业 h 利润大于合作即 $\widetilde{\pi}_h^{DD} \geq \widetilde{\pi}_h^{NN}$,这要求 R&D 活动只有满足 $17\gamma_h - 12\gamma_f > 9(a-A)^2/2\gamma_f$,$\gamma_h > 17\gamma_f/8$,企业 h 才会选择对 F 国直接投资。

综上所述,缺乏竞争优势(技术落后)的跨国企业(企业 f)对 H 国直接投资是一种交换威胁战略。这一战略使技术先进企业进行 OFDI 决策必须慎重,不能只考虑其海外投资的净收益是否为正,还应分析对方反向投资的可能性。只有交叉投资时先进企业的利润高于二者限于国内经营,先进企业 OFDI 决策才是理性行为。在先进企业实施 OFDI 的背景下,只要 R&D 活动能保证海外经营的净收益为正,或者即使在海外亏损而整体利润增加的情况下,缺乏竞争优势(技术落后)的跨国企业必然选择对外投资,这不仅具有交换威胁战略意义,还是一种理性行为,即技术落后的跨国企业实施交换威胁战略进行直接投资,因实现利润最大化而培育竞争优势。

四、交换威胁与逆向溢出诱发对外投资企业竞争优势培育

大量的实证结果显示,只要技术水平不等的企业位于一个国家(甚至在一国的区域内)时,溢出就会产生(Jaffer et al, 1993; Keller, 2002; Thompson et al, 2005)。溢出的空间局限性使我们在论证缺乏竞争优势的跨国企业培育竞争优势时,不应忽视国际直接投资逆向溢出的作用。前面的分析出于简化目的,把技术水平不同的企业海外经营的额外成本

视为相同，可能与当代国际直接投资的实际情况不符。一般说来，技术领先企业克服东道国企业的本土优势具有优越的条件，更容易适应东道国市场，与技术落后的同行相比额外成本小，比如对技术水平不等的企业而言，其他条件相同时，技术水平较高的跨国企业，因较好的发展前景更容易招聘东道国员工，产品更容易获得东道国消费者的认同；在发达经济体与新兴经济体跨国企业培育竞争优势时，后者不仅面临外来者劣势，还存在因产品质量与技术含量的刻板印象引起的来源国劣势（杨勃，2019）。因此，本部分将溢出的空间局限性和 OFDI 额外成本的差异性纳入考虑范畴。$0 < G_h \leqslant 9(a-A)^2/64$，$9(a-A)^2/64 < G_f \leqslant 4(a-A)^2/9$ 为企业 f 和 h 修正后的对外投资额外成本。

Siotis（1999）研究发现技术水平不同的企业，在某些技术领域彼此都存在优势时，如果位于同一国家（地区），存在相互溢出。净收益的差异导致双向溢出对企业竞争力的影响相反：技术相对先进的跨国企业因技术耗散而削弱其竞争优势即耗散效应。耗散效应随溢出程度增加而更加显著，当溢出程度超过某一水平时，技术相对先进的跨国企业获取对方溢出的收益小于自身竞争优势下降造成的损失，从而放弃对技术落后企业的母国直接投资；技术落后企业作为净溢出的接受方，将溢出引致的技术运用于国内外市场而受益。当拥有竞争优势（技术先进）的企业限于国内经营时，技术落后（缺乏竞争优势）企业因技术寻求即为吸收国际直接投资逆向溢出而对先进企业所在国投资，寻求效应也与溢出程度正相关。当溢出程度相同时，与技术优势企业限于国内经营相比，二者相互投资涉及两个市场双向溢出，耗散效应将更加强烈。这使技术先进企业对外投资的概率明显减少，引致技术落后企业对外投资的可能性显著增加。同时，传统 OFDI 理论强调，对特定优势（竞争优势）企业而言，相对于国内经营和其他国际市场扩张形式而言，OFDI 更符合利润最大化原则。因此，将 OFDI 视为技术先进企业的市场扩张效应。先进企业是否对外投资无疑取决于耗散效应与市场扩张效应的权衡。

第四章　国际直接投资溢出与对外投资企业竞争优势培育

当企业相互作用使溢出程度较大时，即 $0.5 \leq \theta < 1$，[①] 因耗散效应的负面作用超过市场扩张效应的正面影响，企业 h 放弃 OFDI。假定企业 f 因吸收逆向溢出选择 OFDI，将企业 h 国内经营和企业 f 对外投资的情形用 DN 表示，企业 f、h 的目标函数可分别表示为

$$\pi_f^{DN} = (a - q_{fF}^{DN})q_{fF}^{DN} + (a - q_{fH}^{DN} - q_{hH}^{DN})q_{fH}^{DN} - (A - k_f^{DN} - \theta k_h^{DN})$$
$$(q_{fF}^{DN} + q_{fH}^{DN}) - \gamma_f k_f^{DN} - G_f \tag{4.8}$$

$$\pi_h^{DN} = (a - q_{fH}^{DN} - q_{hH}^{DN})q_{hH}^{DN} - (A - k_h^{DN})q_{hH}^{DN} - \gamma_h k_h^{DN} \tag{4.9}$$

运用逆向归纳法确定企业 f 在 H 国市场上的均衡利润、均衡产量分别为 $\overline{\pi_{fH}^{DN}} = (\overline{q_{fH}^{DN}})^2 - G_f$、$\overline{q_{fH}^{DN}} = (a-A)/3 + 2\gamma_f/3 + 2\theta\gamma_h/3 - \gamma_h\gamma_f/3$，根据 $0.5 \leq \theta < 1$，$\gamma_h > \gamma_f > (a-A)/2 > 1$，$9(a-A)^2/64 < G_f \leq 4(a-A)^2/9$ 可推出 $\overline{\pi_{fH}^{DN}} > 0$，因此企业 f 的海外利润为正，对外投资符合利润最大化原则。这说明，在企业间 R&D 投入与 R&D 活动的效率相差不大时，相互作用使技术先进企业溢出程度很大，耗散效应发挥主导作用迫使其限于国内经营。缺乏竞争优势的跨国企业因寻求逆向溢出而对技术先进企业的母国直接投资，海外的净收益为正，OFDI 相对于经营范围限于国内的能培育竞争优势。缺乏竞争优势的跨国企业开展 OFDI 也是理性行为。

若溢出程度较小时，即 $0 < \theta < 0.5$，只要技术差距大到足以保证先进企业的市场扩张效应超过耗散效应，在不考虑缺乏竞争优势的跨国企业实施交换威胁战略的前提下，则先企业势必进行对外投资。任取 $\theta = 0.1$，[②] 先假定企业 f 不进行国际扩张，将企业 f 国内经营和企业 h 对外投资用 ND 表示。只要 f、h 的 R&D 活动满足条件 $\gamma_h - 1.95\gamma_f > 17(a-A)/90$，则企业 h 的市场扩张效应超过耗散效应，海外利润 $\overline{\pi_{hF}^{ND}} =$

[①] 计算结果显示当且仅当溢出程度较大时，即 $0.5 \leq \theta < 1$，无论企业 f 是否对外投资，企业 h 限于国内经营的利润大于其对外投资的整体利润。

[②] 直接用 θ 无法展开有效分析，在区间 (0, 1/2) 反复取不同的 θ 值，得到的结论实质完全相同。

$(15\gamma_f/34 - 45\gamma_h/272)^2 - G_h$ 为正，企业 h 对 F 国直接投资。

尽管企业 f 对 H 国直接投资具有交换威胁战略意义，这一意义不足以使其贸然进行 OFDI。企业 f 的国际化决策不能违背利润最大化原则。只有 R&D 投入效率足以使企业技术水平达到一定程度，与先进企业的技术差距控制在一定的范围，选择 OFDI 才是一种理性行为，交换威胁才具有可信性。计算结果显示，只要 R&D 活动应满足条件 $16(a - A)/9 < \gamma_f < \gamma_h$ 或者 $(a - A)/2 < \gamma_f < 16(a - A)/9, \gamma_f < \gamma_h < 1.962\gamma_f$，企业 f 就会对 H 国直接投资，即实施交换威胁战略。对于前者，企业 f 在 H 国的利润为正；对于后者，尽管海外经营亏损，企业 f 总体利润 $\overline{\pi_f^{DD}}$ 却高于限于国内经营的均衡利润 $\overline{\pi_f^{ND}}$。① 因此，只要企业 f 和 h 的 R&D 强度、效率满足上述条件，在技术先进企业对外投资背景下，技术落后企业 f 反向投资，实施交换威胁战略，因吸收逆向溢出而培育竞争优势。

总之，若企业 R&D 投入与 R&D 效率差别不大时，技术差距缩小。企业相互作用强烈导致溢出程度较大，明显削弱技术先进企业的竞争优势，耗散效应超过市场扩张效应迫使其放弃 OFDI，从而技术落后企业只有通过 OFDI 方可实现吸收逆向溢出，相对于经营范围限于国内的，因利润增加或亏损减少而实现竞争优势培育。如果二者 R&D 投入与效率相差很大，企业技术领域截然不同，相互作用的结果使技术先进企业的溢出程度很小，竞争优势几乎不会受到耗散，先进企业对缺乏竞争优势的企业（技术落后）母国进行直接投资。技术落后企业进行 OFDI 则具有明显的交换威胁战略意义。只有二者 R&D 投入与效率的差距仍控制一定的范围，即使海外经营亏损，落后企业对 H 国直接投资却会因整体利润增加或亏损减少而培育竞争优势，交换威胁的可信性较高。

在是否考虑逆向溢出的两种情况下，将缺乏竞争优势的跨国企业培

---

① 企业 f 限于国内经营的均衡利润 $\overline{\pi_f^{DN}} = (a - A)^2/9 + 10(a - A)\gamma_f/9 - 2(a - A)\gamma_h/27 - 1021\gamma_f^2/1368 - 157\gamma_f\gamma_h/513$

育竞争优势的条件进行对比发现，国际直接投资逆向溢出在一定程度上弱化了跨国企业竞争力要求，拓展其交换威胁战略的有效实施空间，降低了对企业 R&D 强度与 R&D 活动效率的要求，增加了 OFDI 培育竞争优势的成功概率。

五、结论

在保留溢出空间局限性的前提下，基于逆向溢出的角度，从企业 OFDI 伴随着大量 R&D 活动的现实出发，引入企业的 R&D 活动，受 Graham（1990）的启发，从交换威胁战略和吸收技术先进企业溢出的角度出发，构建两国双寡头古诺模型，并以此为基础，通过技术落后于东道国同行的企业选择对外投资和国内经营的均衡比较，确定对外投资的利润（亏损）大于（小于）国内经营的条件，阐述了对外投资企业竞争优势培育机制，从而实现了对发达国家和发展中国家竞争优势培育型 OFDI 的解释。结合国际直接投资的现状，把具有实际意义的结论归纳如下：

（1）只有与技术先进（拥有竞争优势）的国外企业在 R&D 强度和 R&D 活动效率的差距控制在一定范围内，对外投资企业培育竞争优势才具有可行性。R&D 活动是对外投资企业提升技术水平和增强逆向溢出吸收能力的基本途径。R&D 投入的规模、强度和效率明显影响企业技术水平的高低，而技术差距是国际寡头古诺竞争的关键。后者直接决定国际直接投资逆向溢出程度的大小，而缺乏竞争优势的对外投资企业吸收能力是否满足要求则决定其能否获得溢出，因此，技术落后的对外投资企业加大 R&D 投入和改善 R&D 效率，不仅能直接提升技术水平和增强逆向溢出的吸收能力，还能因加剧企业竞争程度而促进具有竞争优势（技术先进）的国外企业溢出，有利于竞争优势培育型 OFDI 的推进。

（2）当溢出程度较大时，具有竞争优势（技术先进）的国外企业因技术（优势）明显扩散（下降）而放弃 OFD1，溢出的空间局限性迫使技术落后企业到先进企业母国直接投资。此时对外投资企业 R&D 规模大、强度高和效率高，只是相对于技术先进企业，R&D 活动处于劣势，主要动机是吸收逆向溢出。通过溢出的吸收、转移而扩大市场份额和实现利润最大化。这对应于发达经济体企业 OFDI 培育竞争优势。

（3）R&D 强度与 R&D 活动效率差别比较大时，技术差距明显，企业间相互作用导致溢出程度较小，技术领先的国外企业竞争优势并未因溢出受到明显的损害，基于利润最大化原则既扩大市场而选择 OFDI。R&D 强度与 R&D 活动效率的差距控制在一定范围内时，技术落后的跨国企业则出于交换威胁战略和吸收逆向溢出动机进行反向投资可培育竞争优势。这说明发展中国家企业对外投资培育竞争优势。

第二节　双向溢出、交换威胁与对外投资企业竞争优势培育

一、研究现状与问题的提出

随着经济全球化进程的加快和新科技革命影响的深入，企业的生存压力越来越大，竞争优势的有无与培育效率的高低直接关系到企业在市场上的生存与发展状态。面对日趋复杂和动荡不安的经营环境，技术等战略资源逐渐成为企业竞争力源泉的基础，而战略资源的非均衡分布特征使企业增强竞争力无法完全依赖内部创造。内部创造与外部培育相结合的培育竞争优势方式成为大多数企业的必然选择。投资自由化、市场开放程度的扩大与战略资源的流动性增强导致 OFDI 成为众多企业培育竞争优势的首要选择。

对外投资企业培育竞争优势时，通常选择全球性行业卓越中心——科技型产业集群进行。拥有先进技术、人力资本丰富的企业从集群中获

得的利益不足以弥补技术溢出、员工流向竞争者带来的损失,尽管存在外部规模经济和外部范围经济,很少有动力进行地理集聚;技术落后、人力资本匮乏的企业从中获利很大,有强烈动机集聚于这些区域。企业在技术、人力资本等方面的异质性可能导致集聚的逆向选择(Shaver, Flyer, 2000)。高校、国家实验室等公共研究机构密集区域知识溢出的商业化程度较低,对溢出吸收能力要求较高,技术落后的对外投资企业,更多的是选择行业创新活跃的区域,而不是公益型科研院所密集地,设立子公司以最大化吸收美国技术,而传统跨国公司倾向于选择公共机构密集区域以提升技术水平,还可避免技术溢出至落后企业(Alcacer, Chang, 2007)。

美国竞争优势培育型 OFDI 战略可追溯到 20 世纪 60 年代对西欧投资,如美国对英国化学、医药行业的投资。这些行业卓越中心附近的子公司,开展技术创新活动吸收英国同行的溢出而获得美国总部所需的互补技术,通过溢出在总公司的转移而增强公司技术能力,弥补了其竞争力的不足。70 年代以后,这一战略日益明显(Cantwell, 1999; Cantwell, Dunning & Jame, 2004)。Popovic(2005)利用专利分析法发现美国对其他 OECD(经济合作与发展组织)国家直接投资也存在技术寻求战略行为,而美国子公司的技术创新活动是获取当地化溢出的前提。

美国同时也成为竞争优势培育型 OFDI 战略的主要目标国,如 Griffith 等(2006)利用 1990—2000 年 188 家英国伦敦证券交易所上市公司的面板数据,拓展增广型 B—C 生产函数模型,分别运用 OLS、SYS - GMM 和 Olley - Pake 方法进行参数估计与检验。结果显示:样本期间美国制造企业的 R&D 存量增加 33% 伴随着英国同行的全要素生产率增长 5%,略低于英国自身 R&D 活动的贡献;美国企业 R&D 活动对英国企业的积极作用,主要被在美国进行 R&D 投资的英国跨国企业所获得;与美国全要素生产率差距越大,英国跨国企业吸收的溢出数量就越多。

近年来,新兴经济体跨国企业在政府的支持下,加大了对欧美国家战略资源的并购力度,竞争优势培育型 OFDI 战略引起欧美国家普遍关

注（Mathews，2006，2007；Deng，2007；Pradhan，Singh，2008；Buckley，etc，2008；Park，Ghauri，2011；杨勃，2019）。实证研究表明技术发达东道国外溢的知识存量远大于其吸收外国跨国企业溢出的知识存量，而技术欠发达东道国的知识存量略小于吸收外国跨国企业溢出的知识量（Singh，2007），这说明在国际直接投资实践中，跨国企业与当地企业之间通常存在双向溢出，技术发达经济体是实施竞争优势培育型OFDI战略的主要发生地。

在Massion与Bain的SCP范式的基础上，Porter（1980，1985）提出了竞争战略理论。他认为产业结构表现为潜在竞争者的进入、替代品的威胁、买方的讨价还价能力、在位者的竞争和供应商的砍价能力等五种市场力量，这些市场力量的强弱决定了产业的长期盈利能力。一个企业栖身于夕阳产业，即使占据有利的竞争地位也难以获取预期的利润；而对于朝阳产业而言，企业未能占据有利的竞争地位，难以快速发展。因此，选择有吸引力的产业进入是企业发展的关键，而竞争战略就是企业的市场定位，即选择有吸引力的产业，通过一体化、串谋等策略获取有利的竞争地位的过程。根据这一理论，产业内所有的企业盈利状况应该基本一致；而实证研究发现产业内长期利润率的分散程度比产业间的分散程度大3~5倍（Rumelt，1982，1987）。这可推出超额利润率，即间接反映竞争优势的主要源泉是企业本身的特殊性，而不是外部的产业结构。竞争力源泉的研究因而从企业的外部转向内部。

竞争力源泉内生论的代表性理论是资源基础论（Wernerfelt，1984；Barney，1991，2001；Conner，1991）。这一理论认为，企业是资源和利用资源的能力的集合，而资源由企业拥有的有形资产与品牌、声誉、技术知识和管理技能等无形资产组成。企业的价值创造离不开这两类资产的共同作用，而无形资产在价值创造过程中发挥主导作用。无论是有形资产还是无形资产，只要同时具备价值性、稀缺性、非完全模仿性和不可替代型的特征都可成为企业竞争优势的源泉——战略资源。战略资源的价值性表现为企业通过控制资源而实施可利用市场机会或抵消竞争者威胁的战略，引起企业效率的改变；特定的历史因素、社会关系的复杂型和因果关系的模糊性都能引起昂贵的模仿成本，导致战略资源的非完全模仿性。不可替代性可排除竞争者使用战略价值相等的其他资源实施相同或类似的战略而维持企业竞争优势。通过设计、制定和实施与外部环境相匹配的战略，企业管理者将战略资源带来的地位、贸易壁垒转化为市场的进入壁垒，获得了先动优势即效率租金。渐进性的创新引起产业结构的变化，导致企业战略资源难以长期存在。这迫使厂商在利用战略资源的同时，须结合自身资源开发新的战略资源以实现企业的可持续发展。开发新资源的困难和战略资源分布的不均衡特征使许多企业没有完全依赖自身开发，还通过溢出的吸收获取战略资源。

企业竞争力源泉研究为诠释竞争优势培育型OFDI战略奠定了理论基础，而竞争优势培育型OFDI战略比较成熟的诠释也沿上述方向展开。一是运用竞争策略理论，从策略互动的角度分析企业通过国际直接投资形成跨国经营的竞争态势，可增强其市场势力或牵制对手的市场行为来改善竞争地位而培育竞争优势。二是运用资源基础论，以溢出的空间局限性为前提，[①]从战略资源扩散的正外部性即溢出角度论证：落后企业根据自身资源的特征，通过OFDI邻近技术先进目标企业，通过吸收国际直接投资逆向溢出、降低成本或增强产品差异性而培育竞争优势。两方面相关成果更详细的阐述见第二章第二、第三节有关内容。

事实上，在对外投资的实践中通常出现的是双向溢出，而东道国企业与跨国企业的单向溢出并不常见（Siotis，1999）。Shaver与Flyer（2000）、Griffith等（2006）和Alcacer与Chang（2007）等国际直接投资溢出的经验研究也显示跨国企业与东道国企业存在双向溢出。而双向溢出降低了技术先进企业对溢出的控制意愿，有利于对外投资企业竞争

[①] 国际直接投资文献中，当地化溢出与溢出的空间局限性具有相同的含义。溢出、外溢与技术外溢也具有相同的含义。

优势的培育，有助于新兴经济体跨国企业投资发达经济体化解来源国劣势及外来者劣势，提高 OFDI 培育竞争优势的成功概率。

Siotis（1999）构建两国双寡头模型，探讨溢出对企业国际化决策的影响。双寡头博弈均衡解表明，只要考虑溢出的空间局限性，有关 OFDI 性质与方向的结论可能与传统 OFDI 理论研究正好相反，从而启动从双向溢出的角度对竞争优势培育型 OFDI 的研究。而 Siotis（1999）研究没有考虑溢出在跨国企业内部转移的不完全性。事实上，溢出的跨国转移程度在企业 OFDI 决策发挥着重要的作用。Bjorvan 与 Eckel（2006）在研究单向溢出（即国际直接投资逆向技术外溢）时，发现溢出的不完全转移提高了技术落后于东道国的跨国企业要求当地企业溢出的临界值。① Siotis（1999）研究还忽略交换威胁对技术落后于国际同行的企业选择 OFDI 的影响。我们试图从上述两个方面进行修正，以缺乏竞争优势的跨国企业吸收能力满足获取技术先进企业溢出要求为前提，基于双向溢出，考虑溢出的不完全转移和交换威胁战略，构建两国双寡头古诺模型。通过两国双寡头古诺模型的均衡分析，确立 OFDI 相对于经营范围限于国内，利润增加或亏损减少所需要的条件，进而阐述对外投资企业竞争优势培育机制。②

二、双向溢出诱发对外投资企业竞争优势培育的基准模型

考虑两个国家 F 和 H 的国内企业 f 和 h 生产相同的产品，由于较大的固定成本、技术壁垒等因素阻止潜在竞争者的进入，f 和 h 分别成为国家 F、H 市场上的完全垄断者。两国市场完全分割。受 Graham（1990）的启发，假设运输成本和贸易壁垒的双重作用导致国家 F 和 H 都不存在企业 f 与 h 产品的进出口。贸易壁垒和运输成本的双重作用阻

---

① 在逆向溢出的视角下，对于既定的额外经营成本，缺乏竞争优势的跨国企业在利润最大化原则选择对技术先进企业母国直接投资存在最小的溢出程度，这一数值即为临界值。临界值使缺乏竞争优势的跨国企业选择 OFDI 与限于国内经营无差异。

② 有关 Siotis（1999）、Bjorvana 与 Eckel（2006）的具体阐述参见第二章第三节。

止国际贸易的发生，企业 $i(=f,h)$ 跨国经营时选择直接投资，相对于东道国企业存在额外成本为 G_i 且 $G_i>0$。企业 f、h 的差异集中体现在技术水平 (t_f,t_h) 上，f 为技术落后（缺乏竞争优势）的企业。

假设两国市场产品需求具有对称性，将其标准化为 Kjetil 与 Carsten（2006）设定形式，即 $P_I=1-Q_{fI}-Q_{hI}$，$I=F,H$ $t_h-t_f>0$ P_I 为 I 国市场上产品的价格，Q_{iI} 为企业 $i(=f,h)$ 在 I 国市场的产品销售量。

不考虑技术因素时，两个企业的边际成本为 A。沿用 Wang 与 Blomstrom（1992）假定，技术知识降低企业平均成本的效率均为 1。当两个企业都在国内经营时，企业 $i(=f,h)$ 边际成本的高低由其技术水平决定，即 $A_i=A-t_i$。t_i 反映技术对企业成本的降低作用。t_i 越大，表明企业的技术水平越先进，因此由前面假设可知 $t_h>t_f$，t_h-t_f 的大小表示企业 f、h 之间的技术差距。$0\leq t_f<A$，$0\leq t_h<A$，$A_i<1$ 以保证企业 f、h 在竞争前已经在国内生产、销售产品。当企业对外投资时，假设母子公司使用的技术完全相同，忽略技术的国际转移成本。

两个企业在同一个国家经营时，存在双向溢出。① Siotis（1999）归纳对外投资企业产生溢出的基本情形：一是两个企业使用同类技术，且技术水平非常接近；二是企业间只存在整体技术水平上的先进与落后之分，而对外投资企业在生产、销售与组织管理等某一方面存在优势。出于简化分析目的，假定两个企业溢出具有对称性，即溢出程度相同为 θ，② $0<\theta\leq 1$。企业吸收竞争对手的溢出后，由于技术水平和溢出中隐性知识的比重的不同，溢出在两个企业内部的转移程度存在差异，设为 $u_h,u_f,u_h\neq u_f,u_i\in(0,1),i=f,h$。考虑到即使是完全溢出和溢出完全转移时，企业的边际成本仍然为正，因此 $A-t_f-t_h>0$。根据上述假设，企业 $i(=f,h)$ 在国家 F 和 H 的边际成本如表 4.1、表 4.2 所示。

---

① 选择双向溢出的理由参见本章第二节第一小节的相关论述。
② 参考了 Siotis（1999）在《Foreign Direct Investment Strategies & Firms' Capabilities》文章对两个企业溢出程度的假设。

表 4.1 国家 F 中企业 i（=f, h）的边际成本[①]

	不进行对外投资	对外投资
不进行对外投资	$A - t_f$; $A - t_h$	$A - t_f - \theta t_h$; $A - t_h - \theta t_f$
对外投资	$A - t_f - \theta u_f t_h$; $A - t_h - u_h \theta t_f$	$A - t_f - \theta t_h$; $A - t_h - \theta t_f$

注：表内任一支付，分号左、右分别代表企业 f, h 在国家 F 的边际成本。

表 4.2 国家 H 中企业 i（=f, h）的边际成本

	不进行对外投资	对外投资
不进行对外投资	$A - t_f$; $A - t_h$	$A - t_f - \theta u_f t_h$; $A - t_h - u_h \theta t_f$
对外投资	$A - t_f - \theta u_f$; $A - t_h - \theta t_f$	$A - t_f - \theta t_h$; $A - t_h - \theta t_f$

注：表内任一支付，分号左、右分别代表企业 f, h 在国家 H 的边际成本。

假设企业 f 和 h 对国内市场与国际市场的产品需求拥有完全信息，进行博弈时选择数量竞争。在长期的博弈过程中，每个企业都采取冷酷战略（Cruel Strategy），即只要竞争对手进入本国市场，在以后的每一次博弈时，企业都进入对方母国直接投资，以惩罚其偏离合作的行为。只要企业一次不合作引起的长期利益净现值小于自始至终的合作所得时，企业就会放弃短视行为，着眼于长远而不进入对方市场，两个企业均限于国内经营构成子博弈精炼纳什均衡（弗登伯格等，2010）。因此，以企业 f 和 h 形成隐性串谋（Tacit Collusion）作为分析的出发点，[②]双方达成隐性协议：合作以保证每一个企业在国内市场的完全垄断地位，获取垄断租金（Graham，1990）。这一情形用 NN 表示，企业 i 的支付函数[③]为

$$\pi_i^{NN} = (1 - Q_{iI}^{NN})Q_{iI}^{NN} - (A - t_i)Q_{iI}^{NN} \quad i = f,h \quad I = F,H \quad (4.10)$$

令企业利润 π_i^{NN} 关于产量 Q_{iI}^{NN} 的一阶导为零，求企业的产量 Q_{iI}^{NN} =

[①] 本章表格全部是笔者自制。
[②] 在本节的分析中，两个企业均限于国内经营是特定条件下的子博弈精炼纳什均衡，该条件要求企业对外投资的额外成本大于临界值。
[③] 不考虑企业的贴现率以简化分析，后面的分析也同样处理。

$(1 - A + t_i)/2$，此时产量满足 $d(d\pi_{il}^{NN}/dQ_{il}^{NN})/dQ_{il}^{NN} = -2 < 0$，① 则为企业 $i(= f, h)$ 的均衡产出 $\widetilde{Q_{il}^{NN}}$，代入（4.10）有均衡利润 $\widetilde{\pi_{il}^{NN}} = (1 - A + t_i)^2/4$。

三、交换威胁诱发对外投资企业竞争优势培育

这部分分析不考虑企业 f 和 h 位于一国时产生双向溢出。根据 OFDI 传统理论，只要相对缺乏竞争优势的跨国企业海外经营收益大于海外经营成本时，企业就会选择对外投资。用 ND 表示企业 f 国内经营而企业 h 对 F 国直接投资。企业 f 和 h 的利润函数分别为

$$\pi_h^{ND} = (1 - Q_{hH}^{ND})Q_{hH}^{ND} - (A - t_h)Q_{hH}^{ND} + (1 - Q_{hF}^{ND} - Q_{fF}^{ND})Q_{hF}^{ND} - (A - t_h)Q_{hF}^{ND} - G_h \tag{4.11}$$

$$\pi_f^{ND} = (1 - Q_{hF}^{ND} - Q_{fF}^{ND})Q_{fF}^{ND} - (A - t_f)Q_{fF}^{ND} \tag{4.12}$$

采用与基准模型相同的方法，通过对一阶导为零构造方程组求解，确定企业 h 在 H 国的均衡利润为 $(1 - A + 2t_f - t_h)^2/9$。若 $0 < G_h < (1 - A + 2t_h - t_f)^2/9$，则企业 h 的海外利润为正，符合传统 OFDI 理论，而企业 f 的均衡产出与均衡利润分别为 $(1 - A + 2t_f - t_h)/3$、$(1 - A + 2t_f - t_h)^2/9$。与二者限于国内经营相比，企业 f 的市场份额与利润都下降。②

在国际寡占市场上，每个寡头都占据举足轻重的地位，它们的任一行动都会影响其他寡头的利益，因此，每个厂商对其他寡头不会掉以轻心，对其行为都很敏感。任何寡头在采取行动前，都会预测其他寡头的反应，对是否采取行动进行比较，只有预期这一行动带来的利润更大（亏损更小）时，才会付诸实施。企业 h 进入 F 国市场，违背了隐性协

---

① 后面的分析因二阶导满足条件而不再列出。
② $0 \leq t_f < A, 0 \leq t_h < A, A_i < 1, t_h > t_f$ 推出 $0 < (1 - A + t_f)/2, 0 < (1 - A + 2t_f - t_h)/3, (1 - A + 2t_f - t_h)/3 - (1 - A + t_f)/2 = (1 - A + t_f - t_h)/6 < 0, (1 - A + 2t_h - t_f)^2/9 < (1 - A + t_f)^2/4$。

议,挤占了对手的市场份额,降低了 f 的利润。企业 f 对 H 国直接投资进行报复,威胁到企业 h 的母国市场地位,完成对 h 市场份额威胁的"交换"。这种反向进入(Counter-entrance)是一种对企业 h 偏离隐性串谋(互不侵犯对方垄断地位的合作)行为的"惩罚策略"。企业 f 对 H 国的直接投资具有交换威胁战略意义(Graham,1990)。但是这种威胁是否可信,取决于企业 f 实施直接投资后的利润是否增加或亏损,是否减少。用 DD 表示两个企业交叉投资的情形,它们的目标函数为

$$\pi_h^{DD} = (1 - Q_{hH}^{DD} - Q_{fH}^{DD})Q_{hH}^{DD} + (1 - Q_{hF}^{DD} - Q_{fF}^{DD})Q_{hF}^{DD} - (A - t_h)(Q_{hF}^{DD} + Q_{hH}^{DD}) - G_h \tag{4.13}$$

$$\pi_f^{DD} = (1 - Q_{hH}^{DD} - Q_{fH}^{DD})Q_{fH}^{DD} + (1 - Q_{hF}^{DD} - Q_{fF}^{DD})Q_{fF}^{DD} - (A - t_f)(Q_{fF}^{DD} + Q_{fH}^{DD}) - G_f \tag{4.14}$$

联立企业利润对产量的一阶条件组成的方程组,求出企业 f 均衡利润 $\widetilde{\pi_f^{DD}}$ 为 $2(1 - A + 2t_f - t_h)^2/9 - G_f$。当且仅当 $0 < G_f < (1 - A + 2t_f - t_h)^2/9$ 时,在 h 进入 F 国市场后,企业 f 反向投资可增加利润或减少亏损,即实施交换威胁战略时,可培育竞争优势。

命题 4.1 跨国企业相对于东道国企业的额外成本是跨国企业对外投资决策的关键性因素。即使是技术先进的国外企业,若额外成本超过一定数值后,也可能因违背利润最大化而导致 OFDI 不可行。因此,无论企业技术水平的高低,任一企业都存在 OFDI 与限于国内经营无差异的额外成本临界值。若额外成本大于临界值时,企业放弃 OFDI 而限于国内经营。技术先进的国外企业 OFDI 的额外成本临界值大于缺乏竞争优势(技术落后)的国内企业 OFDI 的额外成本临界值。若二者 OFDI 的额外成本都超过临界值时,限于国内经营成为子博弈精炼纳什均衡;若国外企业 OFDI 的额外成本小于临界值而缺乏竞争优势(技术落后)的国内企业 OFDI 的额外成本却高于临界值时,前者对外投资而后者限于国内经营,

构成子博弈精炼纳什均衡;若二者 OFDI 的额外成本都小于临界值时,二者均对外投资是子博弈精炼纳什均衡。对技术先进的国外企业而言,额外成本临界值随着技术领先于国内企业的程度增大而增大,还与自身的技术水平呈正相关;对技术落后的国内企业 OFDI 额外成本的临界值也随着自身技术水平的提高而增大,而与技术先进的国外企业的技术差距呈负相关。①

四、交换威胁与双向溢出诱发对外投资企业竞争优势培育

大量的实证研究显示,只要两个企业技术水平不等而在某些技术领域相互具有优势,位于一个国家(或者在一国的区域内)时,溢出就可能产生。溢出空间局限性的存在使我们论证对外投资企业培育竞争优势时,不能忽略双向溢出的影响。Siotis(1999)研究双向溢出对企业国际化选择的影响时,发现技术先进的国外企业作为净溢出的提供方,与净溢出的接受方即技术落后的国内企业存在不同的效应:技术先进的国外企业因技术扩散而削弱其竞争优势,这种耗散效应随着溢出程度的增加而加强。当溢出程度超过一定水平时,即使出口成本较大而 OFDI 的成本很小,技术先进的国外企业也选择出口而不是 OFDI;技术落后的国内企业因技术先进的国外企业限于母国经营,为了吸收对方的溢出而对外投资,这种吸收国际直接投资逆向溢出(技术寻求)效应因溢出程度的提高而增强。即使出口时企业在海外利润为正,而海外直接投资利润为负,却因吸收、转移对方的先进技术(源于对方溢出),使之整体利润增加超过出口,国内企业将选择 OFDI 而培育竞争优势。传统

---

① 命题4.1证明:相对缺乏竞争优势(技术优势)的国内企业 f 与技术先进的国外企业 h OFDI 额外成本的临界值分别为 $TG_h = (1 - A + 2t_h - t_f)^2/9$,$TG_f = (1 - A + 2t_f - t_h)^2/9$。由 $0 \leq t_f < t_h < A$ 可知 $\Delta t = t_h - t_f > 0$,而 $TG_h - TG_f = (t_h + t_f)(3\Delta t + 2 - 2A)/9 > 0$ 即 $TG_h > TG_f$。

$TG_h = (1 - A + t_h + \Delta t)^2/9$ $\qquad TG_f = (1 - A + t_f - \Delta t)^2/9$

$\partial TG_h/\partial \Delta t = 2(1 - A + \Delta t + t_h)/9 > 0$ $\qquad \partial TG_f/\partial \Delta t = -2(t_h - t_f)(1 - A + 2t_f - t_h)/9 < 0$

$\partial TG_h/\partial t_h = 4(1 - A + 2t_h - t_f)/9 > 0$ $\qquad \partial TG_f/\partial t_f = 4(1 - A + 2t_f - t_h)/9 > 0$

OFDI 理论强调，技术先进（竞争优势）的跨国企业选择 OFDI，相对于其他国际化形式，获得利润更多。因此，可将 OFD1 视为技术先进的跨国企业的市场扩张效应，是否对外投资取决于竞争优势的耗散效应与市场扩张效应的比较。

考虑到双向溢出和溢出在一个企业内部的跨国转移，则企业 f 在国内经营时，企业 h 对外投资时耗散效应最弱，同时又能发挥市场扩张效应。二者目标函数分别为

$$\pi_h^{ND} = (1 - Q_{hH}^{ND} - A + t_h + \theta u_h t_f) Q_{hh}^{ND} +$$
$$(1 - Q_{hF}^{ND} - Q_{fF}^{ND} - A + t_h + \theta t_f) Q_{hF}^{ND} - G_h \quad (4.15)$$

$$\pi_f^{ND} = (1 - Q_{hF}^{ND} - Q_{fF}^{ND} - A + t_f + \theta t_h) Q_{fF}^{ND} \quad (4.16)$$

联立 (4.15)(4.16) 企业利润对产量的一阶条件组成的方程组，计算企业 f 和 h 的均衡产量 $\overline{Q_f^{ND}}$，$\overline{Q_h^{ND}}$ 分别为：$[1 - A + (2-\theta)t_f + (2\theta-1)t_h]/3$，$[1 - A + (2-\theta)t_h + (2\theta-1)ut_f]/3 + (1 - A + t_h + \theta ut_f)/2$，均衡利润 $\overline{\pi_f^{ND}}$，$\overline{\pi_h^{ND}}$ 分别为：$[1 - A + (2-\theta)t_f + (2\theta-1)t_h]^2/9$，$[1 - A + (2-\theta)t_h + (2\theta-1)ut_f]^2/9 + (1 - A + t_h + \theta ut_f)^2/4 - G_h$。

（1）企业 h 竞争优势的耗散效应小于 OFDI 的市场扩张效应，满足条件企业 h 对 F 国直接投资的整体利润（亏损）$\overline{\pi_h^{DN}}$ 超过（低于）对外投资利润（亏损）$\overline{\pi_h^{DD}}$。

令 $y_h(\theta, u_h) = \theta u_h t_f (2 - 2A + t_h + \theta u_h t_f)/4 + [1 - A + (2-\theta)t_h + (2\theta-1)t_f]^2/9$，则 $\overline{\pi_h^{ND}} - \overline{\pi_h^{DD}} = y_h(\theta, u_h) - G_h > 0$。根据溢出在企业 h 内部的跨国转移程度分三种情形进行讨论：

1）若企业无法将溢出跨国转移，即 $u_h = 0$ 时，则

$y_h(\theta) = [1 - A + (2-\theta)t_h + (2\theta-1)t_f]^2/9$，

$y_h(\theta = 1) = (1 - A + t_h + t_f)^2/9$，$y_h(\theta = 0) = (1 - A + 2t_h - t_f)^2/9$

$dy_h(\theta)/d\theta = (2t_f - t_h)[1 - A + (2-\theta)t_h + (2\theta-1)t_f]/9$

若 $t_f < t_h < 2t_f$ 时，$d(y_h(\theta))/d\theta > 0$，企业 h 对 F 国直接投资的额

外成本 G_h 须满足 $G_h < y_h(\theta = 1, u_h = 0)$；若 $t_h = 2t_f$ 时，$d[y_h(\theta)]/d\theta = 0$，则 $G_h < (1 - A + 3t_f)^2/9$；若 $t_h > 2t_f$ 时，$d(y_h(\theta))/d\theta > 0$，则 $G_h \leq y_h(\theta = 0)$。

2) 溢出在企业内部只能部分跨国转移，即 $0 < u_h < 1$ 时，

$y_h(\theta = 1, u_h) = (1 - A + t_h + t_f)^2/9 + u_h t_f(1 - A + 2t_h + u_h t_f)/4$，

$y_h(\theta = 0) = (1 - A + 2t_h - t_f)^2/9$，

$d[y_h(\theta)]/d\theta = (2t_f - t_h)(1 - A + 2t_h - t_f)/9 +$
$u_h t_f(1 - A + t_h)/2 + \theta(u_h^2 t_f^2/2 + 2(2t_f - t_h)^2/9)$

令 $\theta_1 = 4(t_h - 2t_f)(1 - A + 2t_h - t_f) -$
$9u_h t_f(1 - A + t_h)/[4(t_h - 2t_f)^2 + 9t_f^2]$

$d[y_h(\theta)]/d\theta(\theta = \theta_1) = 0$

$d\{d[y_h(\theta)]/d\theta\}/d\theta(\theta = \theta_1) = u_h^2 t_f^2/2 + 2(2t_f - t_h)^2/9 > 0$

若 $t_f < t_h \leq 2t_f$ 时，$d[y_h(\theta)]/d\theta > 0$，企业 h 对 F 国投资的额外成本 G_h 须满足 $G_h < y_h(\theta = 1, u_h)$；若 $2t_f < t_h \leq 2t_f + 9u_h t_f(1 - A + t_h)/4(1 - A + 2t_h - t_f)$ 时 $d(y_h(\theta))/d\theta > 0$ 且 $G_h \leq y_h(\theta = 1, u_h)$；若 $0 < \theta_1 \leq 1$，[①] 企业 h 对 F 国直接投资的额外成本 $G_h \leq \max[y_h(\theta) = 1, u_h), y_h[\theta = 0)]$；若 $\theta_1 > 1$，[②] 则 $G_h \leq y_h(\theta = 0)$。

3) 溢出在企业内部完全跨国转移，即 $u_h = 1$ 时，

$y_h(\theta) = \theta t_f(2 - 2A + t_h + \theta t_f)/9 +$
$[1 - A + (2 - \theta)t_h + (2\theta - 1)t_f]^2/9$

$y_h(\theta = 1, u_h = 1) = t_f(2 - 2A + t_h + t_f)/4 + (1 - A + t_h + t_f)^2/9$

$y_h(\theta = 0) = (1 - A + 2t_h - t_f)^2/9$

[①] $2t_f + 9u_h t_f(1 - A + t_h)/4(1 - A + 2t_h - t_f) < t_h \leq 2t_f + 9u_h t_f(1 - A + t_h + u_h t_f)/4(1 - A + t_h + t_f)$ 为 $0 < \theta_1 \leq 1$ 要求先进企业技术水平满足的条件。

[②] $[2t_f + 9u_h t_f(1 - A + t_h + u_h t_f)/4(1 - A + t_h + t_f)] < t_h$ 为 $\theta_1 > 1$ 要求先进企业技术水平满足的条件，此时还可保证 $d[y_h(\theta)]/d\theta < 0$。

$$\theta_2 = [4(t_h - 2t_f)(1 - A + t_h - t_f) - 9t_f(1 - A + t_h)]/4(t_h - 2t_f)^2 + 9t_f^2$$

$$d[y_h(\theta)]/d\theta(\theta = \theta_2) = 0$$

$$d[d(y_h(\theta))]/d\theta/d\theta(\theta = \theta_2) = t_f^2/2 + 2(2t_f - t_h)^2/9 > 0$$

若 $t_f < t_h \leq 2t_f$ 时，$d[y_h(\theta)]/d\theta > 0$，企业 h 对 F 国投资的额外成本 G_h 须满足 $G_h < y_h(\theta = 1, u_h = 1)$；若 $\theta_2 > 1$ 或 $\theta_2 \leq 0$，① 则企业 h 对 F 国投资的额外成本 G_h 须满足 $G_h < \max[y_h(\theta = 0)], y_h(\theta = 1, u_h = 1)$；若 $0 < \theta_2 \leq 1$ ②时，企业 h 对 F 国投资的额外成本 G_h 须满足 $G_h \leq y_h(\theta = 0)$。

综上所述，把结论归纳为表4.3。

表4.3 市场扩张效应超过耗散效应的参数条件（$0 < \theta \leq 1$，$0 < G_h$）

u_h	t_h, t_f	G_h
$u_h = 0$	$t_f < t_h \leq 2t_f$	$G_h < (1 - A + 2t_h - t_f)^2/9$
	$2t_f < t_h$	$G_h \leq (1 - A + t_h + t_f)^2/9$
$0 < u_h < 1$	$t_f < t_h \leq 2t_f + \dfrac{9u_h t_f(1 - A + t_h)}{4(1 - A + 2t_h - t_f)}$	$G_h < y_h(\theta = 1, u_h)$
	$2t_f + \dfrac{9u_h t_f(1 - A + t_h)}{4(1 - A + 2t_h - t_f)} < t_h$ $\leq 2t_f + \dfrac{9u_h t_f(1 - A + t_h)}{4(1 - A + 2t_h - t_f)}$	$G_h < \max[y_h(\theta = 1, u_h)],$ $y_h(\theta = 0)$
	$[2t_f + \dfrac{9u_h t_f(1 - A + t_h + u_h t_f)}{4(1 - A + t_h + t_f)}] \leq t_h$	$G_h \leq \dfrac{(1 - A + t_h + t_f)^2}{9}$

---

① $2t_f < t_h < 2t_f + 9(1 - A + t_h)/4(1 - A + 2t_h - t_f)$ 或 $2t_f < t_h < 17t_f/4$，为 $\theta_2 > 1$ 或 $\theta_2 \leq 0$ 要求先进企业技术水平满足的条件。

② $17t_f/4 \leq t_h$ 且 $(1 - A + t_h)/(1 - A + 2t_h - t_f) < t_f$，或 $2t_f + 9(1 - A + t_h)/4(1 - A + 2t_h - t_f) < t_h$ 且 $(1 - A + t_h)/(1 - A + 2t_h - t_f) < t_h$，为 $0 < \theta_2 \leq 1$ 要求先进企业技术水平满足的条件。

续表

u_h	t_h, t_f	G_h
$u_h = 1$	$t_f < t_h \leq 2t_f$	$G_h < y_h(\theta = 1, u_h = 1)$
	$2t_f < t_h \leq 2t_f + \dfrac{9(1-A+t_h)}{4(1-A+2t_h-t_f)}$	$G_h < \max[y_h(\theta=0)],$ $y_h[\theta=1, u_h=1]$
	$2t_f < t_h < 17t_f/4$	
	$\dfrac{17}{4}t_f \leq t_h, \dfrac{1-A+t_h}{1-A+2t_h-t_f} < t_f$	$G_h \leq \dfrac{(1-A+t_h+t_f)^2}{9}$
	$2t_f + \dfrac{9(1-A+t_h)}{4(1-A+2t_h-t_f)} < t_h, \dfrac{1-A+t_h}{1-A+2t_h-t_f} > t_f$	

注：$y_h(\theta=0) = (1-A+2t_h-t_f)^2/9$

$y_h(\theta=1, u_h) = (1-A+t_h+t_f)^2/9 + u_h t_f(1-A+2t_h+u_h t_f)/4$

$y_h(\theta=1, u_h=1) = t_f(2-2A+2t_h+t_f)/4 + (1-A+t_h+t_f)^2/9$

命题 4.2　假定缺乏竞争优势的企业在国内经营时，与不考虑双向溢出相比，若技术差距较小（$0 < t_h - t_f < t_f$），技术先进企业对外投资的额外成本临界值就更大，且随着溢出在企业内部的跨国转移程度提高而更加明显；技术差距较大（$t_f < t_h - t_f$）时，技术先进企业的额外成本临界值并不必然大于忽略双向溢出的情形。[1]

---

[1] 命题 4.2 证明：前面分析表明，当企业 f 在国内经营时，企业 h 对 F 国直接投资的额外成本临界值随技术差距变动而变动。

不考虑双向溢出时，h 对 F 国直接投资的额外成本临界值 $TG_h = (1-A+2t_h-t_f)^2/9$。

若 $0 < t_h - t_f < t_f$，考虑双向溢出时，h 对 F 国直接投资的额外成本临界值 $\overline{TG_h} = (1-A+t_h+t_f)^2/9 + u_h t_f(1-A+2t_h+u_h t_f)/4$　$0 \leq u_h \leq 1$

$\Delta TG_h = \overline{TG_h} - TG_h = (2-2A+3t_h)(2t_f-t_h)/9 + u_h t_f(1-A+2t_h+u_h t_f)/4 > 0$

$d\Delta TG_h/du_h = t_f(1-A+2t_h)/4 > 0$

因此，f、h 技术差距较小时，h 对 F 国直接投资的额外成本临界值大于不考虑双向溢出的情形，且随着溢出转移程度 u_h 提高，前者的临界值更大。

若 $t_f < t_h - t_f$，时且 $0 \leq u_h \leq 1$

$\overline{TG_h} = \max[y_h(\theta=0), y_h(\theta=1, u_h)]$

$= \max[(1-A+2t_h-t_f)]^2/9, (1-A+t_h+t_f)^2/9 + u_h t_f$

$(1-A+2t_h+u_h t_f)/4]$

$= \max[TG_h, (1-A+t_h+t_f)^2/9 + u_h t_f(1-A+2t_h+u_h t_f)/4]$

当且仅当 u_h 满足 $(t_h - 2t_f)(2-2A+3t_h)/9 < u_h t_f(1-A+2t_h+u_h t_f)/4$ 时，$\Delta TG_h = \overline{TG_h} - TG_h > 0$ 即技术先进的国外企业 OFDI 的额外成本临界值才大于忽略双向溢出的情形。

由于耗散效应超过市场扩张效应，企业 h 在国内经营，企业 f 因溢出的技术寻求效应对 H 国直接投资，仍然用 DN 表示，两个企业的利润函数为

$$\pi_h^{DN} = (1 - Q_{hH}^{DN} - Q_{fH}^{DN} - A + t_h + \theta t_f) Q_{hH}^{DN} \quad (4.17)$$

$$\pi_f^{DN} = (1 - Q_{hH}^{DN} - Q_{fH}^{DN} - A + t_f + \theta t_h) Q_{fH}^{DN} + (1 - Q_{fF}^{DN} - A + t_f + \theta u_f t_h) Q_{fF}^{DN} - G_f \quad (4.18)$$

运用上述方法同样可求出企业 f 的均衡产出和均衡利润，分别为

$$\widetilde{Q}_f^{DN} = (1 - A + (2 - \theta) t_f + (2\theta - 1) t_h)/3 + (1 - A + t_f + \theta u_f t_h)/2$$

$$\widetilde{\pi}_f^{DN} = [1 - A + (2 - \theta) t_f + (2\theta - 1) t_h]^2/9 + (1 - A + t_f + \theta u_f t_h)^2/4 - G_f$$

如果企业 f 对 H 国直接投资的利润（亏损）大于（小于）二者均限于国内经营，即 $\overline{\pi_f^{DN}} - \overline{\pi_f^{NN}} = [1 - A + (2 - \theta) t_f + (2\theta - 1) t_h]^2/9 + \theta u_f t_h (2 - 2A + \theta u_f t_h)^2/4 - G_f > 0$，企业 f 对 H 国直接投资达到培育竞争优势目标。企业 f OFDI 额外成本的临界值 $\overline{TG_f}$ 为 $[1 - A + (2 - \theta) t_f + (2\theta - 1) t_h]^2/9 + \theta u_f t_h (2 - 2A + \theta u_f t_h)^2/4$。

命题 4.3 当技术先进的国外企业限于其国内经营时，与不考虑双向溢出相比，缺乏竞争优势（技术落后）的国内企业 OFDI 额外成本的临界值 $\overline{TG_f}$ 增加，且逆向溢出吸收效应随相对技术先进的国外企业溢出程度的提高而增强，缺乏竞争优势的国内企业培育竞争优势的成功率随溢出转移能力的提高而上升。①

---

① 命题 4.3 证明：$\partial \overline{TG_f}/\partial t_f = \theta t_h (1 - A)/2 + \theta u_f t_h^2/2 > 0$

$\partial \overline{TG_f}/\partial \theta = 2(2t_h - t_f)[1 - A + (2 - \theta) t_f + (2\theta - 1) t_h]/9 + \theta t_h^2/2 + t_h (2 - 2A + \theta u_f t_h)/4 > 0$

$\overline{TG_f} - TG_f = \theta(2t_h - t_f)[2(1 - A + 2t_f - t_h) + \theta(2t_h - t_f)]/9 + \theta u_f t_h (2 - 2A + \theta u_f t_h)/4 > 0$

(2) 假定企业 f 仍在国内经营,当市场扩张效应超过耗散效应,企业 h 对 F 国直接投资的均衡利润满足条件:$\overline{\pi_h^{ND}} > \overline{\pi_h^{NN}}$。令 $y_h(\theta, u_h) = [1 - A + (2-\theta)t_h + (2\theta-1)t_f]^2/9 + \theta u_h t_f(1 - A + 2t_h + \theta u_h t_f)/4$,则 $\overline{\pi_h^{ND}} - \overline{\pi_h^{NN}} = y_h(\theta, u_h) - G_h > 0$。根据溢出在企业内部的跨国转移程度分三种情形进行讨论:

1) 企业 h 不能将溢出跨国转移,即 $u_h = 0$

$$dy_h(\theta)/d\theta = 2(2t_f - t_h)[1 - A + (2-\theta)t_h + (2\theta-1)t_f]/9$$

若 $t_f < t_h < 2t_f$,$dy_h(\theta)/d\theta \geq 0$,则 $y_h(\theta) > y_h(\theta = 0)$,$G_h \leq (1 - A + 2t_h - t_f)^2/9$;若 $t_h = 2t_f$,$dy_h(\theta)/d\theta = 0$,$y_h(\theta) = (1 - A + 3t_f)^2/9$,则 $G_h < (1 - A + 3t_f)^2/9$;若 $2t_f < t_h$,$dy_h(\theta)/d\theta < 0$,$y_h(\theta) > y_h(\theta = 1, u_h = 0)$,则 $G_h < (1 - A + t_h + t_f)^2/9$。

2) 企业 h 只能将溢出的一部分进行跨国转移 $(0 < u_h < 1)$

$$\frac{dy_h(\theta)}{d\theta} = \frac{\theta t_f^2}{2} + \frac{(2t_f - t_h)[1 - A + (2-\theta)t_h + (2\theta-1)t_f]}{9} + \frac{t_h(1 - A + t_h)}{2}$$

$$\theta_3 = 4(t_h - 2t_f)(1 - A + 2t_h - t_f) - 9u_h t_f(1 - A + t_h)/[4(t_h - 2t_f)^2 + 9t_f^2]$$

$$d[y_h(\theta)]/d\theta(\theta = \theta_3) = 0$$

$$d[d(y_h(\theta)]/d\theta/d\theta(\theta = \theta_3) = u_h^2 t_f^2/2 + 2(2t_f - t_h)^2/9 > 0$$

若 $t_f < t_h \leq 2t_f$,$dy_h(\theta)/d\theta > 0$,即企业 h 对外投资额外成本的临界值 $\overline{TG_h}$,随着溢出程度 θ 的提高而增大,其最大值、最小值分别为 $y_h(\theta = 1, u_h)$、$y_h(\theta = 0)$;若 $2t_f < t_h \leq 2t_f + 9(1 - A + t_h)/4(1 - A + 2t_h - t_f)$,$dy_h(\theta)/d\theta > 0$,与 $t_f < t_h \leq 2t_f$ 时的结论类似;若 $0 < \theta_3 < 1$,[①]

---

① $0 < \theta_3 < 1$ 要求先进企业的技术水平满足 $2t_f + 9u_h(1 - A + t_h)/4(1 - A + 2t_h - t_f) < t_h < 2t_f + 9u_h t_f(1 - A + t_h + u_h t_f)/4(1 - A + t_h + t_f)$

$dy_h(\theta)/d\theta > 0$, $\overline{TG}_h$ 最大值为 $y_h(\theta = 0)$ 与 $y_h(\theta = 1, u_h)$ 中的大者，其最小值为 $y_h(\theta = \theta_3, u_h)$。①

若 $t_h = 2t_f + 9u_h t_f(1 - A + t_h + u_h t_f)/4(1 - A + t_h - t_f)$, $\theta = 1$, $dy_h(\theta)/d\theta < 0$, $\overline{TG}_h$ 的最大值为 $y_h(\theta = 0)$；若 $2t_f + 9u_h t_f(1 - A + t_h + u_h t_f)/4(1 - A + t_h + t_f) < t_h$, $dy_h(\theta)/d\theta < 0$, 企业 h 直接投资额外成本的临界值 TG'_h 满足条件：$y_h(\theta = 1, u_h) \leq \overline{TG}_h < y_h(\theta = 0)$

3) 企业 h 全部溢出进行跨国转移，即 $u_h = 1$

$$\frac{dy_h(\theta)}{d\theta} = \frac{\theta t_f^2}{2} + \frac{(2t_f - t_h)[1 - A + (2 - \theta)t_h + (2\theta - 1)t_f]}{9} + \frac{t_h(1 - A + t_h)}{2}$$

$$\theta_4 = [4(t_h - 2t_f)(1 - A + 2t_h - t_f) - 9t_f(1 - A + t_h)]/[4(t_h - 2t_f)^2 + 9t_f^2]$$

$$d[y_h(\theta)]/d\theta(\theta = \theta_4) = 0$$

$$d\{d[y_h(\theta)]/d\theta\}/d\theta(\theta = \theta_4) = t_f^2/2 + 2(2t_f - t_h)^2/9 > 0$$

若 $t_f < t_h \leq 2t_f$ 时，$dy_h(\theta)/d\theta > 0$ 可推出企业 h 对 F 国直接投资额外成本的临界值 $\overline{TG}_h \leq (1 - A + 2t_h - t_f)^2/9$；若 $\theta_4 > 1$ 或 $\theta_4 \leq 0$，② $dy_h(\theta)/d\theta > 0$ 或 $dy_h(\theta)/d\theta < 0$，企业 h 对外投资额外成本的临界值满足条件。$\overline{TG}_h < \max\{t_f(2 - 2A + 2t_h + t_f)/4 + (1 - A + t_h + t_f)^2/9, (1 - A + 2t_h -$

---

① 具体的最小值：

$$\frac{u_h t_f [4t_h - 8t_f)(1 - A + 2t_h - t_f) - 9u_h t_f]}{4[9u_h^2 t_f^2 + 4(t_h - 2t_f)^2]}$$

$$[2 - 2A + 2t_h - t_f + \frac{(4t_h - 8t_f)(1 - A + 2t_h - t_f) - 9u_h t_f}{9u_h^2 t_f^2 + 4(t_h - 2t_f)^2}] +$$

$$\frac{1}{9}[1 - A + 2t_h - t_f + \frac{(4t_h - 8t_f)(1 - A + 2t_h - t_f) - 9u_h t_f}{9u_h^2 t_f^2 + 4(t_h - 2t_f)^2}(2t_f - t_h)]^2$$

② $2t_f < t_h \leq 2t_f + 9(1 - A + t_h)/4(1 - A + 2t_h - t_f)$ 或 $2t_f < t_h < \frac{17t_f}{4}$ 为 $\theta_4 > 1$ 或 $\theta_4 \leq 0$ 要求先进企业技术水平必须满足的条件。

$t_f)^2/9\}$；若 $0 < \theta_4 \leq 1$，[①]$y_h(\theta, u_h = 1) \geq y_h(\theta = \theta_4, u_h = 1)$，企业 h 对 F 国投资额外成本的临界值 $\overline{TG_h} < y_h(\theta_4, u_h = 1)$。

此时企业 f 的均衡产出 $\overline{Q_f^{ND}}$ 与均衡利润 $\overline{\pi_f^{ND}}$ 分别为 $[1 - A + (2 - \theta)t_h + (2\theta - 1)t_f]/3$，$[1 - A + (2 - \theta)t_h + (2\theta - 1)t_f]^2/9$。若 $0.5 < \theta \leq 1$ 且 $0 < t_h - t_f < (1 - A + t_f)/2$ 或 $0 < \theta \leq 0.5$，$t_f < t_h$ 时，落后企业的均衡产出与均衡利润均不及二者限于国内经营。[②] 因此，针对企业 h 的行动，f 存在实施交换威胁战略的动机，[③] 二者目标函数为

$$\pi_f^{DD} = (1 - Q_{fF}^{DD} - Q_{hF}^{DD} - A + t_f + \theta t_h)Q_{fF}^{DD} +$$
$$(1 - Q_{fH}^{DD} - Q_{hH}^{DD} - A + t_f + \theta t_h)Q_{fH}^{DD} - G_f \quad (4.19)$$

$$\pi_h^{DD} = (1 - Q_{fF}^{DD} - Q_{hF}^{DD} - A + t_h + \theta t_f)Q_{hF}^{DD} +$$
$$(1 - Q_{fH}^{DD} - Q_{hH}^{DD} - A + t_h + \theta t_f)Q_{hH}^{DD} - G_h \quad (4.20)$$

计算企业 f 在 F 和 H 国的均衡产量 $\overline{Q_{fF}^{DD}}$，$\overline{Q_{fH}^{DD}}$ 均为 $[1 - A + (2 - \theta)t_f + (2\theta - 1)t_h]/3$，均衡利润 $\overline{\pi_f^{DD}}$ 为 $2[1 - A + (2 - \theta)t_f + (2\theta - 1)t_h]^2/9 -$

---

① $\frac{17}{4}t_f \leq t_h$ 且 $\frac{1 - A + t_h}{1 - A + 2t_h - t_f} < t_f$，或 $2t_f + \frac{9(1 - A + t_h)}{4(1 - A + 2t_h - t_f)} < t_h$ 且 $\frac{1 - A + t_h}{1 - A + 2t_h - t_f} < t_h$ 为 $0 < \theta_4 \leq 1$，要求先进企业技术水平必须满足的条件。

$y_h(\theta = \theta_2, u_h = 1) = t_f[(t_h - 2t_f)(1 - A + 2t_h - t_f) - \frac{9(1 - A + t_h)}{16(t_h - 2t_f)^2 + 9t_f^2}][2 - 2A +$

$2t_h + t_f(4t_h - 8t_f)(1 - A + 2t_h - t_f) - \frac{9(1 - A + t_h)}{4(t_h - 2t_f)^2 + 9t_f^2}] + \frac{1}{9}\{\frac{2 - (4t_h - 8t_f)(1 - A + 2t_h - t_f)}{4(t_h - 2t_f)^2 + 9t_f^2} + 1 -$

$A + \frac{[9t_f(1 - A + 2t_h - t_f)]t_h}{4(t_h - 2t_f)^2 + 9t_f^2} + 2(4t_h - 8t_f)(1 - A + 2t_h - t_f) - [\frac{18t_f(1 - A + t_h)}{4(t_h - 2t_f)^2 + 9t_f^2} - 1]^2\}$

② $\overline{Q_f^{ND}} - \widetilde{Q_f^{NN}} = -[1 - A + (1 - 2\theta)(2t_h - t_f)]/6 < 0$，$\overline{\pi_f^{ND}} - \widetilde{\pi_f^{NN}} = 5(1 - A) + (5 - \theta)t_f + [2(2\theta - 1)t_h][1 - A + (2 - \theta)t_f + (2\theta - 1)t_h]/36 < 0$

③ 当企业 f 和 h 之间的技术水平满足条件 $(1 - A + t_f)/2 < t_h$ 即二者的技术差距较大时，企业 h 的进入反而增加了 f 的市场份额与利润，企业 f 无须对 H 国直接投资，这再次说明双向溢出不一定引致缺乏技术优势的国内企业对外投资，在一定程度上反映 OFDI 的实际情况。

G_f。企业 f 实施交换威胁战略时，均衡利润（亏损）必大（小）于限于国内经营，即 $\overline{\pi_f^{DD}} > \overline{\pi_f^{ND}}$，而 $\overline{\pi_f^{DD}} - \overline{\pi_f^{ND}} = [1 - A + (2-\theta)t_f + (2\theta-1)t_h]^2/9 - G_f$ 则 $G_f < [1 - A + (2-\theta)t_f + (2\theta-1)t_h]^2/9$。

令 $y_f(\theta) = [1 - A + (2-\theta)t_f + (2\theta-1)t_h]/9$

$y_f(\theta = 0) = (1 - A + 2t_f - t_h)^2/9$

$y_f(\theta = 0.5) = (2 - 2A + 3t_f)^2/36$

$y_f(\theta = 1) = (1 - A + t_f + t_h)^2/9$

$dy_f(\theta)/d\theta = 2(2t_h - t_f)[1 - A + (2-\theta)t_f + (2\theta-1)t_h]/9 > 0$

企业 f 对 H 国直接投资额外成本的临界值 $\overline{TG_f}$，随着溢出系数的增大而增大，且满足条件：$y_f(\theta = 0) < \overline{TG_f} < y_f(\theta = 1)$。

若双向溢出程度较小（$0 < \theta \leq 0.5$）时，若企业 f 直接投资 H 国额外成本 $\overline{G_f}$ 满足条件：$0 \leq \overline{TG_f} < [1 - A + (2-\theta)t_f + (2\theta-1)t_h]^2/9$，实施交换威胁。随着溢出程度的提高，额外成本的临界值范围扩大，即企业 f 进行反向投资的可能性上升，额外成本临界值 $\overline{TG_f}$ 的范围为 $(1 - A + 2t_f - t_h)^2/9 \leq \overline{TG_f} \leq (2 - 2A + 3t_f)^2/36$。双向溢出程度较大（$0.5 < \theta \leq 1$），技术差距较小（$0 < t_h - t_f < (1 - A + t_f)/2$），企业 f 投资 H 国的额外成本 $\overline{G_f}$ 只有限于区间 $\{0, [1 - A + (2-\theta)t_f + (2\theta-1)t_h]^2/9\}$，才可能进行反向投资。这一区间随溢出程度同方向变化，其临界值 $\overline{TG_f}$ 范围为 $[(2 - 2A + 3t_f)^2/36, (1 - A + t_f + t_h)^2\theta/9]$。

命题 4.4 在技术先进的国外企业对外投资背景下，与不考虑双向溢出相比，缺乏竞争优势（技术落后）的国内企业对外投资额外成本的临界值增加。增加的幅度与双向溢出程度技术差距有关。溢出程度较小（$0 < \theta \leq 0.5$）时，国内企业对外投资额外成本的临界值上升幅度与溢出程度同方向变化。溢出程度较大（$0.5 < \theta \leq 1$）时，若技术差距较大（$1 - A + t_f)/2 \leq t_h - t_f$，即使 OFDI 额外成本为零，缺乏竞争优势

（技术落后）的国内企业也没有对外投资的动力，不存在 OFDI 培育竞争优势的可能性；只有技术差距很小 $[0 < t_h - t_f < (1 - A + t_f)/2]$，技术落后企业才可能实施交换威胁战略，培育竞争优势，其 OFDI 额外成本的临界值范围随溢出程度的提高而扩大。[①]

考虑到企业 f 实施交换威胁战略，只要 OFDI 的市场扩张效应超过耗散效应（$\overline{\pi_h^{DD}} > \widetilde{\pi_h^{NN}}$），企业 h 不会放弃对外投资。二者相互投资时企业 h 的均衡利润 $\overline{\pi_h^{DD}} = \frac{2}{9}[1 - A + (2\theta - 1)t_f + (2 - \theta)t_h]^2 - G_h$。与不考虑双向溢出相比，企业 h 的均衡利润之差满足 $\overline{\pi_h^{DD}} - \widetilde{\pi_h^{NN}} = 2[1 - A + (2\theta - 1)t_f + (2 - \theta)t_h]^2/9 - (1 - A + t_h)^2/4 - G_h > 0$

令 $y_h(\theta) = 2(1 - A + (2\theta - 1)t_f + (2 - \theta)t_h)^2/9 - (1 - A + t_h)^2/4$

$y_h(\theta = 0) = 2(t_h - t_f)^2 - (1 - A + 8t_f - 7t_h)^2/36$

[①] 命题 4.4 证明：不考虑双向溢出，缺乏竞争优势（技术）的国内企业 f 对外投资的额外成本临界值 $TG_f = (1 - A + 2t_f - t_h)^2/9$。

当溢出程度为 $0 < \theta \leq 0.5$，f 对外投资的额外成本临界值 $\overline{TG_f} < [1 - A + (2 - \theta)t_f + (2\theta - 1)t_h]^2/9$，由 $t_h > t_f > 0$ 推出 f 对外投资的额外成本临界值之差 $\Delta TG_f = \overline{TG_f} - TG_f = \theta(2t_h - t_f)[2 - 2A + (4 - \theta)t_f + 2(\theta - 1)t_h]/9 > 0$，而 $\partial \Delta TG_f / \partial \theta = (2t_h - t_f)[2 - 2A + (4 - \theta)t_f + 2(\theta - 1)t_h]/9 > 0$

即 f 对外投资的额外成本临界值增大，增大的幅度与双向溢出程度呈正向相关。当溢出程度为 $0.5 < \theta \leq 1$，若 $(1 - A + t_f)/2 < t_h - t_f$，前面计算显示 $\overline{Q_f^{ND}} > \overline{Q_f^{NN}}$，$\overline{\pi_f^{ND}} > \overline{\pi_f^{NN}}$，因此即使 $G_f = 0$，企业 f 仍停留在国内经营。只有 $0 < t_h - t_f < (1 - A + t_f)/2$，由于 $\overline{Q_f^{ND}} < \overline{Q_f^{NN}}$，$\overline{\pi_f^{ND}} < \overline{\pi_f^{NN}}$，只要企业 f 对 H 国直接投资的额外成本不超过临界值 $\overline{TG_f} = [1 - A + (2 - \theta)t_f + (2\theta - 1)t_h]^2/9$，就实施交换威胁战略。由于 $\partial \overline{TG_f}/\partial \theta = (2t_h - t_f)[1 - A + (2 - \theta)t_f + (2\theta - 1)t_h]/9 > 0$

$(2 - 2A + 3t_f)^2/36 < \overline{TG_f} \leq (1 - A + t_f + t_h)^2/9$

$(2 - 2A + 3t_f)/6 - (1 - A + 2t_f - t_h)/3 = (2t_h - t_f)/6 > 0$，

$[1 - A + 2t_f - (1 - A + 2t_f)/2]/3 = (1 - A + 3t_f)/6 > 0$，即与不考虑双向溢出相比，企业 f 对外投资额外成本的临界值增大，临界值增大的幅度随双向溢出程度同方向变化。

$$y_h(\theta = 0.5) = [(3t_h + 1 - A)^2 - 2(1 - A)^2]/36$$

$$y_h(\theta = 1) = 72t_f^2 - (1 - A + t_h - 8t_f)^2/36$$

$$dy_f(\theta)/d\theta = 4(2t_h - t_f)[1 - A + (2\theta - 1)t_f + (2 - \theta)t_h]/9 > 0$$

考虑两个企业技术水平满足条件：① $(1 - A + 8t_f)/7 < t_h < [1 - A + (6\sqrt{2} + 8)t_f]/(7 + 6\sqrt{2})$；② $(7t_h - A)/8 < t_f < [(6\sqrt{2} + 7)t_h - (1 - A)]/(8 + 6\sqrt{2})$ 时, $y_h(\theta = 0) > 0$；③ $(\sqrt{2} - 1)(1 - A)/7 < t_h$, $y_h(\theta = 0.5) > 0$；④ $(3 - \sqrt{2})(1 - A + t_h)/(2\sqrt{2}) < t_f < t_h$ 时, $y_h(\theta = 1) > 0$。

当溢出程度较小，即 $0 < \theta \leq 0.5$，企业 f 和 h 技术水平具备①、③或②、③的要求时，$\overline{TG_f} < 2[1 - A + (2 - \theta)t_f + (2\theta - 1)t_h]^2/9 - (1 - A + t_h)^2/4$ 为 h 在 F 国直接投资额外成本的临界值，临界值范围为 $[y_h(\theta = 0), y_h(\theta = 0.5)]$。随着溢出程度的提高，h 对外投资额外成本的临界值相应增大。当溢出程度较大，即 $0.5 < \theta \leq 1$，若技术差异满足条件④，h 对外投资额外成本的临界值 $\overline{TG_f} = 2[1 - A + (2 - \theta)t_f + (2\theta - 1)t_h]^2/9 - (1 - A + t_h)^2/4$，临界值随着溢出程度的提高而增大，而临界值范围为 $[y_h(\theta = 0.5), y_h(\theta = 1)]$。因此可得到以下结论：

命题4.5 在缺乏竞争优势（技术落后）的国内企业实施交换威胁战略背景下，与不考虑双向溢出相比，若溢出程度较小（$0 < \theta \leq 0.5$），技术差距较大且先进企业技术水平较高时，先进企业对外投资额外成本的临界值增大。随着溢出程度的提高，临界值继续增大；若溢出程度较大（$0.5 < \theta \leq 1$），企业技术水平接近，技术先进企业对外投资的额外成本临界值反而更大，临界值的增减幅度随溢出程度的变动而同向变化。

五、结论

跨国企业相对于东道国竞争者的对外投资额外成本是影响企业OFDI决策的关键性因素。即使是技术先进的跨国企业，额外成本超过一定数值后，OFDI 企业利润下降或亏损更大而成为非理性行为。因此，无论技术水平的高低，企业都存在对外投资与限于国内经营无差异的额外成本临界值。额外成本大于临界值时，企业放弃 OFDI 而限于国内经营。对于技术先进的国外企业而言，额外成本临界值随着领先于缺乏竞争优势的国内企业的程度（技术差距）提高而增大，还与自身技术水平呈正相关；缺乏竞争优势（技术落后）的国内企业对外投资额外成本的临界值，随着自身技术水平的提高而增大，而与先进企业的技术差距反方向变动。技术先进的国外企业对外投资额外成本临界值大于技术落后的国内企业临界值。只有额外成本位于临界值之内，技术落后的国内企业对外投资才有可能成功培育竞争优势。

当技术先进的国外企业限于国内经营时，与不考虑双向溢出相比，缺乏竞争优势（技术落后）的国内企业因吸收逆向溢出而使对外投资额外成本临界值 $\overline{TG_f}$ 增大。临界值的增加效应随着前者溢出程度的增大而增大。随着溢出转移能力的提高，缺乏竞争优势（技术落后）的企业对外投资成功培育竞争优势的概率上升。

当技术先进的国外企业对落后企业母国直接投资时，与不考虑双向溢出相比，技术落后企业对外投资的额外成本临界值增大。额外成本的临界值增大的幅度与双向溢出程度、技术差距有关。当溢出程度较小（$0 < \theta \leq 0.5$）时，技术落后的国内企业对外投资额外成本临界值的上升幅度与溢出程度同方向变化，即溢出程度增大，落后企业通过 OFDI 成功培育竞争优势的概率上升。而溢出程度较大（$0.5 < \theta \leq 1$）时，若技术差距较大，即 $(1 - A + t_f)/2 \leq t_h - t_f$，即使 OFDI 额外成本为零，也缺乏投资动力，即技术落后企业不可能通过 OFDI 培育竞争优势。当技术先进的国外企业对外投资时，只有技术差距很小，即 $0 < t_h - t_f < (1 - A + t_f)/2$，落后企业才可能实施交换威胁战略成功培育竞争优势。OFDI 额外成本的临界值随溢出程度的提高而增大，即先进企业溢出程度提高，落后企业对外投资成功培育竞争优势概率上升。在技术落后的

对外投资企业实施交换威胁战略前提下,与不考虑双向溢出相比,若溢出程度较小($0 < \theta \leq 0.5$),先进企业技术水平较高且技术差距较大时,先进企业对外投资的额外成本临界值增大,临界值还随溢出程度的提高而增大;若溢出程度较大($0.5 < \theta \leq 1$),只有两个企业技术水平接近时,先进企业对外投资的额外成本临界值才会变大,临界值还与溢出程度呈正相关。

第三节 本章小结

随着贸易投资保护主义的复活和逆全球化思潮在发达经济体的盛行,国际直接投资逆向溢出成为引起新兴经济体跨国企业来源国劣势和外来者劣势的重要因素。通过国际直接投资双向溢出实行互利共赢已成为新兴经济体企业投资发达经济体克服双重劣势的立足点。我们以技术落后的对外投资企业吸收能力满足获取技术先进的东道国企业溢出为前提即落后企业吸收能力外生,构建完全信息的两国双寡头古诺模型。基于国际直接投资逆向和双向溢出的背景下,从交换威胁战略和溢出吸收的角度出发,通过均衡解的比较分析,确定技术落后的国内企业,开展 OFDI 相对于经营范围限于国内,利润增加或亏损减小所需要的条件,进而阐述对外投资企业竞争优势培育机制。

一、逆向溢出与交换威胁诱发对外投资企业竞争优势培育

R&D 投入与效率的差异,引起企业技术水平的不同。如果技术先进的企业完全控制溢出,竞争优势利用的动机驱使其对落后的寡头所在国投资,形成了进攻型 OFDI(即传统 OFDI)。面对市场份额与利润下降或亏损增加,技术落后的企业进行逆向投资,实施防御性 OFDI,可

获得对方母国的市场份额，牵制对方在本国的竞争行为，达到威胁交换目的。二者的技术差距关系到防御性 OFDI 行为是否可行。只有交换威胁可信，才能影响两国市场双寡头的竞争态势，改善落后企业不利的竞争地位，获得竞争优势培育的效果。交换威胁具有可信性要求落后企业属于两种类型之一：①落后企业的 R&D 投入大和 R&D 效率高，却低于先进企业，技术差距较小，前者属于技术相对落后；②二者 R&D 投入和 R&D 效率区别明显，而技术差距可控，前者属于技术绝对落后。

事实上，先进企业不能完全控制溢出，市场竞争程度也影响溢出的产生。影响市场竞争程度的重要因素是技术差距和东道国政府对市场换技术的重视程度。R&D 活动的双重效应使技术差距不再一成不变。东道国政府高度重视市场换技术和技术相对落后的东道国企业与先进企业相互作用导致竞争激烈，溢出程度较大；东道国政府高度重视市场换资金（而不是技术）和技术绝对落后的东道国企业与之竞争有限，溢出程度较小。当溢出程度较大时，先进企业进行 OFDI 的概率下降，技术相对落后企业对先进企业母国直接投资的主动性增强，通过吸收逆向溢出而增大海内外市场份额，增加（减少）利润（亏损），构成进攻型竞争优势培育型 OFDI；当溢出程度较小时，先进企业进行 OFDI 的概率显著上升，技术绝对落后企业对先进企业母国直接投资，通过威胁交换和吸收溢出而牵制前者在国内的行动、增大海内外市场份额，增加（减少）利润（亏损），构成防御型竞争优势培育型 OFDI。与不考虑溢出相比，技术差距较大即前者无法进行防御型竞争优势培育型 OFDI 的部分企业，也可以开展防御型竞争优势培育型 OFDI。总之，R&D 投入和 R&D 效率差距超出上述范围，企业通过吸收逆向溢出和交换威胁战略，不仅无法成功培育竞争优势，还可能被迫退出海外市场，甚至危及国内经营和企业可持续发展。

二、双向溢出与交换威胁诱发对外投资企业竞争优势培育

当技术先进的国外企业限于国内经营时，与只考虑逆向溢出相

比，国际直接投资双向溢出引起技术落后的国内企业进攻型 OFDI 培育竞争优势的额外成本临界值增大。临界值的增大幅度随双向溢出程度与后者溢出转移能力的提高而增大，即溢出程度的提高、落后企业溢出转移能力的提高，增加技术劣势企业通过 OFDI 培育竞争优势的成功概率。

技术先进的国外企业对外投资时，只有技术差距很小（$t_h - t_f < (1 - A + t_f)/2$），技术落后的企业实施防御型 OFDI，才可能实施交换威胁战略，成功培育竞争优势。防御型 OFDI 竞争优势培育战略额外成本的临界值随溢出程度的提高而增大。技术落后的国内企业 OFDI 额外成本临界值增大的幅度，与双向溢出程度和技术差距直接相关。当双向溢出程度较小（$0 < \theta \leqslant 0.5$）时，技术落后的对外投资企业额外成本临界值上升幅度与溢出程度同方向变化，即双向溢出程度的提高、落后企业溢出转移能力的提高有利于防御型 OFDI 企业的竞争优势培育。而双向溢出程度较大（$0.5 < \theta \leqslant 1$）时，若技术差距较大（$(1 - A + t_f)/2 \leqslant t_h - t_f$），即使 OFDI 额外成本为零，企业也缺乏对外投资的动力，即技术落后的国内企业理性行为是不实施防御型 OFDI 战略。

总之，在国际直接投资双向溢出条件下，技术落后企业基于威胁交换和吸收对方溢出的动机而选择防御型 OFDI 培育战略。影响该战略实施的关键因素是二者技术差距，不再是溢出程度。与只考虑逆向溢出相比，此时要求落后企业与先进企业的技术差距更小方可实施这一战略。隐含的经济含义是东道国企业与跨国企业的研发投入、强度与效率非常接近。与后者不同的是，防御型 OFDI 竞争优势培育战略实施的外部环境与溢出程度没有必然关系。实施该战略的外部环境与溢出程度没有必然关系，比如溢出程度增大至逆向溢出时，技术先进的国外企业限于国内经营，双向溢出时国外企业却对落后企业所在国投资，大的技术差距使落后企业无法实施防御型竞争优势培育型 OFDI 战略。同时落后企业通过 OFDI 培育竞争优势的成功率与溢出程度不再是线性关系。当溢出程度上升至较大范围时,溢出增加反而不利于企业实施防御型 OFDI 战略。似非而是的背后是新兴经济体跨国企业实施 OFDI 竞争优势培育战略成功率明显不及发达经济体跨国企业竞争优势培育成功率的残酷现实,这也是本书以双向溢出为研究的立足点的根源。

第五章　吸收能力内生性与对外投资企业竞争优势培育

大多数发展中国家引进外资的绩效表明，技术落后的东道国企业吸收能力满足获取技术先进的跨国企业溢出要求不具有一般性。而在第四章的研究中，事先假定对外投资企业吸收能力满足获取国际直接投资逆向溢出的要求可能与对外投资企业竞争优势培育的实践相冲突。因此，本章考虑企业吸收能力的要求和根据学者研究共识，将影响企业吸收能力的主要因素归结为企业的 R&D 活动，将企业吸收能力构造为自身 R&D 产出的函数，在此基础上，构建完全信息的三阶段两国双寡头古诺模型。① 通过两国双寡头古诺博弈均衡解的比较分析，确立对外投资企业培育竞争优势的条件，然后将吸收能力内生和外生的对外投资企业培育竞争优势条件进行比较，进而揭示出对外资企业的竞争优势培育机制。

第一节　基准模型与吸收能力内生性

一、双向溢出、R&D 投资与对外投资企业竞争优势培育的基准模型

假设国家 F 和 H 分别有一个国内企业 f、h 生产相同的产品，企业

---

① 考虑到在对外投资企业培育或利用竞争优势的实践中单向溢出并不常见，所以本章选择双向溢出进行研究。如果是单纯通过吸引逆向溢出，势必遇到技术发达经济体或局部技术发达经济体的反感与抵制，竞争优势培育目标面临的风险大，尤其是当前投资保护主义在竞争优势培育型 OFDI 的发达东道国盛行和逆全球化思潮的影响日趋扩大背景下，更加需要存在双向溢出，以化解新兴经济体跨国企业面临来源国劣势及外来者劣势，从而降低竞争优势培育失败风险。具体原因参考第三章与第四章相关内容。

第五章 吸收能力内生性与对外投资企业竞争优势培育

异质性表现为技术水平的不同。由于二者 R&D 投入资金与效率的不同，进而引起 R&D 产出差别，导致技术存在先进与落后之分。D'Aspremont 与 Jacqucemin（1988）总结实证研究成果后发现，R&D 投入与产出的技术可能性并没有显示 R&D 活动存在规模经济。这一结论被学者广泛用于 R&D 研究之中，在此基础上构建以 R&D 产出的二次方为特征的 R&D 投入函数。① 本章将企业 $i(=f,h)$ 的 R&D 投入函数直接构造为 $3k_i^2/4$。② 企业 h 限于国内经营，企业 f 对是否进行 H 国直接投资做出选择。

根据本章研究目的，结合 Retit 与 Sandaccio（2000）、Siotis（1999）的成果构建完全信息的三阶段两国双寡头古诺模型。在博弈发生之前，两个企业都在其国内生产、销售产品。博弈分为三个阶段：第一阶段，企业 f 决定是否对外投资。若选择对 H 国投资时，用 $S_f = D$ 表示；若限于国内经营时，用 $S_f = N$ 表示。第二阶段，企业 f、h 进行 R&D 投资决策，可确定企业市场竞争时相应的技术水平。第三阶段，若企业 f 选择对 H 国投资时，二者在 H 国市场上进行数量竞争，根据销量决定产品的生产量。

假设 H 国市场容量超过 F 国，两国市场产品的反需求函数为线性并将其标准化。令 F 国市场产品的反需求函数为 $p_F = a_F - q_{fF}$，$0 < q_{fF} < a_F$，其中，p_F、q_{fF} 分别为 F 国市场产品的价格物和需求量。若 $S_f = D$，企业 f 产品在 H 国市场的需求为 q_{fH}，企业 h 在本国的需求量为 q_h，H 国市场产品价格为 P_{H0}，令企业 h 的产品反需求函数为 $p_H = a_H - q_{fH} - q_h$，$0 \leq q_{fF}$，$0 < q_h$，$q_{fF} + q_h < a_H$。若 $S_f = N$，H 国市场产品的反需求函数为 $p_H = a_H - q_h$，其中，$0 \leq q_{fF}$，$0 < q_h < a_H$。③ 由于企业 f 和 h 只存在技术差别，因此不考虑技术因素时，企业产品的边际成本相同，令其为 A。假

---

① D'Aspremont Jacqucemin（1988）最先构造出以 R&D 产出二次方为特征的 R&D 投入函数，随后 Simpson Vonoras（1994）、Ether 与 Markusen（1996）、Amir 与 Wooders（2000）、Sanna – Randaccio（2002）、Petit 与 Sanna – Randaccio（2000）等大量研究 R&D 活动的学者都采用这种形式。
② R&D 投入函数的系数大于 3/4 时，企业博弈均衡时 R&D 投入更小，不利于溢出的吸收，小于 3/4 时，不能满足二阶条件。
③ 当企业 f 在 H 国只进行 R&D 以吸收对方的溢出，没有进行产品销售时，产量为 0。

设 $a_I - A = m_I$，$m_H/m_F = 1.5$，$m_F = 2m(m>0)$，$m_I(=F,H)$ 反映 F（H）国市场容量的大小。假设技术对企业产品成本的作用和 Bjorvan 与 Eckel（2006）类似，当企业 f 限于国内经营时，企业 $i(=f,h)$ 产品的边际成本 $c_i^N = A - k_i$，$k_i < A$。考虑二者技术并非截然不同，R&D 活动存在一定的互补性，则企业 f 对 H 国直接投资，企业 f、h 会产生双向溢出，溢出程度具有对称性，令其为 θ_i 且 $0 < \theta_i \leq 1(i=f,h)$。① 产品的边际成本为 $c_i^D = A - k_i - \theta_i k_j$，$k_i + \theta_i k_j < A$，$i \neq j$，$i,j = f,h$。设企业 f 对 H 国直接投资时，相对于企业 h，存在额外成本 G（G>0）。

当企业 f 限于国内经营时，企业 f、h 的利润函数 π_f^N、π_h^N 分别为

$$\begin{cases} \pi_f^N = (a_F - q_f)q_f - (A - k_f)q_f - \\ \qquad 3k_f^2/4 = (2m + k_f - q_f)q_f - 3k_f^2/4 \\ \pi_h^N = (a_H - q_h)q_h - (A - k_h)q_h - \\ \qquad 3k_h^2/4 = (2m + k_h - q_h)q_h - 3k_h^2/4 \end{cases} \quad (5.1)$$

当企业 f 对 H 国直接投资时，f、h 的目标函数 π_f^D 和 π_h^D 分别为

$$\begin{cases} \pi_f^D = (2m + k_f + \theta_f k_h - q_{fF})q_{fF} + \\ \qquad (3m + k_f + \theta_f k_h - q_{fH} - q_h)q_{fH} - 3k_f^2/4 - G \\ \pi_h^D = (3m + k_h + \theta_h k_f - q_{fH} - q_h)q_h - 3k_h^2/4 \end{cases} \quad (5.2)$$

对于完全信息的三阶段博弈可采取逆向归纳法求解（弗登伯格等，2010）。首先假定企业 f 和 h 的技术水平（R&D 产出）既定，分别计算出二者限于国内经营的均衡产出 $\widetilde{q_f^N}$、$\widetilde{q_h^N}$，企业 f（在 H 国）对 H 国直接投资时，国内的均衡产出 $\widetilde{q_{fH}^D}$、$\widetilde{q_{fF}^D}$ 和总的均衡产出 $\widetilde{q_f^D}$、h 的均衡产出 $\widetilde{q_h^D}$，具体结果如（5.3）所示。

---

① i 是表示企业 $j(\neq i)$ 溢出的接受方，j 是表示企业 $i(\neq j)$ 溢出的提供方。

$$\begin{cases} \widetilde{q_f^N} = (2m + k_f)/2 \\ \widetilde{q_h^N} = (3m + k_h)/2 \\ \widetilde{q_f^D} = \widetilde{q_{fF}^D} + \widetilde{q_{fH}^D} = (2m + k_f + \theta_f k_h)/2 + \\ \qquad\quad (3m + 2k_f - k_h + (2\theta_f k_h - \theta_h k_f))/3 \\ \widetilde{q_h^D} = (3m + 2k_h - k_f + (2\theta_h k_f - \theta_f k_h))/3 \end{cases} \quad (5.3)$$

若企业 f、h 的溢出程度相同,令其为 θ 即 $\theta_f = \theta_h = \theta$,则双向溢出促进二者产品在 H 国市场的销售必须满足条件:企业 f 自身的 R&D 产出不能超过东道国企业 R&D 产出的 2 倍,才能保证从双向溢出中获益,即通过 OFDI 获得国外市场份额,使得利润增加或亏损减少而培育竞争优势;企业 h 从双向溢出中获益,需要类似的条件,即 $k_f < k'_f = 2k_h$,$k_h < k'_h = 2k_f$。企业 f、h 从双向溢出中利益博弈的结果,使得二者的 R&D 产出差别控制在较小的范围,即双向溢出使得企业对外投资时,东道国企业与跨国企业之间的技术差距控制在较小的区间。若 $k_f < k_h < 2k_f$,企业 f 对 H 国直接投资时,R&D 产出小于企业 h 的 R&D 产出,而前者 R&D 产出的二倍数量高于后者的 R&D 产出,即对外投资企业的技术水平落后于东道国企业,但技术差距不能过大。

二、内生于企业吸收能力的溢出程度分析

溢出程度外生的上述分析,实质上说明只要溢出产生,接受方就能获取,即企业无须进行技术学习投资就吸收外部溢出。大量的研究表明,接受方的吸收能力对企业是否获取溢出发挥决定性作用。企业必须进行技术投资使其吸收能力跨越门槛值——最低水平(Görg & Greenaway,2004)。因此,我们将溢出程度内生于企业吸收能力,用 $\theta = \beta$ 表示以区分上述外生的情形。

企业进行 R&D 投资,除产生新的技术知识外,还增强企业对外部溢出的吸收能力;随着 R&D 产出的增加,单位 R&D 产出引起企业吸收

能力的改善呈现边际递减特征（Cohen & Lenvinthal, 1989; Grunfeld, 2006），因此把企业 $i(=f,h)$ 的吸收能力 β_i 构造为

$$\beta_i = \beta_i(k_i) = 1 - (1+rk_i)^{-1} \quad 0 < r \tag{5.4}$$

r 反映企业 i 自身 R&D 产出对吸收外部溢出的促进作用强度。若 r 趋近于零，R&D 产出对吸收能力的促进作用可以忽略，企业 i 很难吸收溢出，进行 R&D 活动对获取溢出的帮助很小；若 r 越大，企业 i 越容易吸收溢出，自身 R&D 产出对溢出的促进作用越强烈。通过 r 这一参数，可确定企业自身 R&D 产出对获取溢出的影响。参数值越大，说明企业吸收能力效应越强烈。图 5.1 形象说明企业吸收能力 β_i 随参数 r 与企业 R&D 产出（k_i）的变化情况。企业 $i(=f,h)$ 的吸收能力 β_i 满足性质 $\lim_{k_i \to 0} \beta_i(k_i) = 0$，$\lim_{k_i \to \infty} \beta_i(k_i) = 1$，能保证 $0 < \beta_i \leq 1$ 成立，因此构造的吸收能力函数能满足溢出程度内生性要求。

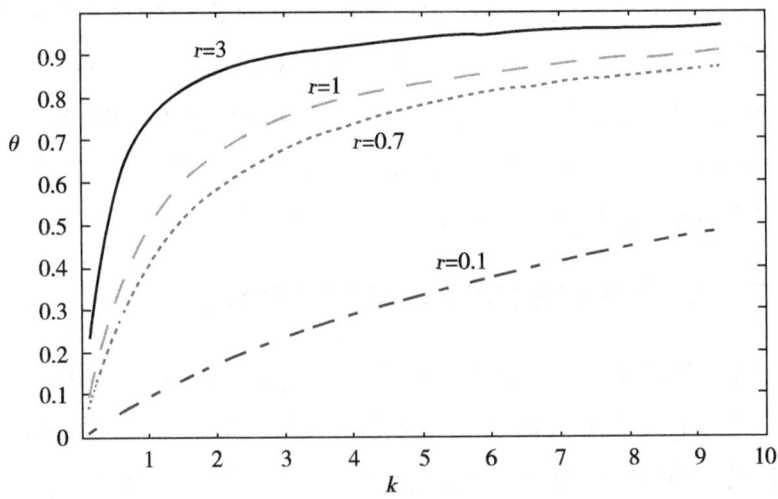

图 5.1　企业吸收能力 β_i 随参数 r 与企业 R&D 产出（k_i）的变化趋势线

将 (5.4) 代入 (5.3) 后分析发现，当且仅当 $2\beta_f k_h - \beta_h k_f > 0 \Leftrightarrow k_f < k_f' = 2k_h + 1/r$，$2\beta_h k_f - \beta_f k_h > 0 \Leftrightarrow k_h < k_h' = 2k_f + 1/r$，双向溢出方可促进

第五章 吸收能力内生性与对外投资企业竞争优势培育

企业 f、h 的产品在 H 国市场的销售。由于 r 反映企业 i 自身 R&D 产出对吸收外部溢出的促进作用强度且 $0 < r$，则 $k'_h < k_h^*$、$k'_f < k_f^*$。与溢出程度外生相比，考虑到企业吸收能力的关键性作用，双向溢出对产品销售的积极影响，导致企业之间 R&D 产出（技术水平）的差距明显加大。随着 r 的下降即企业 f、h 的吸收能力效应减弱，双向溢出导致技术差距的扩大效应更加明显。当企业 f 为对外投资企业时，R&D 投入低于东道国企业 h，引起 R&D 产出（技术水平）落后于对方。如果企业 f 的吸收能力效应较强（促进参数 r 较大），仍然可能使 $2\beta_f k_h - \beta_h k_f > 0$，对外投资企业同样可从双向溢出中获益。

第二节 R&D 投资、双向溢出与对外投资企业竞争优势培育

一、R&D 产出外生、双向溢出与对外投资企业竞争优势培育

企业 f 和 h 无须进行 R&D 投资决策，二者博弈由三阶段缩短到两阶段，保留溢出程度相同（$\theta_f = \theta_h = \theta$）假设。将（5.3）代入（5.1）(5.2)，[①] 不失一般性，事先假定均衡时企业 f 的 R&D 产出 $k_f = 1$，限于国内经营和对 H 国投资时 f 的均衡利润 $\overline{\pi_f^N}$、$\overline{\pi_f^D}$ 分别为

$$\begin{cases} \overline{\pi_f^N} = (2m+1)^2/4 \\ \overline{\pi_f^D} = (2m+1+\theta k_h)^2/4 + \\ \quad (3m+2-k_h+2\theta k_h-\theta)^2/9 - G \end{cases} \quad (5.5)$$

因企业 f 相对于东道国同行 h 的额外成本，通常变化不大，可把 G

[①] 由于 R&D 产出视为常数，此时无须考虑企业的研究开发投入。

视为常量。企业 f 是否对 H 国直接投资，由企业间双向溢出程度和企业相对技术水平决定（见图 5.2）。①

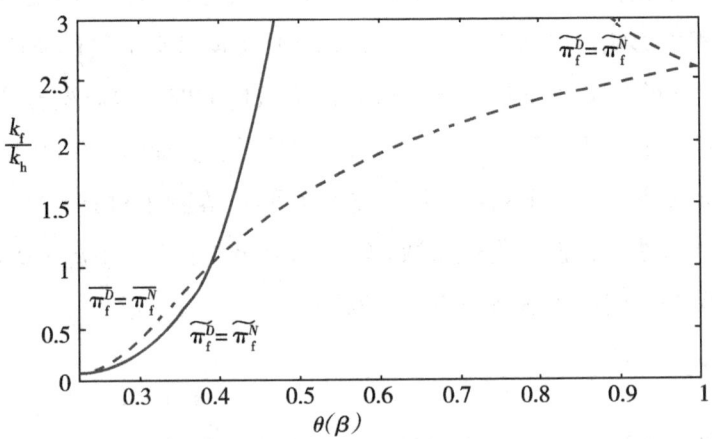

图 5.2　R&D 产出外生时企业 f 对 H 国市场的选择战略

注：出于简化分析的目的，曲线没有从零开始。

当溢出程度 θ 较小时，从曲线 $\overline{\pi_f^D} = \overline{\pi_f^N}$ 左侧观察，企业 f 从双向溢出中获得的利益不足以弥补对 H 国投资的额外成本 G。无论 f 是相对缺乏竞争优势（整体技术落后）的对外投资企业（$k_f/k_h < 1$），还是技术先进的跨国企业（$k_f/k_h > 1$）都不会对 H 国投资。相对缺乏竞争优势的企业，对外投资，相对于国内经营，不可能带来利润增加或亏损减少，因此不可能培育竞争优势。尽管 f 是整体技术落后的对外投资企业，对于任一既定的相对技术水平（$k_f/k_h < 1$ 且为一常数），必然存在最小的溢出系数 θ_{min}，使从溢出中获得的利益刚好弥补对 H 国投资的额外成本 G。若溢出程度超过 θ_{min} 时，f 将选择 OFDI 可培育竞争优势。曲线 $\overline{\pi_f^D} = \overline{\pi_f^N}$ 右侧显示企业 f 对 H 国直接投资，成功培育竞争优势时，溢出程度与相对技术水平组成的区域。若企业 f 对外投资和限于国内经营的利润

---

① 图 5.2 中 $G = 1, m = 11/4$。

（亏损）相同时，f 对二者的选择偏好无差异，曲线 $\overline{\pi_f^D} = \overline{\pi_f^N}$ 的任意一点，对应于使二者利润相等所要求相对技术水平和对应的溢出程度。随着企业 f 的相对技术水平（k_f/k_h）的下降（即 f 的技术越落后），若溢出程度保持与曲线 $\overline{\pi_f^D} = \overline{\pi_f^N}$ 所对应的程度，企业 f 从双向溢出中获取的利益下降，无法弥补海外经营的额外成本 G，而无法培育竞争优势，此时被迫放弃对 H 国投资。要使企业 f 对外投资和限于国内经营无差异，必然要求溢出程度相应加大。这说明曲线 $\overline{\pi_f^D} = \overline{\pi_f^N}$ 有向上倾斜的经济学含义。当企业 f 的技术水平非常落后（研发产出差距过大），即使完全溢出，从双向溢出中获取的利益不能弥补海外经营的额外成本 G，此时不存在通过 OFDI 培育竞争优势的可能性。

对外投资企业可能在东道国只进行 R&D 活动，通过吸收对手的溢出，转移至国内可降低国内成本，使总成本下降的数量超过其海外经营的额外成本，使得总利润增加或亏损减少。从本章第一小节的分析可知，R&D 投资实质上增强企业吸收能力，因此溢出程度内生于企业吸收能力，可弥补上述对外投资企业竞争优势培育分析的不足，将（5.4）代入（5.5），确定企业 f 在限于国内经营和对 H 国直接投资的均衡利润 $\overline{\pi_f^N}$、$\overline{\pi_f^D}$ 分别为

$$\begin{cases} \overline{\pi_f^N} = (2m+1)^2/4 \\ \overline{\pi_f^D} = (2m+1+\beta_f k_h)^2/4 + \\ (3m+2-k_h+2\beta_f k_h - \beta_h)^2/9 \end{cases} \quad (5.6)$$

当企业 f 限于国内经营时，二者均不在同一个国家，没有溢出，无论是否考虑企业吸收能力，f 的均衡利润保持不变，即 $\widetilde{\pi_f^N} = \overline{\pi_f^N}$。由 $k_f = 1$ 可知，$\beta_f = r/(1+r)$，$\beta_h = rk_h/(1+rk_h)$。针对考虑企业吸收能力和不考虑企业吸收能力进行比较，得出以下结论：

命题 5.1 在企业 f 和 h 的 R&D 产出既定前提下，若企业 f 对外投资，与不考虑企业吸收能力相比，企业 f 的利润下降即通过 OFDI 培育

竞争优势效率下降。①

在企业 f 和 h 的 R&D 产出既定前提下，若企业 f 对外投资，由于东道国企业 R&D 产出更大、吸收能力更强，使得对外投资企业从双向溢出中获得的利益相对减少，此时类似于不考虑吸收能力时溢出程度下降对其利润的影响。若对外投资企业的相对技术水平（k_f/k_h）保持不变，选择限于国内经营的概率上升，只有更大的溢出程度方可促使企业 f 对 H 国直接投资。

对于缺乏竞争优势（技术落后）的对外投资企业（$k_f/k_h < 1$）而言，企业 f 选择对外投资培育竞争优势的空间缩小（见图 5.2）。在跨国企业技术落后的前提下，对曲线 $\overline{\pi_f^D} = \overline{\pi_f^N}$ 和 $\widetilde{\pi_f^D} = \widetilde{\pi_f^N}$ 之间的区域而言，若不考虑企业吸收能力时，企业 f 对 H 国直接投资可培育竞争优势，而考虑吸收能力对溢出的影响，则已成为企业 f 放弃对 H 国投资，即通过 OFDI 无法达到培育竞争优势目标。若吸收能力效应非常强，即自身 R&D 活动的促进参数 $r \to \infty$，溢出程度都趋向于完全即 $\theta = \beta_f = \beta_h = 1$，无论是否考虑吸收能力，企业 f 的利润都相同，两条曲线 $\overline{\pi_f^D} = \overline{\pi_f^N}$ 和 $\widetilde{\pi_f^D} = \widetilde{\pi_f^N}$ 相交于一点。此时，不再是技术落后企业通过 OFDI 培育竞争优势，而是技术先进企业 OFDI 利用竞争优势。

---

① 命题 5.1 证明：

$$\left.\begin{array}{l} \theta = \beta_f = r/(1+r) \\ 0 < \theta < 1 \end{array}\right\} \Rightarrow r = \theta/(1-\theta) \Rightarrow \widetilde{\pi_f^D} =$$

$$\left.\begin{array}{l}(2m+1+\theta k_h)^2/4 + (3m+1+(2\theta-1)k_h)/9 + (1-\theta)/9(1-\theta+\theta k_h)\end{array}\right\} \Rightarrow \overline{\pi_f^D} - \widetilde{\pi_f^D} =$$

$$\overline{\pi_f^D} = (2m+1+\theta k_h)^2/4 + (3m+2-k_h+2\theta k_h - \theta)^2/9 - G$$

$$[6m + 2 + 4\theta k_h - \theta + (1-\theta)/(1-\theta+\theta k_h)][2k_h - \theta + \theta k_h/(1-\theta+\theta k_h)]/9 \Rightarrow$$

$k_h > 1$

$\overline{\pi_f^D} > \widetilde{\pi_f^D}$

二、R&D产出内生、双向溢出与对外投资企业竞争优势培育

技术落后的国内企业通过 OFDI 吸收国外企业逆向溢出时，自身 R&D 产出的大小明显影响到企业吸收能力的强弱。即使吸收能力效应（促进参数 r）保持不变，自身 R&D 产出的提升或下降都将影响企业 f、h 从双向溢出中获取利益。因此，在这一部分考虑企业 f 和 h 的三阶段博弈。

先不考虑企业吸收能力的高低，假定企业 f 和 h 的溢出程度相同，令其为 θ。求出 R&D 产出内生时，企业 f 限于国内经营和对 H 国直接投资两种情形下，f 相应的均衡利润 $\overline{\overline{\pi}}_f^N$ 和 $\overline{\overline{\pi}}_f^D$，h 相应的均衡利润 $\overline{\overline{\pi}}_h^N$ 和 $\overline{\overline{\pi}}_h^D$，具体结果如 (5.7) 所示。

$$\begin{cases} \overline{\overline{\pi}}_f^N = (2m + k_f)^2/4 - 3k_f^2/4 \\ \overline{\overline{\pi}}_h^N = (3m + k_h)^2/4 - 3k_h^2/4 \\ \overline{\overline{\pi}}_f^D = (2m + k_f + \theta k_h)^2/4 + [3m + 2k_f - k_h + \\ \quad (2k_h - k_f)\theta]^2/9 - 3k_f^2/4 - G \\ \overline{\overline{\pi}}_h^D = [3m + 2k_h - k_f + (2k_f - k_h)\theta]^2/9 - 3k_f^2/4 \end{cases} \quad (5.7)$$

对 (5.7) 求企业 $i(=f,h)$ 均衡利润对其研发投入的一阶导，令其为零，即 $\partial \overline{\overline{\pi}}_i^N / \partial \overline{\overline{k}}_i = 0(i=f,h)$、$\partial \overline{\overline{\pi}}_i^D / \partial \overline{\overline{k}}_i = 0(i=f,h)$[①]并进行联立，解方程组可确定企业 f 限于国内经营和对 H 国直接投资两种情形下，博弈均衡时企业 f 相应的 R&D 产出 $\overline{\overline{k}}_f^N$ 和 $\overline{\overline{k}}_f^D$，h 相应的 R&D 产出 $\overline{\overline{k}}_h^N$ 和 $\overline{\overline{k}}_h^D$，结果如 5.8 式所示。

---

① 企业 f 对 H 国直接投资，对于任意 $\theta \in [0,1]$，此时企业 $i(=f,h)$ 研发投入导满足二阶导 $\partial(\partial \overline{\overline{\pi}}_f^D/\partial k_f)/\partial k_f = 2\theta - 8\theta - 1 < 0$，$\partial(\partial \overline{\overline{\pi}}_h^D/\partial k_h)/\partial k_h = 2\theta^2 - 8\theta - 19 < 0$，这表明一阶导为 0，确定企业 f、h 的均衡研发投入可保证二者实现利润最大化。

$$\begin{cases} \bar{\bar{k}}_f^N = m \\ \bar{\bar{k}}_h^N = 1.5m \\ \bar{\bar{k}}_f^D = m(135 + 72\theta^3 - 450\theta^2 + 666\theta)/\varphi \\ \bar{\bar{k}}_h^D = m(192 - 24\theta^3 + 144\theta^2 - 288\theta)/\varphi \end{cases} \quad (5.8)$$

其中：$\varphi = 43 + 40\theta^4 - 260\theta^3 + 456\theta^2 - 92\theta > 0, \theta \in [0,1]$

命题 5.2 企业 R&D 产出内生且不考虑吸收能力对溢出获取的影响时，缺乏竞争优势的对外投资企业直接投资于 H 国，只存在于溢出程度较小的范围。对外投资企业的 R&D 产出随着溢出程度的提高而上升，东道国企业的 R&D 产出则呈现先增加后递减之势。若双向溢出超过这一范围，东道国企业就成为缺乏竞争优势企业，其 R&D 产出的特征保持不变，而相对缺乏竞争优势的跨国企业已转变为技术优势的跨国企业（即传统跨国公司），R&D 产出随溢出程度的提高，呈现先增加后减少的特征。

证明：$\varphi = 43 + 40\theta^4 - 260\theta^3 + 456\theta^2 - 92\theta > 0, \theta \in [0,1]$

$\bar{\bar{k}}_h^D - \bar{\bar{k}}_f^D = (57 - 96\theta^3 + 594\theta^2 - 954\theta)m/\varphi > 0 \Leftrightarrow 0 < \theta < 0.0621$

$$\partial \bar{\bar{k}}_h^D / \partial \theta = 24m(220 + 40\theta^6 - 480\theta^5 + 2544\theta^4 - 7336\theta^3 + 11031\theta^2 - 6780\theta)/\varphi^2$$

$$\partial \bar{\bar{k}}_f^D / \partial \theta = 18m(2281 - 160\theta^6 + 2000\theta^5 - 9116\theta^4 + 17304\theta^3 - 8206\theta^2 - 89900\theta)/\varphi^2$$

$0 < \theta \le 0.0343 \Rightarrow \partial(\partial \bar{\bar{k}}_f^D/\partial\theta)/\partial\theta \le 0$

$0.0343 < \theta \le 1 \Rightarrow \partial(\partial \bar{\bar{k}}_f^D/\partial\theta)/\partial\theta > 0$

$0 < \theta \le 0.0621 \Rightarrow \partial(\partial \bar{\bar{k}}_h^D/\partial\theta)/\partial\theta > 0$

$0.0621 < \theta \le 0.2267 \Rightarrow \partial(\partial \bar{\bar{k}}_h^D/\partial\theta)/\partial\theta \le 0$

$0.2267 < \theta \le 1 \Rightarrow \partial(\partial \bar{\bar{k}}_h^D/\partial\theta)/\partial\theta < 0$（见图 5.3 与图 5.4）。[①]

---

① 图 5.3 与图 5.4 中 $m = 11/4$。

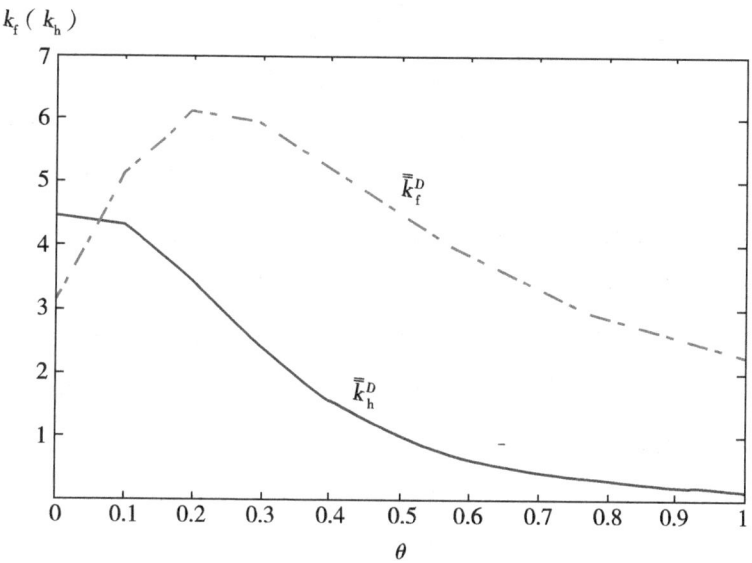

图 5.3　不考虑吸收能力时企业 f 和 h 博弈的均衡
R&D 产出与溢出程度关系

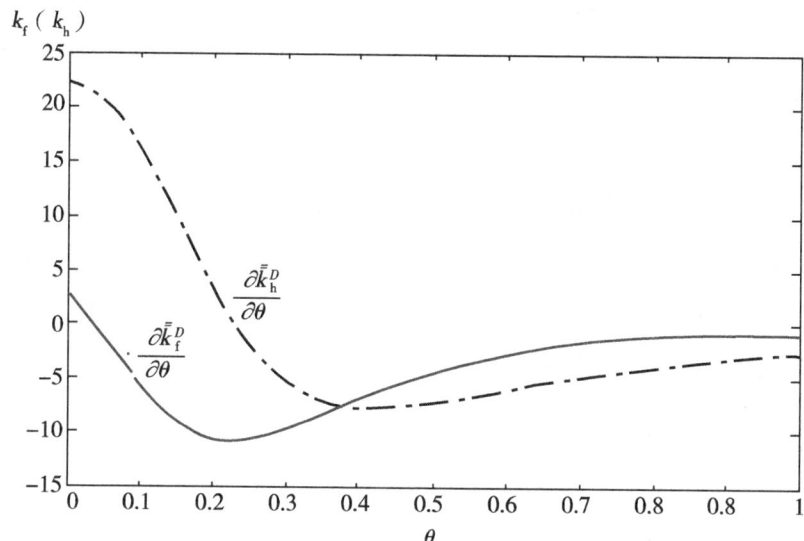

图 5.4　企业 f 和 h 博弈均衡时 R&D 产出变化与溢出程度的关系

D'Aspremont 与 Jacqucemin（1988）研究 R&D 溢出对一国企业研究开发投资影响时，发现 R&D 投入多的一方获取对手溢出的利益不足以弥补自身溢出的损失。因而可认为，对双向溢出而言，技术先进的国外企业从中获得的利益小于其损失，技术落后的国内企业则成为双向溢出的净受益者。当 f 是技术落后的国内企业，通过 OFDI 降低了产品成本，还能获取 H 国的市场份额，在一定条件下可成功培育竞争优势。随着溢出程度的增加，企业 f 增加 R&D 投资能加大在国外市场份额而受益更大，而东道国企业 h 只有在极小的溢出范围内，加大 R&D 投资方可使损失最小化。超过这一范围后，企业 h 的 R&D 投资随溢出系数反方向变化。由于企业 f 在国内外市场上生产经营，随着总的市场份额超过企业 h 时，R&D 投资增加。一旦其 R&D 产出大于企业 h，f 转变为技术先进的跨国企业，通过竞争优势培育实现对东道国企业技术水平的赶超，转变为竞争优势利用型 OFDI。海外市场的存在，使企业 f 面临 R&D 投资双重效应的权衡。一方面，增加 R&D 投资因双向溢出导致的损失加大；另一方面，R&D 投资的加大使其在 H 国市场份额增加。结果使 R&D 投资存在最优值，及其相应的溢出系数。当溢出程度超过该系数时，R&D 投资的负面效应占主导地位，企业 f 的 R&D 投资随之下降。h 作为东道国企业，而面对跨国企业的竞争，随着溢出系数的增加，R&D 投资下降速度减小，以实现双向溢出的利益最大化。

(5.7) 表明，在溢出程度内生时，与限于国内经营相比，企业 f 选择对 H 国直接投资时，并 R&D 投资更大，原因是企业 f 限于国内经营不存在双向溢出 ($\theta = 0$)。在三阶段博弈中考虑 R&D 内生于吸收能力时，企业 f 和 h 均衡时的利润 $\overline{\pi_f^D}$ 与 $\overline{\pi_h^D}$ 分别为

$$\begin{cases} \overline{\pi_f^D} = (2m + K_f + \beta_f K_h)^2/4 + (3m + 2K_f - K_h + 2\beta_f K_h - \beta_h K_f)^2/ \\ \qquad 9 - 3K_f^2/4 - G \\ \overline{\pi_h^D} = (3m + 2K_h - K_f + 2\beta_h K_f - \beta_f K_f)^2/9 - 3K_h^2/4 \end{cases}$$

(5.9)

由 (5.4) 可知 $\beta_f = rK_f/(1 + rK_f)$，$\beta_h = rK_h/(1 + rK_h)$ 代入 (5.9) 有

第五章 吸收能力内生性与对外投资企业竞争优势培育

$$\begin{cases} \overline{\pi_f^D} = [3m + 2K_f - K_h + 2rK_fK_h/(1+rK_f) - rK_hK_f/(1+rK_h)]^2/9 + \\ \qquad [2m + K_f + rK_fK_h/(1+rK_f)]^2/4 - 3K_f^2/4 - G \\ \overline{\pi_h^D} = [3m + 2K_h - K_f + 2rK_hK_f/(1+rK_h) - rK_fK_h/(1+rK_f)]^2/9 - \\ \qquad 3K_h^2/4 \end{cases}$$

(5.10)

对 (5.10) 求均衡利润 $\overline{\pi_f^D}$、$\overline{\pi_h^D}$ 关于 K_f、K_h 的一阶导,令其为 0,即

$$\begin{cases} \partial \overline{\pi_f^D}/\partial K_f = U[m, r, K_f, \overline{K_h}(r, m, K_f)] = 0 \\ \partial \overline{\pi_h^D}/\partial K_h = V[m, r, K_h, \overline{K_f}(r, m, K)] = 0 \end{cases}$$

(5.11)

因二者一阶导为零的条件都是关于 K_f、K_h 的高次函数,[①] 方程组很难求出可进行经济学分析的企业 f、h 研发产出解。运用赋值法求解。企业博弈均衡时,企业 f 的 R&D 产出用 $\overline{K_f}$ 表示,企业 f 的吸收能力用 $\overline{\beta_f}(r, \overline{K_f})$ 表示,$\overline{\beta_f}$ 同时也是企业 f 获取企业 h 溢出的程度。θ 为不考虑吸收能力时,f 获取企业 h 溢出的程度。我们发现,若 $\theta \in (0, 0.0621)$ 且 $\theta = \overline{\beta_f}(r, \overline{K_f})$ 时,$\overline{K_f} > \overline{\overline{K_f}}$,即考虑到吸收能力的作用和博弈均衡,对于相同的溢出程度,企业 f 的 R&D 产出(继而 R&D 投资)增加。

对企业 $i(=f, h)$ 吸收能力函数,即表达式 (5.4),求关于研发产出及其参数的二阶导为

$$\partial(\partial \beta_i/\partial k_i)/\partial r = (1 - rk_i)/(1 + rk_i)^3 \qquad (5.12)$$

结合图 5.1 可知,随着参数值 r 的增加,企业 i 的 R&D 投资增大,

[①] 其中:
$U(\cdot) = 0.5[(2m + K_f + rK_f\overline{K_h}/(1+rK_f)][(1 + r\overline{K_h}/(1+rK_f) - r^2K_f\overline{K_h}/(1+rK_f)^2] + 2[3m + 2K_f - \overline{K_h} + 2rK_f\overline{K_h}/(1+rK_f) - rK_f\overline{K_h}/(1+r\overline{K_h})][2 + 2r\overline{K_h}/(1+rK_f) - 2r^2K_f\overline{K_h}/(1+rK_f)^2 - rK_f/(1+rK_f)]/9 - 1.5K_f = 0$
$V(\cdot) = 2\{[2 + 2r\overline{K_f}/(1+rK_h) - 2r^2K_h\overline{K_f}/(1+rK_h)^2 - r\overline{K_f}/(1+r\overline{K_f})]\}$
$[3m + 2K_h - \overline{K_f} + 2rK_h\overline{K_f}/(1+rK_h) - rK_h\overline{K_f}/(1+r\overline{K_f})]/9 - 1.5K_h = 0$

而参数 r 对其投资的边际贡献递减。对于既定的 R&D 产出，单位 R&D 投资对企业的吸收能力提升作用下降。若 R&D 产出处于较高范围时，随着参数值 r 的增大，溢出程度提高同一幅度所要求的企业 R&D 投入更大，即企业 i 的 R&D 投资较小时，参数值 r 的递增导致其吸收能力曲线更加陡峭，而企业 i 的 R&D 投资较多时，引起参数值的增加，导致其吸收能力曲线更加平坦。因此，若参数值较小时，h 作为技术先进的东道国企业（国外企业）[①] 投入更多的 R&D 资金，从双向溢出获得的利益并不必然小于缺乏竞争优势（技术落后）的跨国企业（国内企业）f 从溢出中获取的收益；而参数值较大时，前者从溢出中获取的收益小于后者。

由于参数值 r 的变化使得双寡头古诺均衡时两个企业 R&D 产出的改变，R&D 产出的改变又影响到国际直接投资双向溢出的程度，而国际直接投资双向溢出是参数值 r 的函数，这使得吸收能力效应（用数值来衡量）与溢出程度在国际双寡头企业 f、h 博弈过程中的关系非常复杂。二者在 R&D 投资早期阶段，对于竞争对手的溢出，任一企业都可获取较大的溢出，因此较强的吸收能力效应（r 较大）引起两个企业都会产生较大的溢出程度。但是对于任一促进参数，由于 f 为缺乏竞争优势（技术落后）的跨国企业，最优 R&D 投资小于对手 h 的最优 R&D 投入，从而 f 获得企业 h 的溢出程度小于企业 h 获取企业 f 的溢出程度（即 $\overline{\beta_f} < \overline{\beta_h}$）。当吸收能力效应较弱（$r$ 较小）时，通过自身的 R&D 活动提升吸收能力有限，企业 h 较多的 R&D 投资对溢出程度差距（即 $\overline{\beta_h} - \overline{\beta_f} > 0$）影响很小，这使企业 h 投资 R&D 的动机并不强烈，引起企业 f 投资 R&D 也较小。无论 R&D 产出是外生还是内生，相同的溢出程度，企业 f、h 的 R&D 投资差别不大。随着参数值 r 的增大，相对于企业 f 而言，企业 h 投入更多的 R&D 资本对扩大溢出程度差距（即 $\overline{\beta_h} - \overline{\beta_f} > 0$）的作用下降。不过只要 r 处于较小的范围，企业 h 增加 R&D 强

---

① $\theta \in (0, 0.0621)$ 且 $\theta = \overline{\beta_f}(r, \overline{K_f})$，使 f 为缺乏竞争优秀（技术优势）的跨国企业。

度仍然是有利可图。因此，随着参数值 r 的适度递增，进而吸收能力提高，在 R&D 产出外生和内生的两种情况下，对外投资企业 f 与东道国企业 h 的 R&D 投资差距扩大。

当吸收能力效应达到一定程度以后，企业 h 自身的 R&D 活动对获取对方溢出程度的边际贡献不如对方，使企业 h 倾向于减少 R&D 投资，而企业 f 将加大 R&D 投入。当 r 比较大时，不论自身 R&D 活动的数量和程度如何，双方都能从对手的溢出中获取较大的利益，R&D 溢出的负效应起主导作用，使得双方的 R&D 投资都下降。当 r 趋向无穷大时，无论是否考虑 R&D 产出对企业吸收能力的促进作用，企业 f 在这两种条件下的 R&D 投资没有差别。

考虑吸收能力效应后，同样数量的 R&D 投资会使对外投资企业的溢出程度提高，这可能使其获得的利润大于不考虑吸收能力作用时的情形，进而有助于技术落后的对外投资企业通过吸收 FDI 逆向溢出而培育竞争优势。对于弱的吸收能力效应，由于溢出程度差距（即 $\overline{\beta_h} - \overline{\beta_f} > 0$）的加大，对外投资企业 f 与东道国企业 h 的技术差距加大，从国际直接投资逆向溢出中获得的收益不足以弥补额外成本 G，f 的利润是其获得对方技术的溢出程度 $\overline{\beta_f}$ 的减函数，导致整体亏损加大或利润下降，无法成功培育竞争优势。强的吸收能力效应继而产生较大的溢出程度，使企业 f, h 的溢出程度差距缩小。而企业 f 的利润是溢出程度的增函数，通过对 H 国直接投资，缩小了技术差距，使整体亏损减少或利润上升，可成功培育竞争优势。

与 R&D 产出外生相比，R&D 产出在内生条件下，随着溢出程度的提高，技术落后于国外企业的跨国企业 f，国际市场选择的均衡策略将从 OFDI 转向限于国内经营，即通过 OFDI 培育竞争优势的失败率上升。当溢出程度超过一定范围后，R&D 产出，无论是在内生还是外生条件下，落后企业均限于国内经营，OFDI 不可能培育竞争优势。当然技术落后企业在进行国际市场决策时，还受到国外产品市场规模和海外额外经营成本的影响。海外市场规模（m_H）的扩大有利于企业 f 选择对 H 国直接投资，而额外经营成本 G 较大时，降低 OFDI 培育竞争优势的成功率。因此，可得到命题 5.3。

命题 5.3 在企业 R&D 产出内生前提下，与不考虑吸收能力相比，对于相同的溢出程度，吸收能力作用使技术落后（竞争劣势）的对外投资企业 R&D 投入增加，R&D 投入增加的程度与企业溢出的吸收能力效应强度并非单调关系。吸收能力效应较强时，对外投资企业 R&D 投入随效应增强而增加。技术落后的对外投资企业与技术先进的东道国企业古诺博弈均衡时，前者的国际市场选择策略是自身 R&D 活动产生的吸收能力效应强度的函数。强的吸收能力效应使对外投资企业选择通过吸收 FDI 逆向溢出、缩小技术差距而培育竞争优势，弱的吸收能力效应使对外投资企业技术差距加大、整体利润下降或亏损加大而不能通过 OFDI 成功培育竞争优势，理性选择是限于国内经营。

三、结论

在双向溢出和溢出的空间局限性背景下，我们构建一个三阶段技术水平不同的两国双寡头古诺模型。通过古诺均衡解的比较分析，以吸收能力内生的为角度，确定缺乏竞争优势（技术落后）的企业对外投资相对于经营范围限于国内，整体利润增加或亏损减少须具备的条件，从而阐述对外投资企业培育竞争优势机制。

当企业 R&D 产出既定时，无须考虑 R&D 投资决策，两国双寡头博弈由三阶段简化两阶段，保留二者溢出程度相同的假设。对于任一既定的相对技术水平（$k_f/k_h < 1$ 且为一常数），存在最小的溢出系数（$\theta_{\min}$），使技术落后的对外投资企业 f 从国际直接投资逆向溢出中获得的利益刚好弥补对外投资的额外成本（G）。只要溢出程度超过最小值（$\theta_{\min}$）以后，对外投资企业整体利润增加或亏损减少，可成功培育竞争优势。引入吸收能力的影响，即考虑自身 R&D 投资对企业吸收能力水平的提升效应，若对外投资企业的相对技术水平（k_f/k_h）保持不变，选择限于国内经营的概率上升，即 OFDI 培育竞争优势的失败概率上升。只有更大的溢出程度方可促使企业对 H 国直接投资实现竞争优势的培育。对于

缺乏竞争优势（技术落后）的对外投资企业（$k_f/k_h < 1$）而言，考虑企业吸收能力与不考虑企业吸收能力相比较，前者成功培育竞争优势的空间缩小。若吸收能力效应非常显著，即自身 R&D 投资对企业吸收能力的提升作用非常明显，双方吸收能力效应均非常明显，而技术先进的国外企业从溢出中收益更大，技术落后的对外投资企业无法达到竞争优势培育目的，只能限于国内经营。

企业 R&D 产出内生，即在模型中考虑企业的 R&D 投资决策，二者的博弈由两阶段扩展到三阶段。先不考虑吸收能力对溢出获取的影响时，对外投资企业实现培育竞争优势战略，限于溢出程度较小的范围。对外投资企业的 R&D 产出随着溢出程度的提高而增加，东道国企业的 R&D 产出则呈现先增加后递减持续。若双向溢出超出这一范围，东道国企业转变为对外投资企业，利用竞争优势，技术落后的跨国企业被迫放弃对外投资。二者 R&D 产出的特征保持不变。引入吸收能力的影响，我们发现，考虑企业吸收能力与不考虑企业吸收能力相比，对于相同的溢出程度，吸收能力作用使跨国企业的 R&D 投资增加，但增加的程度与吸收能力效应强度并非单调关系。吸收能力效应强度较大时，对外投资企业 R&D 投资增加幅度达到最大。企业的国际市场选择策略，首先是自身 R&D 活动所产生的吸收能力效应强度的函数。强的吸收能力效应使缺乏竞争优势（技术落后）的对外投资企业可培育竞争优势，弱的吸收能力效应使其限于国内经营，技术落后的企业无法通过 OFDI 培育竞争优势。技术落后企业在进行国际市场决策时，必然受到国外产品市场规模和对外投资额外经营成本的影响。国外市场规模的扩大有利于技术落后企业通过 OFDI 培育竞争优势，而对外投资的额外经营成本增加，提高技术落后企业通过 OFDI 培育竞争优势失败的概率。

第六章 对外投资企业竞争优势培育的案例研究

前面的研究表明：

（1）技术落后于东道国企业的跨国企业通过吸收国际直接投资逆向溢出而提升产品技术含量、增加市场份额，使之整体利润增加或亏损减少，达到了培育竞争优势目标。随着投资保护主义的复活和发达经济体逆全球化思潮的兴起，对外投资企业竞争优势培育因面临东道国较大的抵制和反感而失败的风险显著加大。既有研究成果显示对发达经济体开展竞争优势培育型 OFDI，新兴经济体跨国企业除了面临外来者劣势，还存在来源国劣势，比如中国企业在欧美国家对技术知识密集型企业或高端制造企业的并购，通常会遭受不公平的待遇。只有通过双向溢出，方可化解来源国劣势及外来者劣势，才能达到降低竞争优势培育型 OFDI 的失败风险。东道国行业需求增长、企业技术学习困难不大，或东道国行业发展迅速，或衰退非常严重而企业技术学习非常容易，相对缺乏竞争优势的跨国企业均应加速向子公司转移技术，促进国际直接投资的溢出和东道国经济增长，才能实现互利共赢；实施竞争优势培育战略，应考虑技术发达经济体或局部技术发达经济体东道国企业间的技术学习投资差异性；东道国行业需求的增长与下降，对跨国企业的技术转移和东道国企业的技术学习投资影响不完全相同。

（2）企业技术水平的高低，在相当程度上可归结为二者 R&D 活动的投入规模和效率方面的差别。而企业技术水平的高低引发技术优势（竞争优势）与技术劣势（竞争劣势）。只要二者在 R&D 方面的差异可使技术差距控制在一定的范围内，缺乏竞争优势的跨国企业吸收能力足以满足获取对方溢出的要求。当二者差别较小时,溢出程度大到足以使溢出对技术先进的国外企业竞争优势的耗散效应超过市场扩张效应而限于国内经营,技术落后的跨国企业因寻求 FDI 逆向溢出而对技术先进企业所在国直接投资,可培育竞争优势。当国内外企业之间 R&D 活动的投入和效率的差别较大时,尽管 FDI 逆向溢出削弱国外企业的竞争优势,溢出程度较小时,技术先进企业的市场扩张效应超过竞争优势的耗散效应,可选择对落后企业所在国直接投资,缺乏竞争优势的跨国企业则出于实施交换威胁战略和溢出吸收的动机对先进企业母国直接投资可培育竞争优势。

(3) 相对缺乏竞争优势的跨国企业在某一领域具有技术优势,而整体落后于东道国企业时,与技术先进企业之间存在双向技术外溢。若前者吸收能力位于临界水平之上时,只有在一定的技术差距范围内,缺乏竞争优势的跨国企业对外投资的可能性将随溢出(实质是技术)转移成本的下降或溢出程度的提高而增加,培育竞争优势的成功概率上升。超过这一范围,即使溢出转移成本为零或完全溢出,缺乏竞争优势的跨国企业将限于国内经营,实施 OFDI 无法培育竞争优势,反而导致企业利润下降或亏损增加。考虑双向溢出与只考虑逆向溢出相比,技术差距更小方可实施竞争优势培育性 OFDI 战略,其隐含的经济含义是企业间 R&D 投入和 R&D 效率非常接近。当技术先进企业限于国内经营时,技术落后的对外投资企业成功培育竞争优势的概率随双向溢出程度的提高或溢出转移能力的提高而增加,即进攻型竞争优势培育型 OFDI 战略的实施与溢出程度、溢出转移能力呈正相关;当技术先进企业对外投资时,只有比进攻型竞争优势培育型 OFDI 战略更小的技术差距,落后的对外投资企业通过交换威胁和溢出寻求才可能培育竞争优势,即实施防御型竞争优势培育型 OFDI 战略的主导因素是技术差距而不再是溢出程度。实施该战略的外部环境与溢出程度没有必然关系,比如溢出程度提高至逆向溢出时,技术先进的国外企业限于国内经营,双向溢出时国外企业对落后企业所在国投资,而大的技术差距大导致落后企业无法实施防御型竞争优势培育型 OFDI 战略。竞争优势培育的成功率与溢出程度不再是正相关。溢出程度上升至较大范围时,溢出增加反而不利于防御型 OFDI 竞争优势培育战略的实施。

(4) 企业自身 R&D 活动提高了技术学习效率,降低了技术学习的难度,从而增强溢出的吸收能力。溢出的增强效应与企业是否具有技术优势没有直接联系,而与企业促进自身 R&D 强度和 R&D 活动效率直接相关。只有自身 R&D 活动对企业吸收能力的效应较显著时,技术落后于国外企业的跨国企业通过 OFDI 可培育竞争优势。

这些结论是否能解释以及多大程度上可解释新兴经济体(尤其是中国)对外投资企业培育竞争优势?考虑到中国在全球经济格局中的地位,本章选择两个竞争优势培育型 OFDI 的案例,归纳同属于新兴经济体企业即三星电子和上汽集团对外投资竞争优势培育绩效的经验教训,比较分析、探究二者绩效差异的根源,总结中国对外投资企业竞争优势培育的启示。这样既可验证上述结论,还可发现影响竞争优势培育型 OFDI 的其他因素,进而克服前面数理模型研究的不足,增强了对中国竞争优势培育 OFDI 实践指导的有效性。

第一节 上汽集团收购双龙与罗孚的竞争优势培育研究

一、上汽集团收购双龙、罗孚的背景与历程

上汽集团是上海汽车集团股份有限公司的简称,从事整车商用车与零部件(研发、生产、销售)和移动出行服务业务以及汽车相关金融、保险、投资业务。2019 年 7 月,上汽集团以上一年度 1363.925 亿美元的合并销售收入,第十五次入选《财富》杂志世界 500 强,排名第 39

第六章　对外投资企业竞争优势培育的案例研究

位，在此次上榜的全球汽车企业中名列第 7。① 上汽集团的前身——上海市内燃机配件制造公司，成立于 1955 年，与上海市动力设备制造公司合并后，1969 年成功试制国内第一辆小轿车，后命名为上海牌，投产多年成为改革开放初期国内唯一批量生产的民用轿车（何志毅等，2011）。改革开放以来通过与全球汽车巨头合资，由地方性制造企业跃居国内四大汽车集团行列。双龙前身是 1954 年成立的东亚汽车公司，后并入双龙集团，通过与德国奔驰汽车公司组建合资公司，迅速发展为韩国第五大汽车企业，主要制造中、高档四轮驱动越野车和轿车，并生产大型客车、特种车、汽车发动机及零配件。罗孚，作为英国著名汽车企业，1904 年生产世界上第一辆具有中央底盘的汽车，并首次在轿车上应用汽车燃气涡轮发动机和四驱技术，拥有全球豪华 SUV 的知名品牌——路虎（Land Rover），被誉为英国汽车工业的旗帜。②

在国家汽车产业自主品牌战略政策的推出背景下，上汽集团成立了汽车工程院，力求与著名汽车跨国公司合资，辅之以自主研发，开发具有知识产权的车型。与德国大众汽车集团合资，对方通过掌控企业研发、规划和市场营销等关键岗位，严禁中方人员对产品进行丝毫修改以阻止技术创新能力的培育，将少许的技术学习限制在合资企业内部而成功控制了技术溢出；大众为阻止上汽集团快速掌握技术，不参与上汽集团研发，即使是 20 世纪 80 年代过时的桑塔纳轿车技术平台也拒绝转让，更没有对上汽集团提供轿车生产制造的核心技术，反而要求上汽集团增加资金投入，导致上海牌轿车因技术与资金问题被迫停产；也不允许合资企业产品粘贴上汽集团的标识。美国通用汽车公司同时与多个国内汽车企业合资，有效降低了对上汽集团的依赖性，还借助高额的技术

---

① 除特别说明外，第六章第一节和第三节数据为笔者根据刘涛（2006）、王开乐等（2008）、陈竹（2009）、黄慧等（2009）、谈家隆（2009）、何志毅等（2010）、江诗松等（2011）、韩荟芬（2012）、石云鸣（2013）、李东红等（2014）、俞佳华（2014）、武常歧（2015）以及上汽集团、双龙官方网站整理而成。

② SUV 全称是 Sport Utility Vehicle，是运动型实用汽车，该种汽车拥有旅行车般的空间机能，配以货卡车的越野能力。

转让费用，迫使上汽集团视为自主品牌的多用途轻型客车——赛宝售价虚高而销量平平，最终退出市场（王开乐等，2008）。由于合资引进产品开发和自主品牌的努力均告之失败，胡茂元总裁2002年在上海市政府立下2007年自主品牌5万辆轿车的军令状，兑现压力空前加大，上汽集团被迫转向对跨国并购战略，试图通过吸收国际直接投资逆向溢出，带动技术能力的提升而开发自主品牌和培育竞争优势。

东南亚金融危机爆发后，出口萎缩和内需不振，韩元大幅贬值，双龙陷入严重的债务危机，被迫出售部分资产。2001年上汽集团下属公司——上海汇众汽车有限制造公司，以320万美元购得双龙重型车和大客车的生产设备与模具。两年后出于技术基础的考虑，放弃了Istana（双龙商务车）技术及设备的购买，而向集团递交可在3000亿~5000亿韩元范围收购双龙50%左右的构想报告。

基于利用双龙研发能力的利用，2003年3月，上汽集团与对方成立三个小组，就进口SUV[①]在中国的组装与销售、合作开发车型并贴上集团自主品牌标识，以及合作企业的财务法律等事宜，进行谈判。7月双方分歧仅限于细节。以韩国朝兴银行为首的债权团利用2001年后双龙持续盈利和2003年的销售收入及利润分别高达29亿美元和5.1亿美元之际，邀请包括美国通用、法国雷诺、雪铁龙等著名跨国公司在内的国际企业前来竞标，出售50%的股权。

上汽集团利用汇众提供的信息，开始了解韩国文化和社会风俗习惯，聘请上海通力律师事务所等第三方机构提供法律、财务服务，着手调查双龙等筹划收购事宜。同年11月，国内蓝星集团加入竞标行列，报价超过上汽集团、美国通用和法国雷诺等对手，以每股1.1万韩元的价格、"保留经营团队、不裁员，至2010年在双龙投资7亿美元和在中国投资3亿美元建立一万多个销售服务网络体系"的承诺被双龙列为优

---

① SUV是双龙的主要产品，俗称"油老虎"，与双龙其他中、高档车型一样，不适应小排量、低油耗的趋势，因此，双龙在国际油价飙升和小排放流行时期，容易失去市场。

先考虑对象。

上汽集团随即把主要精力转向罗孚，成立工作小组。在20世纪后期，融手工打造和奢华品质于一体的罗孚，受制于英国的汽车产业发展政策和宏观经济环境，因销量急剧下滑、经营不善而爆发严重的债务危机。2004年罗孚的控股方——凤凰控股开始来中国寻找买家，与跃进集团下属的南京汽车集团（简称南汽）秘密谈判，合作生产罗孚75型轿车。

2004年3月蓝星集团因价格问题与双龙谈判陷入僵局，最终因未获国家发展改革委员会批准而黯然退出。考虑到双龙掌握先进的动力技术（尤其是世界一流的柴油发动机技术和变速箱技术）、拥有800名工程师的研究所和SUV整车车型等无形资产，在国内银行贷款的支持下，上汽集团决定同时收购双龙与罗孚。同年4月利用罗孚资金严重紧张机会，撇开东华公司①迅速介入，率先以6700万英镑买下1.1L～2.5L全系列发动机和罗孚25、75车型核心技术的全部知识产权。

同年10月，上汽集团与债权团签订双龙转让协议，转让费为5909亿韩元。2005年元月并购双龙48.92%的股权，成为最大的股东。上汽集团为打消双龙工会的疑虑——获得技术后转移生产设备和关闭韩国工厂，签署特别协议，承诺保留既有管理层和研发机构始终留在韩国，保障现阶段全部员工的雇佣并追加投资。以上汽集团副总蒋志伟和双龙原社长苏镇琯为首的双代表董事制开始运转，双龙原管理层不变，上汽集团高管负责管理、资金、生产业务并发挥监督作用。基于应对中国汽车进口关税过高和提高双龙汽车对中国出口数量的双重考量，上汽集团决定将2005年的汽车销售计划扩大至2000辆，拟将整车进入转变为进口

---

① 东华公司是国家发改委牵头上汽与南汽以75：25的股份组成合资公司，其目的是用于合作收购罗孚以避免双方单边收购出价高。上汽集团没有成功购买罗孚剩余资源的主要原因是与罗孚在价格和分期付款方面分歧大，而资金紧张的南汽集团突然得到江苏省政府资金的大力支持，果断出手。

KD 件到中国组装。① 苏社长和双龙工会因担心技术转移和员工雇佣受损而强烈反对，导致该计划没有实施。

2005 年 3 月，上汽集团 5 名高管进驻，除陈虹因管理中外合资汽车企业的经历和经营被认可外，包括蒋志伟在内的其他管理层因资历和年龄而招致被双龙管理层和员工的强烈反对。上汽集团员工也难以接近双龙研发中心，核心的技术文件、新车试验规范等也无法获得。双龙没有对上汽集团产生国际直接投资逆向溢出。蒋志伟随即公开抛出 S－100 计划②：首先向中国出口全部组装完毕的双龙汽车，提高品牌知名度；俟时机成熟在中国建立双方各持一半股份的工厂，不再从双龙进口零部件组装并独自开发新车型；2007 年生产 SUV 新车。双龙工会随即派 7 名代表飞赴上海面见陈虹，陈述 S—100 计划将导致双龙零部件、核心技术和人才流失、员工雇佣和地区经济利益受损，迫使上汽集团向双龙承诺追加 4000 亿韩元的投资和扩大生产能力至 30 万台。6 月，上汽集团增持股份至 50.91%，成为绝对控股。

在竞标截止时刻，南汽以 6700 万买下罗孚的全部剩余资产，主要有整套的汽车研发和生产设备在内的完整资产、生产技术和设备在内的全部知识和生产线的 MGZR、MGZS、MGZT、MGTF 四款车整车，包括 V6 型发动机和 2 升、2.5 升的轿车用柴油机在内的三个系列的发动机生产平台、一个变速箱生产平台和包括 MG 品牌车型在内的一整套无形资产。为整合并购所得和早日扭转除依维柯外的各板块亏损，南汽名爵（MG）项目 2006 年 3 月正式启动。6 月、8 月 MG 第一、第二批配件出口至欧洲，10 月与英国知名汽车配件商签署配件供应合作协议，12 月首次实现中国汽车企业自主制造世界级发动机——MG 动力，并成功扭亏为盈。2007 年 4 月，在原 MG 技术基础上发展的名爵 7 系、名爵加长

---

① KD 即 Knock－Down，散装可分为 CKD（Completely－Knock－Down，全散装）和 SKD（Semi Knock Down，半散装）两种。

② S－100 是双龙 SUV 汽车系列第一款——凯龙（Kyron）在中国合资厂改型、国产化的代号。

版 7 系和 MG–TF 跑车 3 款产品，广受好评。上汽集团在罗孚知识产权的基础开发出的自主品牌"荣威 750"，与名爵 7 系非常类似，事实上二者均来自罗孚 75，底盘重合度高达 98%。因推出时间晚于南汽，难以得到国内消费者认可。同时上汽集团未能从宝马公司买到 Rover 商标，利用罗孚开拓海外市场明显受阻。

在江苏省政府转向与上海合作发展汽车工业背景下，南汽面临推进名爵（MG）项目资金不足的压力，开始主动回应、认可上汽集团改善关系的举措。在苏沪两地政府的大力推动下，基于提升上汽集团荣威产能和避免与名爵同源竞争的考虑，上汽集团收购南汽，支付 20.95 亿元给跃进集团，后者同时持有上汽集团 3.2 亿股份。上汽集团与南汽整合东华公司。前者拥有 75% 的股权，保留名爵项目，形成荣威与名爵自主品牌差异定位共同发展的态势。

2005 年上半年双龙亏损 6530 万美元，10 月上汽集团公开推行 S–100 计划。11 月 5 日以未能完成所承诺的盈利目标和缺乏有效提升双龙国际竞争力的举措为由，上汽集团解雇具有双龙创始人价值的苏社长及其 20 多位苏系高管，任命双龙产品开发部部长崔馨铎为代理总经理接任，同时对副总经理级别的财务、采购、营销和人事等职位派驻集团高管，以加强对双龙的控制。15 日双龙工会发动总罢工，要求"蒋志伟辞职、上汽集团履行追加投资承诺和抵制技术外泄"，开展对 S–100 计划的全面斗争，先后两次派代表到上汽集团沟通，实地调查这一计划的进展情况。

随着国际油价飙升和韩国政府结束对柴油消费的各种补贴，韩国国内市场日趋萎缩，以柴油动力为主和耗油量大为特征的双龙汽车销售锐减。2005 年双龙计划销售 17 万辆车的汽车，实际只卖出 15 万辆，导致收购前的盈利逆转为高达 1043 亿韩元的年度亏损。

2006 年 3 月，国家发展与改革委员会因担心国内生产设备过剩而否决了 S–100 计划。5 月上汽集团向双龙工会提出因经营危机而希望辞退部分员工和中断福利，招致员工在双龙总部集会严重抗议。双方围绕"追加投资、技术转移和裁员"冲突不断升级。在没有双龙工会参与的情况下，上汽集团与崔馨铎为首的双龙管理层贸然签署 L 计划。[①] 工会认为 Kyron 的全部研发费用约 3000 亿韩元，而集团的支付费用仅 240 亿韩元，因而 L 计划是上汽集团转移双龙技术的开始。7 月上汽集团授权双龙管理层向韩国劳动部提交裁员 550 名的方案。针对 L 计划和裁员方案，双龙工会成立"爱国斗争实践团"，在全韩国宣扬"中国企业带来的技术流失"的危害性与严重性，开展大罢工。8 月 30 日，上汽集团以撤回解雇计划、保障雇佣和 2009 年前每年投资 3000 亿韩元为代价，与双龙工会达成和解协议，结束罢工。49 天的罢工让双龙减产 1.6 万辆，损失 3 亿美元，销售环节受到严重冲击，直接葬送 2006 年扭亏为赢的发展态势。10 月，双龙工会与上汽集团分别承诺 2007 年不罢工和暂停合资及整合计划。

2007 年 3 月，上汽集团为促进双龙与荣威协同发展，决定创建共享平台。为积累实践经验，决定首先在中韩建立 C200 平台，[②] 试图通过与双龙分享技术资源、共同研发，实现 2009 年在中国、韩国分别投产一款中档入门型轿车和一款 SUV。2007 年双龙首次实现收购后盈利，销售额和营业利润同比分别增长 5.7% 和 61.5%，汽车出口 7.1 万辆创历史纪录。然而出口中国的汽车数量远不及收购后在中国建立合资的韩国同行，即后来者同行的销量，根源是同一性能的韩国汽车，因人工成本和关税导致双龙汽车的价格比在中国生产的同类型韩国汽车高出约 4 万元人民币。

2008 年次贷危机爆发，全球汽车销售市场萎缩、韩国信贷紧缩和韩元汇率波动严重冲击双龙汽车的销售。双龙缺乏其他韩国大型汽车企业拥有的金融服务公司和二手车公司，只能依靠大宇资本提供汽车

[①] L 计划是 S-100 计划的修订版，计划规定上汽集团有权使用双龙 SUV Kyron 车型的相关技术，并制造、销售基于该技术变更的衍生品与零部件。
[②] C200 平台实质是技术转移协议下的产品互利合作开发，不是单纯的双龙技术转移。

消费信贷，难以满足潜在买者的贷款服务需要；西欧各国政府因环保考虑和贸易保护而相继提高汽车排放门槛，对排放量未达标的国外车予以经济惩罚，双龙难以维持欧洲市场份额；因价格偏高、品牌影响力有限，上汽集团本身也陷入困境致使双龙汽车销售乏力。这些因素的作用，双龙没有如韩国现代、起亚分享中国SUV市场快速发展的成果，双龙销量从2007年的13.1万辆反而跌至2008年的9.27万辆，出口仅5.35万辆。

2008年下半年，双龙开始出现较严重的流动性短缺问题，先后向最大的债权人——韩国产业银行申请贷款，要求中国银行、中国工商银行在韩国的分支机构对"2亿美元一年期流动性贷款"再延期，申请贷款与再延期申请均遭到拒绝。12月双龙管理层决定进行结构调整，如将九个地区性总部缩编为五个，整合采购职能、暂停员工福利、取消在韩国市场推出中型轿车U100计划，拟裁员工数量达到2000位。双龙工会领导带领工会成员在中国驻韩国使馆前示威，在平泽市政府楼前集会，要求上汽集团筹资2亿美元支付职员工资，还以在平泽泄露核心技术为由扣留中方管理人员。月底上汽集团竟向双龙注入4500万美元现金以开展C200项目。

2009年1月，双龙工会召开记者招待会强调，针对上汽集团偷窃韩国技术、违背投资承诺行为提起损害赔偿诉讼和追究法律责任，并发起全体国民签名运动，决定将派遣到上汽集团的研发人员全部撤回，切断与上汽集团的公司网络联系。同年2月，双龙进入破产保护程序，上汽集团失去控制权。同年8月，上汽集团出清所持双龙全部股份，经济损失约34亿元人民币。

二、上汽集团收购双龙的竞争优势培育绩效分析

（一）收购双龙的竞争优势培育绩效

在创建自主品牌的过程中，上汽集团经历完全内部研发、深化合资合作、技术购买的失败后，转向跨国收购。考虑到可与其商用车优势互

补的 SUV 研发能力、先进的柴油发动机和变速器技术,上汽集团不惜以 41 亿元人民币的高价收购韩国双龙,随后试图通过双龙产品中国化、技术转让的 S-100 项目及修正的 L 计划和共同研发的 C200 项目等举措,吸收 FDI 逆向溢出,创立自主品牌,培育竞争优势。因苏镇琯为代表的早期管理层阻碍和紧随其后的系列罢工,这些举措很难付诸实行,终究未能生产出与双龙有关的自主品牌汽车,导致直接损失约 34 亿元,上汽集团产品在韩国市场销售下降与推广受阻。

(二)收购双龙竞争优势培育绩效不佳的根源与教训

从影响吸收能力和对外投资额外成本的关键因素——技术差距、研发与竞争优势培育型 OFDI 风险的角度出发,探究上汽集团收购双龙竞争优势培育绩效不佳的根源,并总结其教训。

第一,技术差距过大、上汽集团研发规模与研发强度相对偏小,使得收购双方的目标认知严重错位。双龙工会在 2003 年年底至 2004 年年初组织"敢死队"和多次罢工,反对中国企业(蓝星集团和上汽集团)收购。无论是工会、员工和管理层,双龙存在强烈的优越感,认为上汽集团缺乏累积的汽车产品研发能力,技术水平不入流,绝大多数员工在收购前没听说过上汽集团,只信服欧美著名车企,担心被经济发展水平落后的中国企业收购后,一旦学会技术,就会收缩、放弃双龙平泽工厂以降低生产成本,①双龙认为上汽集团跨国收购纯粹是为了获取技术,对双龙员工不解雇的承诺迟早会落空,短期双龙受益仅仅是因为持有上汽集团所需要的技术,一旦掌握这些先进技术,不可能再出现互利共赢(杨勃等,2016;杨勃,2019)。事实上,上汽集团技术过于依赖境外企业,加上满足政府零部件国产化要求,大量的研发资金被挤占、挪用在集团生产制造方面。即使在 2008 年、2009 年,研发强度也分别只有 2.76% 和

---

① 双龙员工年薪大约在 4 万~5 万美元,在全球范围内偏高;员工薪酬占到双龙汽车成本的 10%,而世界上其他汽车厂商的平均水平是 20%,中国只有 2%~3%。生产效率与高工资极不匹配。双龙员工为 7000 人,2007 年汽车产品量仅 1 万多辆;上汽通用汽车有限公司职员在 3000~4000 人波动,而一年汽车产量稳居在 15 万辆左右。

2.46%,这不仅低于国际同行水平,也低于自主创新显著的国内民营企业,如吉利集团 2007 年和 2008 年的研发强度均在 8%(江诗松等,2011)。由于自身的技术水平相对落后和技术情报信息缺乏,上汽集团无法把握汽车技术的发展方向,没有发现双龙汽车制造技术的耗油量大特征不符合汽车节能环保的发展趋势(事实上已经是被淘汰的相对先进技术),更不清楚双龙转让发动机技术须经德国奔驰汽车公司许可。较大的技术差距使双方难以形成认知一致的目标。上汽集团将双龙定位为支持自主品牌创建的海外技术平台;双龙则以技术留在平泽为筹码,确保员工的雇佣安全保障和企业在上汽集团中可持续发展。认知不一的并购目标导致后者有意控制溢出的产生,上汽集团吸收国际直接投资逆向溢出举步维艰。

第二,吸收国际直接投资逆向溢出急于求成,忽视双龙的经营绩效改善,后者加重双龙上下的疑虑和担忧,控制溢出的产生几乎成为双龙全体员工的共识。在上汽集团向双龙派出不被韩方认可的 5 名高管的第二天,并购项目组向集团提交双龙产品国产化方案,5 月确定双龙董事张海涛负责双龙 SUV 的中国项目,并初步选址江苏仪征。双龙工会随即起草具有最后通牒性质的《为履行特别协议而提出的签署补充协议的要求》。以苏镇琯为代表的双龙管理层,曾经因看中对方强大的中国销售网络可带动双龙汽车对中国的出口而认同上汽集团,认为相对于蓝星,还可为双龙提供稳定可靠的研发投资。随着苏镇琯逐渐丧失对董事会的控制,苏与其追随者开始与双龙工会合流,强烈反对合资建厂、合作研发。这两大因素使苏社长不仅未能发挥上汽集团预期吸收 FDI 逆向溢出的推动者作用,反而让其处于消极抵制和潜在对抗状态,比如苏社长利用其在双龙举足轻重的影响,在双龙研发部门设置障碍,阻碍上汽集团人员进入,指使、配合双龙工会阻碍上汽集团采取 FDI 逆向溢出的吸收举措。为扫除管理层对逆向溢出吸收的阻力,上汽集团贸然解除苏社长和苏系高管,上汽与双龙管理层矛盾公开化,加剧双龙的不认同。苏镇琯事实上在双龙的地位举足轻重:在 1999—2004 年"企业自治"

阶段，领导双龙成功化解东南亚金融危机，汽车产销创纪录；2001年开始扭亏为盈，2002年在韩国SUV市场占有率扩大至40%，员工无须担心失业。与此形成鲜明对照的是，上汽集团收购后却出现亏损。双龙认为集团并未把企业经营放在首位，而是着眼于攫取双龙的技术，苏社长被解雇的根源正是其坚决反对双龙技术转移和维护双龙利益所致。①上汽集团破格任命FDI逆向溢出吸收战略认同度较大的崔馨铎为代理社长，加快了竞争优势培育战略实施步伐，在2005年10月—2007年3月先后推出S-100计划、L计划和C200平台。即使是上汽集团后来任命的韩方管理层对这三大举措与集团的分歧仍较大。韩方管理层坚持S100车型的知识产权归双龙，集团只有制造和销售权，反对其作为上汽集团自主品牌，要求双龙掌握在江苏仪征合资生产厂的发动机控制权，还反对贸然将发动机中国化。在管理层中韩双方对L计划的分歧未消除时，双龙董事会居然向工会通报该计划，随后提交裁员986人的方案，诱发49天的大罢工。在与工会达成2007年搁置合资和整合协议不久，推出C200平台。利用双龙现金流严重短缺之际，上汽集团注入现金4500万美元以推行该计划。这些举措引致汽集团跨国并购进行大力推行技术获取以培育竞争优势战略、忽视双龙经营发展的嫌疑加重，加剧双龙的抵制与反感。

第三，持续的不履行甚至违背协议与承诺，在动摇彼此信任的基础上，无形中增加双方交流沟通的困难。屡经并购重组的双龙对任一收购方都不甚信任。②上汽集团收购后的第一次罢工的根源是双龙认为前者未能确保现阶段员工的雇佣安全，要求蒋志伟自动辞职。双龙工会认为产品转移与合资建厂，违背上汽集团利用网络促进双龙在中国销售的承

---

① 在双龙破产回生保护期间，苏镇琯仍被列为接管候选人之一。韩国法院在综合考虑各方利益平衡后，选择双龙常务负责人朴永泰、现代汽车前总经理李裕一为共同的法定接管人。

② 1997年双龙资金链断裂被大宇集团收购，1999年大宇集团解散，双龙分离成为独立的上市公司，至上汽集团收购前，处于债权团接管的"自治"状态，苏镇琯被债权团委任为社长。

诺,危及员工的后续雇佣。为平息罢工,集团除了公布双龙中长期战略规划,还声称到2010年累计投资25亿美元用于双龙的产能扩张、产品研发和销售网络。直至2008年12月底才注入不足5000万美元现金,竟以双龙企业日常运营费用的支付作为履行投资承诺进行辩解,集团总裁也以目前没有转移设备至中国的计划含糊言辞回应对方关切,加剧双龙雇佣安全的担心和敌视。在没有双龙工会参与情况下,上汽集团竟与管理层签署L计划,更是损害其宣传尊重工会的形象,破坏双龙工会参与经营决策的特别协议。

第四,对双龙工会缺乏足够的认知,导致在韩国社会网络嵌入度极低。跨国并购成功获取被收购方技术的关键因素是嵌入收购方及其环境的社会网络,赢得网络成员的接纳和认可(杨勃等,2016;杨勃,2019)。上汽集团在嵌入社会网络进程中,视双龙工会如国内工会,导致系列计划因双龙工会的坚决反对和多次罢工而难以吸收国际直接投资逆向溢出。双龙工会则成功利用韩国民众的"外资厌恶症"和大韩民族强烈的排外性与斗争精神,指控上汽集团转移技术和人才而赢得韩国社会的普遍支持,招致上汽集团诸多正常行为也不被韩国社会认可。[①] 事实上,韩国工会已经扩展传统的劳方利益代表功能至权力拥有者、政治机构和管理机构。韩国法律规定,罢工期间资方须按时支付工资以免除劳方的后顾之忧;拥有与资方谈判权的工会不能被资方控制。这些因素导致韩方工会的斗争性和对抗性在全球知名。双龙在上汽集团收购前运行处于"自治"状态,工会接受韩国斗争性最强的国家工会——韩国民主劳动联盟指导,因而双龙工会的保守强硬特征在韩国尤为突出,上汽集团收购很难在经营决策权上取得平等地位。收购时,双方签订的特别协议进一步强化了工会的力量,使工会成为影响上汽集团整合双龙的关键力量。上汽集团管理人员在第一次罢工早期,因不了解

---

① 无论是韩国检方"突袭"双龙平泽本部,扣留部分文件、办公电脑"取证",传唤包括上汽集团派驻人员在内的双龙管理层干部协助调查,还是第三方权威结构评估,上汽集团均不存在技术转移行为。

韩国法律和双龙工会，宣布冻结工资、税金在内的所有现金支付直至罢工结束，这加剧了罢工的激烈性和韩国民众的反感。罢工多以上汽集团的妥协结束。每次罢工结束后，邀请工会代表来上海参观，介绍上汽集团的历史、发展前景与企业文化，事实上这些行为并未影响罢工的后续发生。

三、上汽集团收购罗孚的竞争优势培育绩效分析

（一）收购罗孚的竞争优势培育绩效

上汽集团与蓝星集团竞购双龙失利后，迅速加入南汽与凤凰控股的罗孚谈判。尽管国家发改委为竞购行动撮合上汽集团与南汽集团组建东华公司，上汽集团利用资金优势率先以 6700 万英镑买下罗孚 1.1L～2.5L 全系列发动机和罗孚 25 车型、75 车型核心技术的知识产权，在此基础上成功开发出自主品牌"荣威"系列车型，并计划下一步购买罗孚资产。得到江苏省政府资金支持的南汽集团以 5300 万英镑（当时约合 8 亿元人民币）中标罗孚全部剩余资产，包括 MG 品牌车型的知识产权、英国工厂的整车及发动机生产线和模具。南汽通过自主创新能力建设成功开发出"名爵"系列车型，成功扭亏为盈。上汽集团收购罗孚车型相当长时间没有购买罗孚商标，被福特行使优先权购买罗孚商标，导致车型海外市场拓展受阻。同时与南汽因罗孚知识产权发生纠纷，国内市场竞争白热化。2007 年 12 月成功收购南汽，并通过荣威与名爵车型系列的品牌差异定位和协同发展。2016 年上汽集团乘用车扭转连续九年亏损，二者功不可没，尤其是荣威。荣威与名爵车 2019 年上半年在国内零售销量同比净增长 2.1%，海外及国内双品牌同比增长 4.4%。在上牌量方面，荣威一到六月份上牌量增长了 27.5%，整个乘用车整体增长了 19.8%。

（二）收购罗孚竞争优势培育绩效尚可的根源与经验

从影响吸收能力和跨国直接投资额外成本的关键因素——技术差距、研发与跨国竞争优势培育型 OFDI 风险的角度出发，阐述上汽集团

第六章 对外投资企业竞争优势培育的案例研究

收购罗孚竞争优势培育绩效尚可的根源，并总结其经验。

（1）量力而行，精准定位 FDI 逆向溢出。上汽集团收购罗孚时，标的物仅为其车型和技术资料等战略资产，并未涉及人员安排，并从自身的资金和技术基础出发，只收购部分车型，而不是全部，降低了吸收 FDI 逆向溢出的难度。收购双龙除了战略资产，还包括非战略资产，如双龙的一线工人并非是战略资产，还要付出这些工人收购后的巨额工资。双龙员工 7000 多人，技术人才不足千人，产能效率远低于上汽集团自身。双龙生产一辆汽车的人工费达到 6000 万韩元，是全球汽车业单车人工费平均水平的 2 倍，而中国汽车业单车人工费不及全球平均水平的 1/2。受蓝星集团收购的提价影响，收购价格超出最初预期最高价格的 18%，同时上汽集团收购前，双龙已经扭亏为盈。根据韩国有关机构分析，即使债权团不追加投资，双龙 5 年内也可独立生存。这使上汽集团收购后降薪的阻力非常大。为保证顺利收购，上汽集团还承诺雇用双龙全体员工。尽管国内银行对收购贷款的支持意愿非常强烈，政府资金与政策的支持力度大，双龙员工的薪酬和职位保障问题却始终成为上汽集团竞争优势培育型 OFDI 的"拦路虎"，并成为收购后罢工持续爆发的关键因素。上汽集团利用内部劳动成本优势，显著降低罗孚汽车的生产费用，通过高薪赢得与南汽争夺罗孚人才的领先地位，将罗孚全部高级技术人员全部吸收。2007 年并购 Ricardo2010 并更名为海外英国技术中心，60% 的工程师来自罗孚，15% 为国际一流的欧洲零配件供应商，其余为上汽集团派出学习的技术人员。

（2）有效整合南汽，快速提升技术能力。上汽集团在海外推销自主品牌荣威系列因未能获得 Rover 商标，面临侵权指控，跨国销售受阻；南汽凭借知名度较高的 MG 品牌车型的技术，开发自主品牌名爵扭亏为盈，拓展国际市场，却面临巨大的资金压力，而罗孚企业的技术人才大多留在上汽集团，严重制约 MG 品牌车型的技术持续创新。上汽集团发现合作能带来优势互补，主动提出合作倡议并得到南汽的积极回应。借助上海与江苏政府的强力推动，上汽集团顺利实现收购。为实现双方自主品牌的协同效应，上汽集团收购后，南汽原高管仍在集团担任重要管理职位，有的还提升了部分管理者职位。为加快与南汽文化融合，从制度与措施方面保证双方在规划、采购、研发、营销和制造方面的统一，实施荣威与名爵的差异化战略。在车型风格方面，荣威与名爵分别以稳健高贵和运动时尚为特色，国际市场主要推广名爵，荣威立足国内市场；根据两个自主品牌车型系列的发展整合和划分二者的生产基地，不再限于地域和品牌，重新配置双方的研发和技术力量，统一上汽集团在英国的研发中心和南汽在英国的生产销售网络，并直接注资南汽，以增强其生产研发后劲。

（3）协调内外研发，增强企业吸收能力，降低吸收 FDI 逆向溢出的交易费用。为消化罗孚技术，上汽集团将南汽在英国罗孚长桥基地招聘的员工和南原汽技术人才整合，并入英国技术中心和总投资 18 亿元的上汽集团汽车工程研究院，着力打造以研究院为中枢和中国本部（上海、南京）、英国技术中心、韩国双龙研发中心协同的整体联动研发体系。经英国最大的汽车开发机构 Ricardo 公司从中斡旋，成功雇用罗孚研发团队主力，其中，研发团队首席工程师、新产品工程与战略规划负责人 Daid Lindley 被任命为研究院首席工程师和英国技术中心总经理。新产品研发分为产品预开发、策略制定、概念开发、产品试制及试验与定性生产等五个阶段。英国技术中心与韩国双龙研发中心构成的海外研发机构负责前三个阶段，第四个阶段由海外研发机构和上汽集团工程研究院、中国本部合作完成，最后一个阶段由上汽集团汽车工程研究院完成。随着上汽集团国内技术能力的提升，第四阶段海外研发机构的职能逐渐淡化。英国技术中心主要为新产品提供技术支持，研究院通过与海外研发机构及时沟通与信息共享，针对中国国情与汽车消费需求，实现罗孚与双龙技术的本土化。上汽集团构建、运行"One Family"的研发组织管理模式，即"One 组织结构、One 组织技术团队、One 工作方式、One 决策流程和 One 交付模式"，显著提升集团联合研究开发的协助效率，降低国内外研发人才的交流沟通费用。

第二节 三星集团直接投资日本与美国的竞争优势培育研究

一、三星集团直接投资日本与美国的竞争优势培育战略背景与历程

三星集团成立于1938年，凭借自主技术和品牌，成为韩国最大的企业集团和全球著名跨国公司，业务涉及电子、金融、重工业、化学、工程与服务等，其中，电子是集团最大的业务领域，最主要的企业有三星电子、三星物产、三星生命。2017年、2018年，三星电子在《财富》杂志全球500强排名中位居第15位与第12位。①

随着韩国进入工业化时代，三星集团预测家电产品的需求急剧扩大，为稳定获得家电产品的核心部件——半导体，决定利用政府对电子行业在资金、技术情报和人才的支持，从当时利润率高的下属其他行业企业如重化工，抽取资金进入技术资本密集和周期短的DRAM（动态随机存储器）领域。DRAM门槛投资需要20亿~50亿美元，生产过程主要有设计—制造—封装—测试，其复杂性和难度导致建厂时间长，需要高昂的成本精密设备和核心材料，产品换代时间3年左右，仅有2~4年的市场主导期。

三星集团从1974年开始，一直向业内领先的美国德州仪器、摩托罗拉和日本的NEC、东芝、日立等公司接洽，试图获取DRAM的设计

---

① 除特别说明外，第六章第二节和第三节数据源于三星官网、中国三星官网和汪超等（2018）、李奋生等（2015）、李威（2013）、王达政（2010）、陶然（2010）、白保中等（2009）、蒋俊芳等（2008）、徐永仁等（2006）、王晓红（2006）、王志平（2005）、江积海（2005）、何健（2005）、金麟珠（1998）。

和制造的技术许可，屡遭拒绝。20世纪70年代后期，收购韩国首家半导体企业，通过这家企业的创始人——韩裔美籍科学家姜基东博士对工程师在半导体设计和生产方面的知识传授，掌握DRAM的基本技术。1981年为开发VLSC（大规模集成电路），成立半导体研究所。第二年再次向日本和美国同行申请64KDRAM的技术许可失败后，成立工作团队。团队用6个月时间，收集信息、分析技术和市场，制订了可行的海外技术措施。在一个月内拜访专家学者，尤其是半导体领域工作和大学执教的韩裔美籍人才。

全球半导体芯片市场的激烈竞争，导致许多企业陷入财务困难、急于出手技术，三星集团先后从美国Micro Technology公司获得64KDRAM的设计技术许可，以210万美元代价拥有Zytrex公司的高速MOS（金属氧化硅集成电路）加工处理设计技术，密封技术源于日本夏普公司，这些企业还为三星集团培训工程师。

三星集团从Micro Technology公司进口3000件64KDRAM芯片在韩国组装，凭借8年大规模集成电路的制造经验和生产家用电器的规模生产技术，利用夏普公司的密封技术许可，迅速掌握了芯片的组装技术，组装操作生产率达到日本同行的水准。在美国硅谷和首尔同时组建研发团队，从两方面吸引、聘用海外韩国技术精英和全球人才。一是以"赶超日本"的民族精神激发韩裔科学家和工程师的爱国心而回归；二是实施富有吸引力的薪酬与职位提升机制，唯才是用，一切凭业绩。

为吸引优秀人才加盟，三星集团以年薪20万美元的天价将IBM、Intel、Honeywell和National Semiconductor等企业从事设计的5名韩裔美籍博士吸引过来，组成硅谷团队的核心，陆续招聘300名当地工程师和几位著名设计师。首尔团队由拥有64KDRAM技术开发经历的韩裔美国科学家负责，主要由接受DRAM技术许可商培训的集团工程师组成。硅谷团队将前沿信息传递给首尔团队。在危机管理下，两个团队通过轮换、咨询、联合开发和竞争，6个月内成功开发出可行的生产模具和除8项核心技术之外的309项工艺技术，使64KDRAM推向市场的时间比美国首创产品晚 40 个月，比日本仅晚 18 个月。

为争夺国际半导体市场的优势地位和有效威胁韩国后来者，日本与美国同行利用 DRAM 领域竞争环境诱发的技术和价格双重竞争，采取抛售上一代产品和加速产品升级战略，给三星集团带来巨大的生存压力。集团在大批量生产 64KDRAM 后，随即卷入 256K 的开发。大容量的 DRAM 的电路复杂性要求企业掌握非常多的关键技术，而技术许可商并不愿意提供全部的技术。三星集团决定独立开发。集团要求首尔团队和硅谷团队充分利用前期的技术许可，分别承担产品的模具开发和电路设计与工艺设计任务。逆向工程、韩国人的勤劳奉献、危机管理和竞争合作使两个团队不负众望：首尔团队开发的模具在一些重要领域的性能优于技术许可商的产品，硅谷团队于 1986 年大批量生产 256KDRAM，比日本、美国同行仅晚 18 个月。

三星集团开发 DRAM 的相继成功后引起国际寡头的高度警觉。这些企业一方面提前制订防止逆向工程的规定，切断后来者获取新一代 DRAM 技术规范的显性知识。另一方面，随着日本对美国半导体自愿出口限制的实施，日本企业集中研制 1MDRAM；美国同行也相应加大研发投入以争夺国际市场的领先地位。三星集团迅速通过技术商业化和批量化生产，抢占 64K 和 256K 的 DRAM 市场，获取丰厚的经济利益。利用这些经济利益和集团其他行业的收益自行开发 1MDRAM。与日本、美国同行不同的是，为满足迅速增长的 1MDRAM 市场需求，集团自行设计和建立了大批量生产系统。首尔团队的 MDRAM 模具设计仅落后日本同行 1 年，硅谷团队三个月后开发出 1MDRAM，赶上了国际市场需求。

20 世纪 80 年代末，DRAM 市场不景气，日本、美国 DRAM 领先企业不敢加大投入，而三星集团把三星电子与三星半导体通信合并，投入大量的资金和技术力量开发 4MDRAM，聘请掌握 4MDRAM 核心技术的日本与美国专家组成"技术咨询团"。国际技术先进企业的牵制使三星集团购买拥有 4MDRAM 技术的海外公司或机构落空，也未能获得技术许可，随即决定自行开发。在韩国政府支持下，与现代电子、LG 合作组建国家级半导体芯片研究开发小组，进行技术攻关。三星集团会长根据技术咨询团有关存储器技术发展趋势的建议，果断指示硅谷团队放弃国际主流的沟式（TRENCH）结构设计，转向适合批量生产的栈式（STACK）结构设计。这一改变最终使集团产品在美国提前上市。1988 年首尔团队率先研制出的 4MDRAM，比代表全球先进水准的日本同行晚 6 个月，而大批量生产能力几乎与其同步。

为获得国际半导体市场的垄断地位（技术优势），三星集团在接下来的 30 个月内连续投资 1.5 亿美元，开发新一代 DRAM 产品。基于新一代产品的技术复杂性和投资金额的巨大，三星集团先后与日本的东芝、NEC 和美国的 TI、IBM 等跨国公司建立战略联盟，开发与 DRAM 密切相关的其他半导体技术，借助国家级半导体芯片研究开发小组和技术咨询团，加强与制造设备商的共同开发。而首尔、硅谷两个团队竞争、合作与日本、美国企业同步开发 64MDRAM 芯片，1994 年下半年开始试出口，后发展为全球最大的样机供应商。1994 年 8 月开发出世界首台 256DRAM 的全工作机，领先日本、美国企业 6 个月。从此三星集团率先在全球推出 50 NAND 级 1GDRAM（2006）、60NAND 级 2GDRAM（2007）等产品，保持全球 DRAM 的领头羊地位。2017 年三星集团成功超越美国英特尔，成为全球最大的半导体设备制造商。①

随着在国际市场与日本同行竞争的白热化，三星集团家电产品的出口因日本 LCD 的供给制约而日趋被动。DRAM 领域追赶的成功，使三星集团追求产品多样化的综合效应，开始考虑与 DRAM 制造程序类似的 LCD 研发。LCD 产品主要涉及原料与零部件、制造设备和面板生产，门槛投资在 20 亿美元以上。加上计算机产业的快速发展和家电与数字信息产品显示设备的 LCD 市场前景普遍看好，1991 年三星集团毅然决定进入这一领域。为实现集聚经济，生产地点集中在韩国的天安、器兴

---

① NAND 为计算机闪存设备，LCD 为液晶显示器。

而生产线兴建于牙山，三地不到 50 公里（董彦良，2012）。

韩国在 DRAM 领域的崛起使具有国际技术领先水平的日本企业不愿重蹈覆辙而转移技术，只愿意提供原料、零部件与制造设备，并加强了防范和牵制，三星集团只能购买日本 LCD 产品。凭借 DRAM 开发过程中积累的技术基础，年轻的韩国技术精英在"赶超日本"的精神感召下，高度奉献，勤奋工作，通过独具特色的产品开发战略，1995 年 10 月建成可生产 20 亿台 LCD 的生产线。三星集团 LCD 的产品开发战略特色表现四个方面：一是分析日本公司的 LCD 产品，包括所有元器件在内，从性能到成本进行拆解，通过逆向工程开发、试制；二是以通用件或取代件替代元器件，实现 LCD 产品目标性能成本最小化；三是为尽快实现产品投放市场，提供加大创新投入的技术人员投入；四是开发团队与生产单位合作，负责 LCD 技术的验收，投资追求完全规模经济。

90 年代中期，国际 LCD 市场陷入衰退。日本企业的市场趋势预测出现重大失误，基于历年的收益按照 2G（10.1 英寸）、2.5G（11.3 英寸）和 3G（12.1 英寸）顺序过度谨慎投资以规避风险，而三星集团直接开发 3GLCD（韩仁洙等，2011）。1998 年市场复苏，三星集团受益匪浅。2001 年日本 IT 泡沫导致上一年扩大 LCD 投资的企业损失惨重，迫使其投资再度谨慎。三星集团再次进行反循环的大规模投资，成为日本液晶显示器设备的重要供应商，吸收这些供应商溢出。2003 年，家电产品市场的繁荣带来 LCD 市场需求的膨胀，三星集团快速发展超越日本和美国同行，一跃成为 LCD 领域的全球龙头企业。

二、三星集团直接投资日本与美国的竞争优势培育绩效分析

（一）直接投资日本与美国的竞争优势培育绩效

三星集团凭借下属企业的雄厚资金，在自主研发的基础上，通过跨国收购、海外研发活动和战略联盟等举措，吸收 FDI 逆向溢出，在 DRMA 和 LCD 领域赶超日本和美国同行，跃居两大领域全球市场的支配型研发生产销售者行列，取得卓越的竞争优势培育绩效。

（二）直接投资日本与美国赶超同行的根源与经验

从影响吸收能力和对外投资额外成本的关键因素——技术差距、研发与竞争优势培育型 OFDI 风险的角度出发，阐述三星集团直接投资日本与美国赶超同行的根源，并总结其如下经验：

（1）实施了不畏竞争对手的产品开发导向型竞争优势培育型 OFDI 战略。以东京宣言为起点，经李健熙发起的"新经营"思想和"二次创业"理念的贯彻实施，三星集团以一流企业的产品做参考，把拥有尖端技术和培育先进技术驱动产品差异化的竞争优势作为其发展壮大的基本途径。以赶超全球著名跨国公司同行如索尼为动力，集团目标不再限于国内市场的领先者，而是全球市场的重要参与者。针对模仿受制于被模仿企业和完全内部研发耗时较长风险大的缺陷，集团选择内部研发逐渐增强、国际直接投资逆向溢出吸收相对下降模式，开发自主技术和自主品牌产品。进入 DRAM 领域之初，主要通过收购国内外企业、技术许可和组装，在国外供应商或许可方接受培训，获得基础技术，吸收美国硅谷同行的国际直接投资逆向溢出，结合自身研发，以落后日本、美国 4 年的代价开发 64KDRAM 的国际产品。后期基本上以内部研发，辅之以与国外先进同行的战略联盟，吸收国际直接投资逆向溢出，在全球率先开发不同容量的 DRAM 国际产品。进入 LCD 领域，凭借 DRAM 领域积累的技术能力，主要通过购买日本产品进行逆向工程分解研究，吸收日本供应商和日本同行退休人员的国际直接投资逆向溢出，开发出国际市场产品。后期，主要通过反循环的大投资，率先开发占领代表国际市场发展趋势的新一代 LCD 产品。

（2）架构自主技术发展的组织管理体系。为确保竞争优势培育型 OFDI 战略的可行性和有效性，三星集团专门成立工作团队，在美国硅谷、日本东京和欧洲技术集聚区设立研究中心（所），组建技术顾问制度。工作团队奔赴海外，主要负责收集信息、分析技术和市场，识别 DRAM 与 LCD 领域陷入困境，急于出售专有技术或产品的日本、美国和西欧中小型企业，寻找可提供培训的国外设备供应商或有技术合作意愿的国际同行，交流、选聘有 DRAM 或 LCD 开发经历的科学家与技术工程人员；利用集团高管的私人关系，聘请以日本和美国为主的外籍人士组建长期性技术咨询团。在 DRAM 与 LCD 产品的技术与路径选择方面，技术咨询团可直接向集团的最高领导机构——三人会长团进行规划，提供方案。三星集团最高领导机构善于听取咨询团意见进行决策，提高了竞争优势培育绩效。例如采取中间战略跨入 DRAM 领域，集团没有经历日本与美国同行的 SSL–MSL–LSI（大规模集成电路）–VLSI（超大规模集成电路），直接进入 VLSI，发挥了后发优势；在开发 4MDRAM 的技术选择上，采用自下而上的栈式，避免了东芝等公司的挫折；研发 1 兆位的 DRAM 时，放弃既有的非主流 NMOS，而选择代表国际先进水平的 CMOS，缩小与国际技术发达同行差距。针对硅谷创新活跃、开放与集聚特征，三星集团在硅谷设立专门的研发团队，以提升国际直接投资逆向溢出的吸收效果。综合工作团队、地区研究中心和技术咨询团的成果，三星集团发现 LCD 国际市场繁荣和衰退的循环性特征，准确地预测了市场需求的变动，大胆灵活地采用攻击性反循环投资，即 LCD 国际市场不景气时，没有追随日本同行投资的犹豫不决和缩减投资金额，而是加大投资，比较典型的是 1996 年前后和 2000 年前后，在产业繁荣时继续追加投资。尤其是 1995—1996 年，集团跨越市场的主流尺寸，直接投资潜在市场主导需求的 12.1 英寸投资。

(3) 高度重视人才和内部研发，形成内外研发的良性互动。在产品开发导向的自主技术发展驱动下，内部研发始终成为三星集团研发的重点，海外技术学习（研发）发挥了促进直接投资逆向溢出的获取和提高内部研发效率的作用。内部研发的开展离不开人才，因而三星集团把优秀人才的引进、使用和内部人才的培育作为企业人才发展战略的核心。

基于赶超日本、美国的 DRAM 和 LCD 先进同行目标，三星集团制订路线图，设立专门部门。从这些部门选派人员奔赴美国硅谷、日本东京和欧美著名学府交流，选聘技术人员，尤其重视韩裔科学家和工程师。经过严格甄选，安排至集团海内外研发团队或地区研究中心。选择韩裔技术精英担任集团研究机构负责人或高管。这些海外技术人才，拥有专门的研发经历或专业特长，既可发挥研发主力的领导作用，还可带动集团内部员工研发能力的快速成长，促进DRAM和LCD产品的有效开发。为吸引、留住优秀人才，三星集团不仅提供巨额的年薪和高层管理岗位，甚至引入董事会，对表现突出的人才进行重奖和事业激励。1983年三星集团设立至今的年度"技术奖"，鼓励技术开发，奖励项目多达10~20项，实施了集团激励与所在企业配套的制度安排。"自豪三星人奖"获得者，除获得丰厚的奖金和晋升一级工资外，还接受集团会长亲自授予的荣誉。集团每年还选派数以千计的技术人员到海外供应商或技术合作方接受培训学习，对发展潜力大的员工还被选派到美国留学以培养国际视野的博士，内部人员按期到海外研发团队或研究中心轮训。这些举措加速集团人才与企业技术能力的成长。2005年开始三星集团的博士数量已超过首尔大学的数量。三星集团研发部门的员工占全体职员的34%，大多为有留学背景的DRAM、LCD或其他尖端产品的开发人员。

当三星集团被迫裁员40%以上时，并没有削减内部研发人员，反而更加重视DRAM、LCD等尖端产品的技术人才。集团对内部研发的重视，还体现在持续的巨额研发投入和众多的研发机构。研发强度2005年达到9%。① 研发费用大多用于开发尖端产品。集团成立三星综合技术院，负责中长期核心技术和尖端产品的开发，集团下属企业研究所负责开发中短期新产品及必要的核心技术，下属企业事业部的开发室专门开发短期新产品及其性能改善和降低成本。DRAM和LCD产品的主要承担者为三星电子。海外研发机构（研究中心、研发团队）、工作团队

---

① 亚洲金融危机后，大多数科技企业削减研发强度，而1997—2005年，三星集团的研发强度在8%左右，2004年、2005年分别高达8.3%和9%，2005年的研发投入超过英特尔、微软和索尼的任一企业集团。美国次贷危机后，三星集团继续加大技术开发。2010年集团研发和生产投资总费用为226亿美元，其中研发投入高达30.79亿美元。2018年度集团从事DRAM和LXCD的三星电子首次成为全球研发投入最高的公司，研发经费达到134.37亿欧元。

收集技术情报，制订产品计划，负责产品最初开发及试制；三星综合研究院整合设计、调整下属企业研究所开发的新产品，与集团设立的三种类型产品并行开发系统，共同作用、促进集团内外研发良性互动。第一种类型为同时运转几个新产品开发小组，适应技术的快速升级和国际市场的波动，集团在 DRAM 部分产品技术商业化中表现尤为明显，为三星集团获得较好的市场效益，提供了大量的研发资金。第二种类型为产品开发完成之前，开始大批量生产系统建设，缩短研发和市场的衔接时间，集团在 DRAM 后期产品广泛采用。第三种类型在韩国内外设立研发团队，这是为 DRAM 产品开发特别设立。通过危机管理和竞争机制，利用韩裔技术精英负责内外研发团队和员工轮换在交流合作的基础上提升研发效率。

（4）韩国政府的高效支持（周建军，2018；姚靓，李正风，2019）。1969 年韩国政府出台培育国内先进主导工业的"电子工业振兴法"后，1983 年商工部制订"半导体产业计划"，1983—1986 年共投入 2600 亿韩元，支持三星集团等企业从事 DRAM 等尖端产品开发。1986 年政府所属的电子与通信研究所（ETRI）牵头，由三星集团、现代电子和 LG 选派人员组建韩国半导体联合体，通过联合体开展 4MDRAM、16MDRAM 和 256DRAM 研发的国家级项目建设。1986—1988 年韩国政府先后投入 700 亿韩元。因联合体企业彼此竞争，不愿合作开发，联合体实质成为分配政府研发津贴的机构。为鼓励国内企业进入 LCD，韩国政府提供数千亿韩元进口替代订单，下属机构产业资源部动用政府力量成立民间机构"韩国显示器研究会"，促进实业界与高校研发力量的对接与合作。在 LCD 产业发展关键时期，韩国政府注资 400 万美元成立 Kronic 研发项目，成功开发出液晶滴下注入设备。除了设立国家级项目、研发机构和订单对企业 DRAM 和 LCD 产品的开发提供资金、技术人才和市场的支持，促进企业间的交流合作外，韩国政府还实施一系列鼓励企业 DRAM 和 LCD 产品开发的财政、金融与税收优惠减免政策，如政策性贷款、技术信用担保基金、新技术开发产品暂定特别消费税制度、技术转让税减免制度等，成立韩国新技术支持金融公司。通过税收优惠，吸引日本、美国 DRAM 和 LCD 同行的国际直接投资与技术转移，如外资公司前 7 年所得税全免，后 3 年则减半征收，地方税前 5 年税全免，和 3 年减半征收；对进口资本设备免征进口关税、营业税等。

第三节　上汽集团与三星集团 OFDI 竞争优势培育绩效差异的根源与启示

一、上汽集团与三星集团 OFDI 竞争优势培育绩效差异的根源

基于充分利用国家汽车自主品牌战略带来的政策支持考量，上汽集团试图通过并购韩国双龙和英国罗孚而改变技术创新能力严重不足的业内形象和增强竞争力。并购整合双龙的最终结果是丧失控制权，直接经济损失高达 34 亿元人民币，吸收 FDI 逆向溢出的多个举措因双龙的持续多次罢工，几乎从来没有落实过，更没有开发出与双龙有关的自主品牌。收购罗孚整合南汽集团后，通过技术吸收和研发创新，开发出荣威和名爵两个系列的自主品牌汽车。国外品牌即名爵系列，从产品性能、形象与主要技术与罗孚几乎相同，其商标就是后者的 MG，在国际市场并不属于自主品牌。业内人士认为，荣威系列主要适应中国消费者的需要，技术创新有限，严格地说是罗孚产品的中国化，属于洋产品痕迹严重的国内市场自主品牌。

三星集团收购韩国首家半导体企业，从国际科技型企业获得技术许可，通过组装产品、接受培训和设立首尔、硅谷两个团队，成功开发出国际自主品牌的 64KDRAM。在此基础上，加大内部研发投入，通过两个团队的竞争合作与危机管理，灵活运用多种 OFDI 形式，吸收国际直接投资逆向溢出，迅速完成对日本先进同行的追赶。自

第六章 对外投资企业竞争优势培育的案例研究

265MDRAM 后集团始终位居 DRAM 全球领头羊位置。利用 DRAM 的技术积累，在日本同行不愿转移技术的环境下，三星集团通过购买日本 LCD 产品，借助独具特色的产品开发战略，充分吸收国际供应商和聘用日本、美国技术人才的逆向溢出，通过反循环的进攻性巨额投资，成功实现对日本同行的赶超，发展成为全球 LCD 市场的龙头企业，并保留至今。

上汽集团与三星集团对外投资的竞争优势培育绩效差距非常明显。前者并购双龙，冀望通过国际直接投资逆向溢出的吸收而获取先进技术，培育竞争优势的目标彻底落空，亏损巨大；收购罗孚，吸收海外技术获取实现技术中国化，自主品牌限于中国，培育竞争优势绩效尚可。无论是进军 DRAM 还是 LCD，即使在追赶阶段，后者产品都属于国际市场自主品牌，产品内部技术不再限于海外获取的部分，已包含大量内部开发的技术。三星集团成功超越国际寡头同行后，海外获取技术仅发挥基础性作用，自主开发诸多技术，引领全球 DRAM 与 LCD 的产品升级换代，竞争优势培育成效显著。

在前面研究的基础上，从吸收能力和影响跨国经营额外成本的角度出发，将上汽集团与三星集团通过 OFDI 培育竞争优势绩效差异的根源归结为以下 4 个方面：

（1）对外投资竞争优势培育战略的驱动力不同。上汽集团实施这一战略是被迫的。当时国家汽车产业发展政策做出重大调整，由突出零部件国产化转向自主品牌，要获得政府资源和政策的大力支持，上汽集团必须开发自主品牌。没有自主品牌，上汽集团面临失去获得政府支持资格的巨大压力。既往完全内部研发或与全球著名跨国公司合资创建自主品牌已经失败；上汽集团的技术开发能力与规模、市场地位、资金实力极不相称，缺乏自主品牌，呼吁上汽集团在汽车自主品牌建设中发挥主力军作用，已成为业内共识。应对业内加强技术创新能力建设的呼声，降低风险和尽快兑现在上海市政府自主品牌轿车任务以便更好地获得政府支持，上汽集团急功近利地选择国际产品模仿驱动的对外投资竞争优势培育战略。

上汽集团与三星集团都是所在国的国内市场举足轻重的厂商,而后者目标并不限于国内,而是以成为全球市场重要的参与者为己任。追求独立技术的研发、创造差异化竞争优势,引领企业发展,进而开发国际产品以赶超全球一流企业,成为三星集团对外投资竞争优势培育战略的驱动力。在国际产品开发驱动下,将产品的生产流程或组成分解,确定相应的技术,结合自身实际,确定获取的技术,灵活选择 OFDI 形式而不拘泥于跨国收购,逆向技术溢出的吸收对象不固守于某一经济主体,掌握 OFDI 竞争优势培育战略的主动权,避免了上汽集团受双龙控制的类似错误。随着企业技术能力的显著提升,三星集团技术获取的范围由中小型国际企业、设备供应商和欧美日技术密集区扩展至国际先进的日本与美国 DRAM 或 LCD 企业,OFDI 形式扩展至合资合作研发和战略联盟,重点是与国际寡头合作。

在产品模仿驱动下,基于自身技术水平、降低产品开发风险和尽快开发出自主品牌的三重考虑,上汽集团获取海外技术只能定位于国际二流,甚至与汽车产业发展趋势相违背的技术,对外投资目标区域不多,高度依赖数量有限的企业,国际直接投资行为难以被目标企业认可,招致初期投入和后续费用非常大。罗孚利用上汽集团与南汽二者产品模仿驱动下急功近利的技术获取心理,做到"一物二卖"。南汽并入上汽集团,后者对罗孚的技术获取费用实质增加。而上汽集团的国内自主品牌荣威与名爵系列,因技术基础相同开发后差异小,前者因后推出在国内市场的认可度因此不高。而韩国双龙充分利用蓝星与上汽集团渴望成功收购的竞购行为,抬高价格,[1] 迫使上汽集团签订附加协议,有效阻止逆向溢出的产生。韩国双龙官方网站还没有任何上汽集团标识。

---

① 印度 Mahindra Mahindra 公司 2010 年 11 月收购韩国双龙汽车,出资总额为 4.64 亿美元,其中 3.7 亿美元实际收购双龙 70% 股份,8500 万美元用来偿还双龙所欠下的债务以及完善公司的内部建设(资料来源:https://www.pcauto.com.cn/3g/2012/132/1324048_all.html)。

（2）对内部研发的重视程度及其在自主品牌建设中的作用明显不同。在派驻上海的双龙技术人才指导下，上汽集团试图通过国内组装双龙汽车、S-100 计划、L 计划和 C200 平台等举措，将对方技术中国化，进而培育竞争优势。内部研发着眼点是消化双龙的汽车动力技术和 SUV 整车组装技术，在自主品牌建设中体现了国内 SUV 消费者的需求特色和适应中国公路的特征。由于长期注重国内市场开拓和收购双龙费用过高，上汽集团用于研发费用相对严重不足。双龙认为集团没有技术研发能力的积累，国内组装双龙汽车、S-100 计划、L 计划和 C200 平台等举措因此被视为不能容忍的技术转移，阻止上汽集团人进入双龙研发部门，指控上汽集团的技术剽窃和转移双龙技术人才，也因此得到韩国舆论的普遍认同。收购罗孚，相对于双龙，没有支付一线员工的薪酬，内部研发比较重视，但仍着眼于产品模仿和销售份额的扩大，技术创新的程度没有超出当地化的范围，连开发自主品牌的外文商标都不敢改变。三星集团在开发 DRAM 产品时，强调技术独立，全力开发出占据国际市场的自主品牌，内部研发始终放在首要位置，瞄准国际市场最先进的 DRAM 或 LCD 产品进行开发，而不是对国际市场已出现的 DRAM 或 LCD 产品模仿，因而对外投资逆向溢出的目标多，无须依赖任一企业，OFDI 形式灵活。随着自身研发能力的增强，跨国技术获取的种类与数量显著下降，要求获取目标企业多为资金雄厚、技术发达的国际寡头，尤其是在美国设立工作团队，吸收技术密集区域的逆向溢出，及时准确把握行业技术的发展趋势，显著降低内部研发的风险，促使集团技术能力快速提升。实现国际赶超后，三星集团几乎完全依赖内部研发开发全球领先的 DRAM 产品。在开发 LCD 初期，无法进行跨国收购，三星集团主要通过对购买日本产品拆分进行逆向工程获取对方技术；超越日本同行的临界阶段，获取海外技术转向主要依赖与国际寡头同行合作开发生产线。而内部研发集中体现在反循环的攻击性巨额投资，跨越式开发国际先进的 LCD 代际产品。因而在 DRAM 和 LCD 领域，三星集团的内部研发对自主品牌建设发挥主导作用，造就了独具特色的产品研发模式,对外投资逆向溢出吸收扮演促进技术学习和提升内部研发效率的角色。随着技术差距的缩小,逆向溢出吸收作用下降,最终完全依赖内部研发开发国际领先产品,竞争力增强,竞争优势培育成效显著,到超越阶段以后OFDI已基本上转向竞争优势的利用。

(3) 对本民族海外人才的重视和利用效率不同。上汽集团实施国际产品模仿驱动在对外投资获取技术进程中,为尽快兑现自主品牌的汽车生产任务承诺,大力寻找国内消费者认可、产品模仿难度不够大的国际知名企业。无论是下属企业提供双龙被债权团出售50%的股份信息,还是得知凤凰控股在中国寻找罗孚的买家,管理层以充分利用国家与上海的汽车产业支持政策为前提,认定二者是集团对外投资竞争优势培育战略目标的合适对象,没有参考海外华人汽车专家的意见。收购双龙或购买罗孚全部资产整合期间,为消化对方技术,先后使用双龙与罗孚的技术人员,还包括相关的欧洲技术精英,却没有优先聘用和重用有相关经历的海外华人人才。三星集团执行对外投资获取技术战略,委派工作团队多次赴美国、日本和西欧,拜访、咨询韩裔科学家和工程师,聘用有DRAM或LCD开发经历的韩裔技术精英。这些技术精英负责首尔与硅谷研发团队,较好地吸收国际直接投资逆向溢出。通过韩裔技术人才,以合理的价格收购陷入困境的中小同行的技术或获得技术许可,找到可提供培训的设备供应商或合作意识强烈的大型国际先进同行,招聘当地技术员工。尤其在日本同行不愿转移LCD技术背景下,利用韩裔人才,以合理的价格找到愿意提供原材料、零部件与产品的日本LCD企业。通过韩裔外籍人才,招聘国际人才,带动研发团队与东道国同行的广泛交流,扩大了当地社会资本存量,重点化解来源国劣势及外来者劣势,促成与国际先进同行生产与技术开发的战略联盟,从而使吸收国际直接投资逆向溢出范围的扩大、数量的增加和程度的提高。

(4) 政府的支持效率差异大。为促进上汽集团自主品牌建设,上海市政府既提供了大量的资金支持,出台系列税收优惠和金融投资政策,还协调发展与江苏省政府的良好关系,促成上汽集团对南汽集团的收购，使两个集团对罗孚技术获取产生协同效应。韩国政府促进三星集团对外投资技术获取存在类似举措，还出现了显著提升技术获取绩效的行为。比如利用国家力量成立 DRAM 与 LCD 相关研究开发机构，大量机构成员为三星集团等韩国同行提供技术支持；牵头民间机构成立国家级联合体或研究会，促进产学研官体制的形成与运作，三星集团加入后，较好地利用高校、研发机构、官方人才与同行的技术情报与知识外溢。通过 DRAM 与 LCD 相关的国家级项目的设立和著名企业的参与，政府促进了三星集团与其他韩国先进同行的技术交流与合作，降低对外投资培育竞争优势的风险。

二、中国对外投资企业竞争优势培育的启示

随着中国市场竞争国际化日趋明显和先进技术在企业生存发展中作用的持续强化，越来越多的国内企业把 OFDI 吸收逆向溢出作为增强竞争力、培育竞争优势的主要途径。如何改善目前中国竞争优势培育型对外投资战略绩效？从中国对外投资实践出发，结合上述研究，归纳出四点启示以提供这一问题的思路。

（1）根据企业规模、技术基础与国内市场份额设计对外投资培育竞争优势战略的适宜驱动力，避免为获取政府支持盲目选择难度较小的产品模仿导向。中国国内市场的快速发展诱发跨国公司的大量涌进，国际竞争国内化和国内竞争国际化在中国表现尤为明显，国际产品模仿必然丧失市场主导地位。资金雄厚和技术发达的国内大型企业，市场定位应面向国际市场，着眼长远，竞争优势培育的驱动力应为国际产品开发；而规模相对较小与技术基础薄弱的中小企业，面临扩大市场份额的巨大压力，对外投资竞争优势培育的驱动力可定位为国际产品模仿导向，不过对外投资形式选择时应谨慎对待跨国并购，可选择其他国际直接投资模式，避免被目标企业控制。即使采取跨国并购，力求选择中小科技型企业，避免盲目追求并购规模。

（2）高度重视内部研发，发挥其对国际直接投资逆向溢出的支撑

作用。国际产品模仿与开发驱动对的对外投资竞争优势培育战略与企业内部研发战略密不可分。对外投资竞争优势培育战略的成功关键是离不开企业技术能力的提升与产品的升级换代。日益增强的技术能力为企业竞争优势提供了持续不断的原动力。对外投资竞争优势的培育应建立在足够的内部研发投入基础上,进而满足逆向溢出获取的吸收能力要求。前者还应立足支持和服务内部研发,以内部研发带动企业技术开发能力的增强。国际产品模仿驱动下吸收、获取的海外技术后二次创新非常有限,如果忽视内部研发和急于求成,可能导致国际直接投资逆向溢出难以被吸收,竞争优势培育型 OFDI 无法实现国际产品模仿预期目标,上汽集团收购双龙类似事件必然再次出现。

(3) 充分发挥海外华人在对外投资竞争优势培育战略中的中介作用和带动效应。华裔人才遍布全球技术密集区如欧洲、美国和日本,相对于国内企业,更了解行业的技术发展趋势、潜在海外技术获取候选地区的社会文化、商业环境和候选对象的价值。国内企业对外投资前,与华裔科学家和工程师交流沟通,能以更合理的价格和更低的交易费用选择目标企业和目标区域,开展国际直接投资逆向溢出的吸收。也可聘请、重用当地华人技术员工,通过他们雇用当地人才,嵌入社会网络,积累社会资本,通过华人员工与当地同行交流,赢得社会认同,减少对外投资竞争优势培育战略实施的阻力,降低海外投资风险。

(4) 提高政府对 OFDI 竞争优势培育战略的支持效率。中央与地方政府应注重协调,出台财政、金融、税收优惠减免和提供政府订单等举措,还可提供技术与人才支持,促进产学研官合作机制的形成和运作。如利用政府的人才优势,设立带有技术共性或关键设备的研究开发机构,鼓励、引导政府及科研院所技术性人才参与企业产品开发,政府牵头成立产学研官联动机制,设立国家级技术开发项目。

第七章 中国省域 OFDI 竞争优势培育绩效的实证研究

本章以江苏省和全国为例对中国省域 OFDI 竞争优势培育绩效进行比较分析。尽管中国企业对外投资目标中竞争优势培育的重要性显著上升，竞争优势培育型 OFDI 占海外投资的比重却与对外投资大国的地位极不相称。① 同时 OFDI 统计口径不一，受人为因素影响较大，没有运用国际主流研究方法。② 根据陈强等（2013，2016，2017）、聂名华等（2017）的研究，确定 OFDI 竞争优势培育行业主要为"制造业""信息传输、计算机服务和软件业"，以及"科学研究、技术服务和地质勘查业"。竞争优势培育绩效的高低与变动主要体现在这三个行业 OFDI 的规模与规模变动，而单纯规模指标可能引起竞争优势培育绩效评判的偏差，需考虑外部环境变化的影响，同时考虑竞争优势利用型行业绩效和整体绩效，从整体环境中比较、考察。基于此，引入灰关联与动态偏离—份

---

① 《2013 年度中国企业对外投资情况及意向问卷调查报告》表明：相对于 2009 年调查数据，2013 年企业海外扩张的首要目标仍是"扩张市场"，"获取国外先进技术和管理经验"与"获取国际知名品牌"已跃居第二位和第五位（资料来源 https：//wenku.baidu.com/view/01bf6b67f9c75fbfc77da26925c52cc58ad6907），但受诸多因素制约，竞争优势培育型 OFDI 数量依然比较小，主要表现在区位配置、行业分布与进入模式等方面（聂名华等，2017）。

② 笔者曾经参考 Rachel Griffith、Rupert Harrison 与 John Van Reenen（2006）构建计量模型，以 R&D 投入和人力资本反映企业吸收能力和万人中的民间组织数量代理企业社会资本，将中国不同时期对外投资的政策因素引入时间虚拟变量，搜集、整理利用数据，对中国三大区域层面对外投资对技术进步的影响进行竞争优势培育绩效研究，计量分析结果严重偏离预期。采取灰色关联度与动态偏离—份额进行研究，情况有所好转。通过研读文献、本章的研究和对中国对外投资实践的思考，笔者认为造成计量分析结论不显著的主要原因是中国对外投资争优势培育型的比例与规模不够，同时海外投资实践中大量企业采取竞争优势利用型与培育型的并进战略，加上欧债危机以来中国对外投资波动大，投资环境和海外风险发生显著的不利于竞争优势培育的变动。当然收集数据质量存在问题和计量技术不够娴熟自然也是出现这一情况的重要原因。

额方法构建测度模型,阐述中国省域对外投资竞争优势培育绩效的现状,归纳、分析其存在的问题。由于中国海外投资的实践,大量企业开展OFDI时采取竞争优势培育与竞争优势利用的并进战略,具体分析不再拘泥于培育绩效。通过"制造业""信息传输、计算机服务和软件业",以及"科学研究、技术服务和地质勘查业"对外投资流量占江苏省OFDI流量的比重和灰关联系数确定竞争优势培育行业在江苏省OFDI绩效的重要性,分析这三个行业的动态偏离—份额,以同期中国OFDI为背景判断三个行业竞争优势培育的绩效与绩效变动,结合其他行业即竞争优势利用行业绩效的变动分析,力求全面探究江苏省OFDI绩效落后于广东省的根源,从而为中国省域竞争优势培育型OFDI均衡发展获得启示。

第一节 引言、模型构建及数据来源

一、引言与问题的提出

美国次贷危机以来,全球对外投资发展经历了剧烈震荡和复苏增长阶段,而中国却呈现持续加速增长特征。2009年全球OFDI流量比2008年下降43%,而中国投资流量却达到历史最高值565.3亿美元,2015年首次超过同期IFDI规模,跃居全球对外投资流量第二位,并保持到2016年。[①] 对中国OFDI宏观绩效的研究逐渐成为国内学者研究的热点,基于投资发展路径理论设计的OFDI绩效指数(OND)成为学者研究的首选指标。这些学者通过对中国OND测算、比较,在对外投资绩效根源分析的基础上提出绩效优化对策。李静萍等(2004)首次利用OND测算发现中

[①] 除特别说明外,文中数据源于《中国对外投资统计公报》(2010—2017年度),中国数据均限于中国大陆。

第七章 中国省域 OFDI 竞争优势培育绩效的实证研究

国 1988—2003 年对外投资绩效类似发展阶段国家，从投资绩效追赶、投资发展阶段和储蓄投资缺口与外汇储备的角度论证中国 OFDI 具有较大的绩效提升空间。在此基础上，张为付（2008）比较中国与印度、俄罗斯、巴西的 OFDI 绩效指数后发现，1996 年前中国优于另外三国，1997 年之后波动下降，2004 年后开始回升但仍不及巴西；陈建勋和罗妍（2015）则通过跨国比较和纵向动态比较 1993—2010 年金砖四国对外投资绩效指数，结果显示：以 2000 年为界，第一阶段中国绩效仅次于俄罗斯，差距较小；第二阶段则绩效仅优于巴西，绩效增长率已居末位。

从中国省域对外投资规模和拓展 OND 的位次剧烈变动，不难发现中国大国经济特征突出，对外投资区域失衡严重。大量省域对外投资流量波动大，尤其部分省域对外投资绩效位次持续落后于规模位次，表明投资绩效与投资规模绩效已不相匹配。这严重制约 OFDI 来源地的经济发展效应发挥，成为地方政府引导企业对外投资亟待解决的关键问题。目前尚没有直接研究成果，国家与区域层面绩效研究成果因忽略省域 OFDI 的差异性而使地方政府借鉴有限。相关省级 OFDI 的来源地经济发展研究可分为两类：一是定性分析，研究成果对 OFDI 绩效与规模匹配性问题的解决明显存在举措依据不足缺陷，如从历史渊源、比较优势互补和福建产业特点层面，全毅等（2017）研究如何科学选择对外投资行业，落实其在国家海上丝绸之路核心区定位，以加快福建经济发展；二是定量研究，从区域层面验证来源地经济发展效应的存在性和影响因素，这类研究面临寻找 OFDI 绩效与规模匹配性问题的着力点困境，措施有效性无法保证。欧阳艳艳等（2013）利用全国、三大地区和省市的面板数据，从国际直接投资逆向溢出层面研究，发现 OFDI 对各省市均存在经济增长效应，三大地区的经济增长效应更强烈，东部、西部与中部地区的 OFDI 增长效应依次减弱，决定 OFDI 经济增长效应程度的主要因素为技术差距和政策因素。

基于此，借鉴已有成果，利用 2014—2017 年度数据，以全国和江苏省为例进行比较，构建、测度落后省份（江苏）OFDI 行业灰关联度反映其绩效贡献的行业异质性,结合行业的竞争优势培育型与利用型,发现对省域对外投资绩效差距贡献最大的主要行业,确定解决上述问题的着力点。在此基础上,引入动态偏离—份额方法(DSSM)构建测度模型,从强关联、中等关联、弱关联和整体层面探究落后省域投资规模与投资绩效匹配性不足的根源,进而为有效解决匹配性问题、提升绩效提供依据。选取江苏省和广东省为例是源于如下考虑:①数据的可获得性,目前中国大陆公布不同行业对外投资数据的省域数量非常有限;②江苏省和广东省在样本期间对外投资规模始终位居全国前六,而投资绩效差别大,① 代表性强。

二、省域 OFDI 竞争优势培育绩效的灰关联与动态偏离—份额模型构建

(一)省域 OFDI 绩效的行业灰关联度模型构建

首先将联合国贸易与发展会议开发的国别对外投资绩效指数进行相应的技术处理,应用于中国省域及其行业。以江苏省为例,第 $k(=0,1,2,\cdots,t)$ 年的省域和省域 $i(\in I, I=\{1,2,3,\cdots n\})$ 行业的对外投资绩效指数 $OND^{JIANGSU}(k)$、$OND_i^{JIANGSU}(k)$ 测算公式分别为

$$\begin{cases} OND^{JIANGSU}(k) = [OFDI^{JIANGSU}(k)/OFDI(k)]/[GDP^{JIANGSU}(k)/GDP(k)] \\ OND_i^{JIANGSU}(k) = [OFDI_i^{JIANGSU}(k)/OFDI_i(k)]/[GDP^{JIANGSU}(k)/GDP(k)] \end{cases}$$
(7.1)

其中,$OFDI_i^{JIANGSU}(k)$、$OFDI^{JIANGSU}(k)$、$GDP^{JIANGSU}(k)$ 分别表示 k 年江苏省 i 行业和全部行业的对外投资额和同期江苏省国内生产总值,$OFDI_i(k)$、$OFDI(k)$、$GDP(k)$ 分别表示 k 年中国 i 行业与全部行业的对外投资额和同期全国国内生产总值。

江苏省与全国的整体和行业对外投资数据非常有限,样本特征难以

---

① 江苏省与广东省 OFDI 绩效差距可参见本章第二节有关内容。

第七章 中国省域OFDI竞争优势培育绩效的实证研究

满足计量分析的基本要求,灰关联方法对样本量的多少和样本有无明显的规律都同样适用(刘思峰等,2014)。因此,我们只需分别求出不同行业与整体的对外投资灰色关联度。江苏省对外投资的行业灰关联度测算可分为如下九步。

第一步:确立原始序列。

根据江苏省及其行业 i 的历年对外投资绩效,构建系统的特征行为序列 $X_0 = \{x_o(k)\} = \{OND^{JIANGSU}(k)\}$ 和相关因素行为序列 $X_i = \{x_i(k)\} = \{OND_i^{JIANGSU}(k)\}$。

第二步:将原始序列初值化进行无量纲处理。

$$Y_0 = \{y_0(k)\} = \{OND^{JIANGSU}(k) / \sum_{k=0}^{t} OND^{JIANGSU}(k)\} \quad (7.2)$$

$$Y_i = \{y_i(k)\} = \{OND_i^{JIANGSU}(k) / \sum_{k=0}^{t} OND_i^{JIANGSU}(k)\} \quad (7.3)$$

第三步:计算无量纲化后的特征行为序列和相关因素行为序列的绝对差序列 $\Delta_{oi} = \{|y_i(k) - y_o(k)|\}$,求出绝对差系列中的最大差 $\max_i \max_k \Delta_{oi}(k)$ 和最小差为 $\min_i \min_k \Delta_{oi}(k)$。

第四步:确定分辨系数 ε。分辨系数构成最大差对关联度的权重,反映其他序列对特征行为序列和相关因素行为序列的贡献度,作用在于控制 $\max_i \max_k \Delta_{oi}(k)$ 对关联度的作用,进而影响系统的整体性和关联度区间的幅度,因而灰关联分析选择分辨系数,应确保系统关联度幅度尽可能最大(吕峰,1997;东亚斌等,2008;刘思峰等,2013;钱隼驰等,2019)。

令 $\overline{\Delta(k)} = \sum_{i=1}^{n} \Delta_{0i}(k)/n$,$\rho(k) = \overline{\Delta(k)} / \max_i \max_k \Delta_{oi}(k)$,$\varepsilon = \{\varepsilon(k)\}$

为保持不同因素之间差异的高分辨率,可采用两两比较法来确定分辨系数,即在不同因素的比较上采取纵向水平上的动态值(钱隼驰等,2019)。以相关因素 x_a、x_b,$a, b \in I$ 进行说明。二者的分辨系数 $\varepsilon_{ab} = \sqrt{\left[\sum_{k=0}^{n} \Delta_{0a}(k) \cdot \sum_{k=0}^{n} \Delta_{0b}(k)\right] / 2n \max_i \max_k (k)}$。因假设对外投资行业有 n

个，需要计 C_n^2 算次，计算 C_n^2 个分辨系数值。

第五步：计算灰关联系数 $\gamma_{0i}(k)$，对全部相关因素关联度排序。

$$\gamma_{oi}(k) = [\min_i \min_k \Delta_i(k) + \varepsilon(k) \max_i \max_k \Delta_i(k)] / $$
$$[\Delta_i(k) + \varepsilon(k) \max_i \max_k \Delta_i(k)] \quad (7.4)$$

$$\gamma_{oi} = \sum_{k=1}^{n} \gamma_{oi}(k)/n \quad (7.5)$$

利用前面求得的两个因素分辨系数值 ε_{ab}，根据相关数据结合计算公式（7.4）和（7.5）确定这两个因素相应的关联度进行比较。全部相关因素均使用两两比较法确定相应关联度进行比较。尽管同一因素在与不同因素比较时，对应不同的关联度，却不会影响最终的排序结果，反而还能使每次比较更准确（钱隼驰等，2019）。

运用上述方法可确定省域对外投资行业与整体对外投资绩效的排序。① 针对本章研究目的，需要判断全体对外投资行业关联度的强弱，即确定全部行业的具体关联度。行业 i^*（$\in I, I = \{1,2,3\cdots,n\}$）的排序为 i^*

第六步：将原始序列均值化进行无量纲处理。

$$令\ Y_0^* = \{y_0^*(k)\} = \{OND^{JIANGSU}(k) / \sum_{k=0}^{t} OND^{JIANGSU}(k)\} \quad (7.6)$$

$$Y_{i^*} = \{y_{i^*}(k)\} = \{OND_{i^*}^{JIANGSU}(k) / \sum_{k=0}^{t} OND_{i^*}^{JIANGSU}(k)\} \quad (7.7)$$

第七步：计算无量纲化后的特征行为序列和相关因素行为序列的绝对差序列 $\Delta_{oi^*} = \{|y_{i^*}(k) - y_0^*(k)|\}$，求出绝对差序列中的最大差 $\max_{i^*} \max_k \Delta_{oi^*}(k)$ 和最小差为 $\min_{i^*} \min_k \Delta_{oi^*}(k)$。

第八步：确定分辨系数 ε^*。

---

① 运用两两比较法，可确定江苏省对外投资行业关联度排列顺序由大到小的顺利依次为制造业、批发和零售业、采矿业、租赁和商务服务业、信息传输、计算机服务和软件业、科学研究、技术服务和地质勘查业、房地产业、建筑业、交通运输、仓储和邮政业和其他行业即第一产业、电力、燃气及水的生产和供应业、文化教育卫生娱乐业，最小的行业为住宿和餐饮业。

令 $\overline{\Delta^*(k)} = \sum_{i^*=1}^{n} \Delta_{0i} \cdot (k)/n$，$\rho^*(k) = \overline{\Delta^*(k)}/\max_{i^*}\max_{k}\Delta_{0i} \cdot (k)$，$\varepsilon^* = \{\varepsilon^*(k)\}$

在满足排序的前提下，分辨系数取值满足：当 $2 \leq 1/\rho^*(k) \leq 3$ 时，取 $\varepsilon^*(k) = 1.8$；$\rho^*(k)$；$3 < 1/\rho^*(k)$ 时，取 $\varepsilon^*(k) = \rho^*(k)$。①

第九步：计算灰关联系数 $\gamma_{0i}^*(k)$，确定灰关联度 γ_{0i}^*。

$$\gamma_{0i}^*(k) = [\min_{i}\min_{k}\Delta_i^*(k) + \varepsilon(k)\max_{i}\max_{k}\Delta^*(k)]/$$
$$[\Delta_i^*(k) + \varepsilon(k)\max_{i}\max_{k}\Delta_i^*(k)] \qquad (7.8)$$

$$\gamma_{oi}^* = \sum_{k=1}^{n}\gamma_i^*(k)/n \qquad (7.9)$$

计算确定全体对外投资行业关联度

（二）中国省域 OFDI 的动态偏离—份额模型构建

传统偏离—份额方法的原理是以研究区域的上一级行政区域为参照系，基于分解和组合的思想，将就业人数、劳动生产率、国民收入和出口额等经济总量构造为可加的份额分量、结构偏离分量和竞争力偏离分量，以经济总量在研究期间始终保持线性增长为前提，利用期初经济总量的数据，通过离差分析期末总量变动应达到的水平与实际值，探寻区域经济发展或衰退的原因（Dunn，1960；Fuchs，1962；史春云等，2007；曾剑云，2013）。在此基础上，动态偏离—份额方法（DSSM）将研究期间划分若干时间段分析，可考察各时间段结构偏离分量和竞争力偏离分量对经济总量变动的贡献和影响，并揭示时间序列的变化趋势，能克服前者对忽略结构偏离分量和竞争力偏离分量变动的缺陷，进而有效提升区域经济发展状态的原因分析（Barff，Knight，1988；Peter et al，2005；吴贤进等，2012；赵喜仓等，2014）。动态偏离—份额方法的数学模型，以地区和产业分类的统计数据为基础，该数据架构的类型与国际直接投资统计数据惯例非常类似，因此引入动态偏离—份额方法构建江苏省对

---

① 这一取值较东亚斌等（2008）建议的一般取值，计算的灰关联度范围大 0.0328，比分辨系数直接取 0.5，计算的关联度范围大 0.1145。

外投资分析模型，并结合前面的行业灰关联度研究，探究江苏省 OFDI 绩效与规模匹配性落后于全国的根源。

假设中国省域 j（江苏）和全国在考察期基年（o）和末年（t）的 OFDI 流量分别 k_j^o、k_j^t、K^o 和 K^t，① 省域 j 行业 i 的 OFDI 流量相应为 k_{ji}^o、k_{ji}^t，省域 j 行业的 OFDI 增长率 r_{ji} 为 $(k_{ji}^t - k_{ji}^o)/k_{ji}^o$，全国及全国 i 行业的 OFDI 增长率 R、R_t 分别为 $(K^t - K^o)/K^o$、$(K_i^t - K_i^o)/K_i^o$。将省域 j 行业 i 的 OFDI 增量 $G_{ji,o}^t$、竞争力偏离分量 $E_{ji,o}^t$、结构偏离分量 $C_{ji,o}^t$ 和份额分量 $S_{ji,o}^t$ 分别构造为 $k_{ji}^t - k_{ji}^o$、$k_{ji}^o(R_t - R)$、$k_{ji}^o(r_{ji} - R_t)$ 和 $k_{ji}^o R$，则省域 j 行业 i OFDI 增量可分解为竞争力偏离分量、结构偏离分量和份额分量，即 $G_{ji,o}^t = E_{ji,o}^t + C_{ji,o}^t + S_{ji,o}^t$。类似的，省域 j 全部行业的 OFDI 总增量 $G_{j,o}^t$ 也可分解为竞争力偏离分量 $E_{j,o}^t$、结构偏离分量 $C_{j,o}^t$ 和份额分量 $S_{j,o}^t$，这些变量满足 $G_{j,0}^t = E_{j,0}^t + C_{j,0}^t + S_{j,0}^t = \sum_{i=1}^{n} E_{ji,o}^t + \sum_{i=1}^{n} C_{ji,o}^t + \sum_{i=1}^{n} S_{ji,o}^t$。

将省域 j（江苏）行业 i 的 OFDI 规模在考察期间 $[0,t]$ 可为 t 个时期。计算区域相对增长率、结构效果指数和竞争力效果指数，选择参考时间有定基模式和环比模式两种模式。前者可分析考察期相关指数的变化趋势，而后者不具备这一优势（刘珍灵，2009），根据本章的研究需要采取定基模式测算省域 j 的三类指数。相应的，本研究测算考察期 t 个时期省域 j（江苏）的投资增量分量、竞争力偏离分量、结构偏离分量和份额分量也采用定基模式，即以基年为参考进行计算。以 $m = (= 1,2,\cdots,t)$ 年为例省域（江苏）的投资增量分量、竞争力偏离分量、结构偏离分量和份额分量分别表示为 $G_{j,o}^{m-1,m}$、$E_{j,o}^{m-1,m}$、$C_{ji,o}^t$ 和 $S_{j,o}^{m-1,m}$。

令 $h_{ji}^o = k_{ji}^o/K_i^o$、$h_{ji}^m = k_{ji}^m/K_i^m$ 分别表示行业 i 在基年和 m 年对省域 j 的 OFDI 贡献份额与同行业对全国 OFDI 贡献份额的比值。第 m 年省域 j OFDI 的相对增长率、结构效果指数和竞争力指数分别为 f_o^m、p_o^m 和 q_o^m，这些指数的表达式和计算公式分别表示为

---

① 因无法获得广东省样本期间行业对外投资数据，无法以广东省背景进行动态偏离—份额分析，导致分析说服力下降。希望在后续研究予以弥补。

第七章 中国省域 OFDI 竞争优势培育绩效的实证研究

$$f_o^m = (k^m/k^o)/(K^m/K^o)$$

$$= \left[\left(\sum_{i=1}^n k_{ji}^m h_{ji}^m\right) / \sum_{i=1}^n (k_{ji}^o h_{ji}^o)\right] / \left[\left(\sum_{i=1}^n K_i^m\right) / \left(\sum_{i=1}^n K_i^o\right)\right] \quad (7.10)$$

$$p_o^m = \left[\left(\sum_{i=1}^n K_i^m h_{ji}^o\right) / \left(\sum_{i=1}^n K_i^m h_{ji}^o\right)\right] / \left[\left(\sum_{i=1}^n K_i^m / \sum_{i=1}^n K_i^o\right)\right] \quad (7.11)$$

$$q_o^m = \left(\sum_{i=1}^n K_i^m h_{ji}^m\right) / \left(\sum_{i=1}^n K_i^m h_{ji}^o\right) \quad (7.12)$$

由上述表达式可推出第 m 年省域 j OFDI 的相对增长率为其结构效果指数和竞争力指数之积。若第 m 年省域 j OFDI 的相对增长率、结构效果指数和竞争力指数均大于 1，说明相对于基年，江苏省投资速度和企业竞争力水平均领先于全国，投资结构优于全国。

省域 j 的 OFDI 增量可表示为 $G_{j,o}^t = \sum_{m=1}^t G_{j,o}^{m-1,m} = \sum_{i=1}^n E_{ji,o}^t + \sum_{i=1}^n C_{ji,o}^t + \sum_{i=1}^n S_{ji,o}^t$。以竞争力偏离分量为例推导总增量与分增量的关系。

$$\begin{aligned}
E_{ji,o}^t &= k_{ji}^o(r_{ji} - R_i) = k_{ji}^o((k_{ji}^t - k_{ji}^{t-1} + L + k_{ji}^1 - k_{ji}^o)/k_{ji}^o - \\
&\quad (K_{ji}^t - K_{ji}^{t-1} + L + K_{ji}^1 - K_{ji}^o)/K_{ji}^o) \\
&= \sum_{m=1}^t \left[(k_{ji}^m - k_{ji}^{m-1})/k_{ji}^o - (K_{ji}^m - K_{ji}^{m-1})/K_{ji}^o\right] k_{ji}^o \\
&= \sum_{m=1}^t E_{ji,o}^{m-1,m}
\end{aligned}$$

同理，结构偏离分量 $C_{ji,o}^t = k_{ji}^o(R_i - R) = \sum_{m=1}^t C_{ji,o}^{m-1,m}$，份额分量 $S_{ji,o}^t = k_{ji}^o R = \sum_{m=1}^t S_{ji,o}^{m-1,m}$。结构偏离分量与竞争力偏离分量之和为偏离分量，即 $CE_{j,o}^t = \sum_{m=1}^t CE_{j,o}^{m-1,m} = \sum_{i=1}^n E_{ji,o}^t + \sum_{i=1}^n C_{ji,o}^t$。份额分量 $S_{ji,o}^{m-1,m}$ 表示江苏省行业 i 对外投资以全国增长率发展时从 $m-1$ 年到 m 年应达到的增量；结构偏离分量代表江苏省行业的同比例增长偏离分量，即按全国同行业 OFDI 增长率克服全国增长率后，从 $m-1$ 年 m 到年的投资增量。若结构偏离分量为正，说明行业 i 对外投资速度高于全国水平，为朝阳行业；反之为衰退行业。竞争力偏离分量 $E_{ji,o}^{m-1,m}$ 反映江苏省行业的差异偏离分量，即按实际增长率克服全国同行业增长率后从 $m-1$ 年到 m 年的投资增量。若从 $m-1$ 年到 m 年江苏省行业 i 内企业相对全国同行具有竞争优势，则竞争力偏离分量 $E_{ji,o}^{m-1,m}$ 必为正值。若结构偏离分量 $\sum_{i=1}^{n} C_{ji,o}^{m-1,m}$ 为正，说明从 $m-1$ 年到 m 年江苏省在投资结构中朝阳行业投资增量超过衰退行业投资下降额，投资结构效果为促进其 OFDI 绩效改善；若竞争力偏离分量 $\sum_{i=1}^{n} E_{ji,o}^{m-1,m}$ 为负值，表明从 $m-1$ 年到 m 年江苏省竞争劣势行业的投资下降额超过竞争优势行业的投资增量，竞争力效果为促进江苏省 OFDI 绩效的恶化。若二者偏离分量之和为负即 $\sum_{i=1}^{n} CE_{ji,o}^{m-1,m} < 0$，意味从 $m-1$ 年到 m 年江苏省投资结构效果和竞争力效果的总效果恶化了江苏省 OFDI 的绩效，同时出现竞争力偏离分量之和为负即 $\sum_{i=1}^{n} E_{ji,o}^{m-1,m} < 0$ 则严重恶化其绩效。

三、数据来源

我们以 2013 年为基年，分四个阶段研究 2013—2017 年江苏省对外投资绩效。因江苏省 2014 年、2015 年金融业境外投资数据缺失而不予考虑。将非金融类对外投资行业划分为采矿业（I1）、制造业（I2）、建筑业（I3）、交通运输、仓储和邮政业（I4）、信息传输、计算机服务和软件业（I5）、批发和零售业（I6）、住宿和餐饮业（I7）、房地产业（I8）、租赁和商务服务业（I9）、科学研究、技术服务和地质勘查业（I10）和其他行业即第一产业、电力、燃气及水的生产和供应业、文化教育卫生娱乐业（I11）。① 江苏省、全国和另外 30 个省域的 GDP 来自 2014—2018 年中国统计年鉴，全国、省域 OFDI 非金融流量数据与行业 OFDI 数据源于 2013—2017 年度中国对外投资统计公报。以年均美

---

① 基于行文简洁的考虑，本章后面部分将非金融类 OFDI 简称为 OFDI。

元汇率作为当年的美元汇率,为消除中国和美国价格变动的影响,以中国和美国居民消费价格指数代表二者价格,进而将美元名义汇率换算成美元实际汇率,以2010年为基准,考虑全国和省域价格变动,将名义GDP换算成真实GDP,相关数据均源于2014—2018年中国统计年鉴。

第二节 江苏省OFDI竞争优势培育绩效的实证分析

一、江苏省OFDI竞争优势培育绩效的灰关联与动态偏离—份额结果

根据公式(7.1)利用相关数据,计算整理出样本期间中国前二十位省域OFDI绩效(表7.1)。根据OFDI绩效指数的定义,利用截面数据评价年度OFDI绩效缺乏科学性,例如2014年江苏省、广东省的OND分别为0.7849、1.6423,低于2013年的0.8814、1.998,不足以说明二者2014年OFDI绩效不及2013年。

首先根据对外投资绩效指数范围进行分类即OND超过1的年度静态绩效一定优于指数等于或小1的年份,然后考虑OND排名顺序,排名靠后的不如前面的,最后如出现OND位次相同的年份,OND值大的年份,静态绩效更好。江苏省OFDI静态绩效下降顺序为2016年、2015年、2014年、2013年和2017年。样本期间,广东省和江苏省对外投资规模分别位于全国省域第一至第三、第四至第七,而广东省OND位次稳定于第四至第七位,江苏则为第九至第十六,波动比较大。前者OND均超过1,而后者数值不足1。这表明江苏省OFDI滞后于其经济发展水平,绩效不及广东省。综合投资位次、OND位次和二者位次之

差额可推出四个阶段江苏省对外投资绩效经历了两次改善与两次恶化，其中，2015—2016 年绩效改善程度超过 2013—2014 年，2014—2015 年绩效恶化后果不及 2016—2017 年。与同期相比，江苏省与广东省 OFDI 绩效差距扩大的年度顺序为 2016 年、2014 年、2015 年、2013 年和 2017 年。在动态绩效改善显著的年份，江苏省 OFDI 绩效指数位居第九位，成为样本期间进入前十位的仅有一次；而绩效恶化最严重的年份，其绩效未进入全国前十五位。

表 7.1　2013—2017 年中国前二十位省域 OFDI 绩效指数及其排序

排序	2013 年 省域	OND	2014 年 省域	OND	2015 年 省域	OND	2016 年 省域	OND	2017 年 省域	OND
1	海 南	4.4979	北 京	4.2251	上 海	7.0658	天 津	5.2797	海 南	6.9131
2	北 京	3.5745	天 津	3.3501	北 京	4.0843	上 海	4.3864	上 海	4.1497
3	上 海	2.1013	海 南	3.1749	宁 夏	2.8938	北 京	3.1257	重 庆	2.59
4	广 东	1.6423	上 海	2.6174	海 南	2.504	甘 肃	1.716	北 京	2.3198
5	天 津	1.3885	广 东	1.9998	西 藏	2.2984	广 东	1.4728	浙 江	2.0313
6	山 东	1.3466	宁 夏	1.5354	广 东	1.3023	浙 江	1.3521	西 藏	1.7502
7	云 南	1.2518	云 南	1.2293	浙 江	1.2812	山 东	0.9938	广 东	1.2919
8	浙 江	1.164	浙 江	1.1947	天 津	1.1957	宁 夏	0.9505	天 津	1.1789
9	甘 肃	1.1279	甘 肃	0.8713	山 东	0.8723	江 苏	0.8201	山 东	1.0655
10	吉 林	0.9938	山 东	0.8272	福 建	0.8284	福 建	0.7477	甘 肃	0.9819
11	黑龙江	0.9194	江 苏	0.7849	江 苏	0.8036	新 疆	0.6761	云 南	0.9021
12	江 苏	0.8814	内蒙古	0.7774	重 庆	0.7567	海 南	0.6137	福 建	0.8687
13	安 徽	0.8318	重 庆	0.6885	安 徽	0.7313	云 南	0.5539	新 疆	0.8111
14	辽 宁	0.8231	甘 肃	0.6481	新 疆	0.5744	重 庆	0.5463	安 徽	0.6844
15	山 西	0.7728	辽 宁	0.6312	辽 宁	0.5459	河 南	0.5318	陕 西	0.5691
16	福 建	0.7693	四 川	0.6069	云 南	0.5409	内蒙古	0.4998	江 苏	0.4978
17	新 疆	0.697	江 西	0.5954	江 西	0.4692	河 北	0.484	湖 南	0.4776
18	宁 夏	0.5847	福 建	0.5543	吉 林	0.3563	广 西	0.4043	辽 宁	0.4775
19	河 北	0.5615	黑龙江	0.5314	四 川	0.3052	辽 宁	0.3939	河 北	0.4741
20	重 庆	0.4844	天 津	0.5094	湖 南	0.3021	黑龙江	0.3934	四 川	0.4725

注：新疆 OND 使用的对外投资数据由新疆维吾尔自治区和新疆生产建设兵团相关数据加总而成。

计算四个阶段和样本期间江苏省与全国层面"制造业""信息传输、计算机服务和软件业""科学研究、技术服务和地质勘查业"对外投资之和及其占OFDI总额的比重，发现全国与江苏省竞争优势培育型行业对外投资占比分别为11.20%~26.79%、24.53%~45.92%，规模偏小。[①] 结合2013—2017年江苏与全国的行业与整体对外投资、GDP、美元名义汇率、中国与美国居民消费价格指数等相关数据，利用灰关联测度模型，计算确定江苏OFDI行业的灰关联度。[②]

根据灰关联度的大小可相应判断行业对江苏境外投资绩效的影响强弱。一般认为，当灰关联度值不足0.45时，二者为弱关联；当关联度值介于0.45~0.6，为中等关联；当关联度值超过0.6时，为强关联。考虑OFDI绩效的影响因素，除了考虑全部行业的整体作用外，重点考虑强关联和中等关联行业的贡献，尤其是强关联行业的贡献。影响考察期江苏省OFDI绩效的强关联行业为制造业（I2）、批发和零售业（I6）、采矿业（I1）、租赁和商务服务业（I9）、信息传输、计算机服务和软件业（I5）；中等关联行业为科学研究、技术服务和地质勘查业（I10）、房地产业（I8）、建筑业（I3）、交通运输、仓储和邮政业（I4）和其他行业即第一产业、电力、燃气及水的生产和供应业、文化教育卫生娱乐业（I11），而住宿和餐饮业（I7）属于弱关联行业。根据灰关联度排序和行业灰关联度类型，"制造业""信息传输、计算机服务和软件业"已经对江苏省OFDI绩效产生了最重要和比较重要的影响，"科学研究、技术

[①] 省域层面OFDI竞争优势培育行业比重超过国家层面，原因是，根据2017年度对外投资统计公报显示样本期间国家层面央企投资超过地方投资，而央企对外投资在相当程度上与经济发展和国家战略有关，不是单纯的商业行为，省域层面OFDI的主体未包括中央企业。

[②] 江苏省OFDI行业灰关联度的顺序由大到小依次为I2（0.7929）、I6（0.7534）、I1（0.6855）、I9（0.6482）、I5（0.6189）、I10（0.5647）、I8（0.5646）、I3（0.5603）、I4（0.521）、I11（0.4812）和I7（0.3983）。括号内的数字为对应行业与整体的灰关联度值。

服务和地质勘查业"对江苏省 OFDI 绩效的重要性位居第六位，不属于影响不太重要的行业，因此竞争优势培育行业对江苏省 OFDI 绩效的影响已经超出了其投资规模的重要性。

运用动态偏离—份额模型，计算全国背景下的江苏省对外投资结构与企业竞争力在全国背景下的整体效果（见表 7.2）。从投资增量上观察，2013—2016 年江苏省对外投资逐年增加至 2016 年增幅最大，2017 年对外投资急剧下降，下降幅度超过 2014 年、2016 年年度投资增量之和，造成 2017 年相对于 2013 年投资增量不及 2015 年、2016 年的任一年度增量。江苏省全部强关联行业与江苏省整体对外投资变动非常类似。全部中等关联行业在 2014 年和 2017 年投资下降，而另外两年，尤其是 2016 年投资增加显著，最终使 2017 年相对于 2013 年投资增量超过 2015 年投资增量。因全部强关联投资影响超过了全部中等关联行业投资影响，导致非弱关联行业投资变动表现了类似与强关联行业投资特征。弱关联行业投资表现出与强关联行业、中等关联行业投资截然不同的变动。2015 年投资急剧下降，下降幅度超过 2014 年、2015 年投资增量之和，2017 年投资显著增加，使得 2017 年相对 2013 年投资增幅仅次于 2017 年年度投资增幅。

从相对增长率、结构效果指数和竞争力效果指数观察，2017 年相对于 2013 年，因结构优势的积极影响略大于竞争力劣势的消极作用，江苏省对外投资发展速度略高全国，而投资结构优势呈现波动下降趋势，至第四阶段（2016—2017 年）投资结构已经不及全国，投资竞争力表现为波动上升趋势，在第二阶段和第四阶段竞争力均超过全国，使投资发展速度由 2014 年、2015 年领先全国到 2016 年和 2017 年不及全国。全部强关联行业，无论是基年相对于末年，还是分阶段，对外投资速度、投资结构、竞争力的变化与江苏省整体类似。全部中等关联行业对外投资与前两者差别非常明显。2017 年相对于 2013 年，江苏省全部中等关联行业竞争力水平略高于全国同行，对投资的积极影响不足以弥补投资结构劣势过大引起的阻碍作用，使投资速度仅为全国的60%。投资结构与竞争力分别经历了波动性下降和波动性上升，二者交替出现两个阶段结构优势和竞争力水平领先优势，二者作用的结果使前三个阶段全部中等关联行业投资速度增加至第三阶段并超过全国速度，第四阶段略低于全国速度。全部强关联行业投资影响超过了全部中等关联影响，使全部非弱关联行业，无论是基年相对于末年，还是分阶段，对外投资速度、投资结构、竞争力的变化与江苏省整体类似。末年相对于基年，江苏省弱关联行业结构略优于全国同行，对投资的积极影响不足以弥补竞争力劣势过大引起的阻碍作用，使投资速度仅为全国的63%。除第四阶段结构略劣于全国外，结构优于全国，第二阶段优势明显，使投资竞争力波动性较快上升至第四阶段，明显高于全国，二者作用结果使2015年和2017年投资速度超过全国。

结合上面与广东省对外投资绩效相同的数据分析，以2013年为基准，江苏省绩效改善不及广东省或绩效恶化超过后者的根源，可从以下两方面进行探讨：

一是指数分析。除2015年外，等效相对增长率均高于现实江苏省对外投资的数值即表中数值。[①] 这表明：尽管2014年度、2015年、2017年相对于2013年江苏省对外投资速度超过全国，却落后于广东省；2016年、2017年，全国对外投资速度超过江苏省，而江苏省等效对外投资速度大于全国，与2014年度、2015年、2013—2017年相比，一定程度上导致江苏省与广东省OND差距扩大。二者差额显示表明后者相比，江苏省对外投资速度已经由超过江苏省GDP发展转化为不及后者。2015年江苏省OFDI等效相对增长率低过江苏省实践中的相对增长率，以2013年为基准，等效相对增长率略高于

---

① 2014年、2015年、2016年、2017年和2017年相对于2013年，与广东省等效的江苏省OFDI相对增长率分别为1.4685、0.8861、1.4397、0.8494和1.5109。

后者。①

表 7.2　江苏省对外投资结构与企业竞争力在全国背景下的整体效果（2013—2017 年）

	时期	$G_{j,o}^m$	f_o^m	p_o^m	q_o^m	$S_{j,o}^m$	$C_{j,o}^m$	$E_{j,o}^m$	$CE_{j,o}^m$
A	2013-2014	109081	1.1259	1.143	0.985	63862	53371	-8152	45219
	2014-2015	213025	1.7057	1.373	1.2423	67462	1892	143671	145563
	2015-2016	237207	0.9187	1.1492	0.7994	493693	-12210	-244276	-256486
	2016-2017	-434140	0.6634	0.6403	1.0361	-466564	13828	18596	32424
	2013-2017	125173	1.1704	1.78	0.6575	158453	56881	-90161	-33280
B	2013-2014	-7769	0.7223	1.0924	0.6612	26307	49616	-83692	-34076
	2014-2015	71160	0.7573	0.7154	1.0586	21013	37222	12925	50147
	2015-2016	152132	1.1184	1.1628	0.9618	156999	10430	-15297	-4867
	2016-2017	-82334	0.9884	0.7657	1.2909	-185084	34182	68568	102750
	2013-2017	133189	0.6047	0.589	1.0267	19235	131450	-17496	113954
C	2013-2014	101312	1.0182	1.1539	0.8824	90169	102987	-91844	11143
	2014-2015	284185	1.3444	1.1275	1.1924	88475	39114	156596	195710
	2015-2016	389339	0.9679	1.1528	0.8396	650692	-1780	-259573	-261353
	2016-2017	-516474	0.7622	0.6833	1.1154	-651648	48010	87164	135174
	2013-2017	258362	1.0097	1.3368	0.7553	177688	188331	-107657	80674
D	2013-2014	343	0.6029	1.0001	0.6028	501	5932	-6090	-158
	2014-2015	-5753	1.0845	1.2076	0.8981	11154	15975	-32883	-16908
	2015-2016	19	0.7578	1.0001	0.7577	1742	2917	-4640	-1723
	2016-2017	24068	1.5473	0.9987	1.5493	-1257	-758	26083	25325
	2013-2017	18667	0.6378	1.0001	0.6377	12140	24066	-17530	6536

---

① 以 2013 年为基准，2015 年江苏省 OFDI 的等效相对增长率和实践中的相对增长率分别为 1.3012、1.2894。

续表

	时期	$G_{j,o}^m$	f_o^m	p_o^m	q_o^m	$S_{j,o}^m$	$C_{j,o}^m$	$E_{j,o}^m$	$CE_{j,o}^m$
E	2013—2014	101655	1.0164	1.1602	0.8761	90670	108919	-97934	10985
	2014—2015	283183	1.2686	1.1893	1.0667	88938	133634	60611	194245
	2015—2016	389358	0.9192	1.0976	0.8375	652434	1137	-264213	-263076
	2016—2017	-492406	0.8469	0.7366	1.1497	-652905	47252	113247	160499
	2013—2017	281790	1.0039	1.4866	0.6753	179137	290942	-188289	102653

注：A、B、C、D 和 E 分别代表强关联行业、中等关联行业、非弱关联行业、弱关联行业和全部行业，非弱关联行业由强关联行业和中等关联行业组成；相对增长率、结构效果指数和竞争力效果指数等指数，均以 2013 年为基准，无单位；其他指标单位为万美元；每一类型第五行的相关变量含义不是相对于上一年度，而是样本期间末年相对于基年，此时表格第一行相关变量应为加总，考虑到表显得复杂而没有修改。

二是对外投资增量缺口分析，尽管江苏省对外投资偏离分量之和在四个阶段和样本期间出现了四次为正和一次为负，表明除 2016 年外，江苏省对外投资增量超过了按全国对外投资速度的增长值。根据江苏省对外投资绩效指数，利用江苏省与全国国民生产总值、全国对外投资流量，确定与广东省绩效相同时江苏省 2013—2017 年年度对外投资相应为 1099241 万美元、1760533 万美元、1579759 万美元、2450211 万美元和 2262550 万美元。可确定四个阶段和样本期间累积的投资增量缺口分别为 559639 万美元、-463983 万美元、481076 万美元、304710 万美元和 881442 万美元。① 除 2015 年外，样本期间与广东省等效的年度江苏省对外投资增量和累积投资增量超过了江苏省实践中的数值，即表中数

---

① 2017 年与 2014 年、2016 年度江苏省对外投资增量缺口为正的情况不一样：综合 2017 年度中国对外投资统计公报、2018 年中国统计年鉴而可知 2017 年全国非金融类 OFDI 流量较 2016 年下降 23%，省域非金融 OFDI 流量也急剧下降，而全国 GDP 2016 年增长率为 6.9%，省域 GDP 增长率均为正数，此时江苏省与广东省绩效差距的根源是江苏省 OFDI 下降更多，使得 2017 年相对 2016 年增量缺口为正，2014 年和 2016 年江苏省和广东省对外投资均增加，二者绩效差距的原因是江苏省 OFDI 增加不足，使增量缺口为正。根据江苏省实际的 OFDI 绩效指数引起 OFDI 增量超过按照广东省 OFDI 绩效指数引起的 OFDI 增量，致使 2015 年相对 2014 年江苏省 OFDI 增量缺口为负。

值。以 2013 年为基准，2015 年江苏省累积投资增量缺口为 95656 万美元，不再为负值。年度投资增量缺口呈现下降趋势即 2014 年江苏省投资增量的缺口最大，2017 年最小。这表明 2016 年投资增量为年度增量最大，此时增量缺口最小，江苏省的绩效指数位次达到最佳，与广东省绩效差距的考量，在样本期间年度投资增量差距却最大。

根据不同关联类型的行业 OFDI 增长率指数和总体 OFDI 增长率指数进行比较，确定四个阶段和样本期间三种类型行业 OFDI 对江苏省与广东省 OND 差距的影响。强关联行业 2014 年、2015 年的 OFDI 增长率均大于整体的 OFDI 增长率，因而缩小了江苏省整体与广东 OFDI 绩效的差距，2016 年和 2017 年正好相反，扩大与广东省 OFDI 绩效差距，样本期间 OFDI 增长率指数略大于整体，前者的影响更大，净影响为较强的绩效差距缩小效应；中等关联行业 2014 年与 2015 年的投资与强关联行业 2016 年 2017 年类似，2016 年与 2017 年则与强关联行业 2014 年和 2015 年的类似，而缩小与广东绩效差距的影响明显不及强关联行业，两年扩大的总影响也不及前者，样本期间净影响为明显的绩效差距扩大效应；非弱关联行业投资对江苏省整体投资绩效的影响比较微弱，前三个阶段为较弱的绩效差距缩小效应而第四阶段扩大了绩效差距，样本期间净影响为微弱的对外投资绩效差距缩小效应；不同的是弱关联行业投资，前三个阶段扩大了江苏省与广东省对外投资绩效差距，扩大效应下降，至 2017 年缩小了绩效差距，但三个阶段较强的累积效应使得净效应为比较明显的扩大差距效应。

根据 OFDI 投资（累计）增量缺口、结构偏离分量、竞争力偏离分量进行分析，只有分量为负才引起江苏省 OFDI（累计）增量缺口。值得注意的是，动态偏离—份额方法是以全国为背景，而投资增量缺口是以广东省为背景，广东省 OFDI 发展速度在样本期间均高于全国速度，因此，表 7.2 只能部分解释投资增量缺口。从全部行业看，样本期间江苏省朝阳行业对外投资增量超过了衰退行业对外投资的下降数量，2015 年度和 2017 年度竞争力水平高于全国同行的投资，超过落后全国同行的投资。竞争力弱于全国同行的江苏省行业 OFDI 投资对其年度投资增量缺口的解释力增强,而对累积投资增量缺口的解释力减弱。① 从强关联行业看,江苏省对外投资在两个阶段和样本期间存在竞争力水平不及全国,其中一个阶段出现了投资结构劣势。投资结构劣势和竞争力落后于全国,可解释 2016 年江苏省对外投资增量缺口的 53.32%,而竞争力落后于全国造成江苏省 2014 年 1.46% 的对外投资增量缺口和 2017 年 10.23% 的对外投资累积增量缺口。从中等关联行业看,江苏省对外投资在两个阶段和样本期间竞争力水平不及全国,对年度投资增量缺口和累积增量缺口的解释力均下降,后者下降程度更明显。② 非弱关联行业投资与强关联类似,江苏省对外投资在两个阶段和样本期间存在竞争力水平不及全国,其中一个阶段出现了投资结构劣势。投资结构劣势和竞争力落后于全国,可解释 2016 年江苏省对外投资增量缺口的 54.33%,而竞争力落后于全国,造成江苏省 2014 年 16.41% 的对外投资增量缺口和 2017 年 12.21% 的对外投资累积增量缺口。弱关联行业在两个阶段和两个累积期间对外投资竞争力不及全国,一个阶段投资结构劣于全国。结构劣势可解释江苏省 2017 年的 0.25% 投资增量缺口,投资竞争力不强造成极小的年度投资增量缺口和较大的投资累积增量缺口。③

从江苏省和全国层面将按关联度分类的行业投资和除以相应年度总投资,可确定江苏省和全国的关联行业投资比重,江苏省与全国关联行业投资比重相除可确定江苏省关联行业的相对投资指数。相对投资指数超过 1 说明该类型行业投资超过全国水平。将江苏省关联行业投资比重与相对投资指数整理如表 7.3 所示。

---

① 竞争力劣势对 2014 年度、2016 年度江苏省对外投资增量缺口的解释力分别为 17.5%、54.9%,而对 2015 年和 2017 年江苏省对外累积投资增量的解释力相应为 39.02%、21.36%。
② 竞争力水平不及全国对 2014 年度、2016 年度江苏省对外投资增量缺口的解释力分别为 14.95%、.18%,而对 2015 年和 2017 年江苏省对外投资累积增量缺口的解释力相应为 73.98%、1.98%。
③ 江苏省 2014 年、2016 年 1.09% 与 0.36% 的对外投资增量缺口与 2015 年、2017 年投资累积增量缺口的 40.74% 和 1.99%,因竞争力不及全国引起。

表7.3　基于灰关联度类型的江苏省行业对外投资比重与相对投资指数

	2013年	2014年	2015年	2016年	2017年
A	(0.7043, 0.8696)	(0.7585, 0.9632)	(0.7567, 1.2951)	(0.7146, 1.29433)	(0.6206, 1.0136)
B	(0.2901, 1.5333)	(0.2363, 1.1242)	(0.2406, 0.6693)	(0.2835, 0.8220)	(0.3491, 0.9798)
C	(0.9944, 0.9953)	(0.9948, 0.9971)	(0.9973, 1.0567)	(0.9981, 1.1271)	(0.9693, 1.0011)
D	(0.0056, 0.2222)	(0.0052, 2.2609)	(0.0027, 0.0480)	(0.0019, 0.0184)	(0.0307, 0.9654)

注：A、B、C和D的含义与表7.2相同；括号内左边与右边数字分别代表江苏省不同类型行业的投资比重与相对投资比重。

由表7.3可知，除2016年外江苏省非弱关联行业OFDI投资与全国投资比重相当，而比重超过全国集中体现在2014年的弱关联行业、2015年以来的强关联行业和2013年、2014年的中等关联行业。强关联行业与中等关联行业的投资比重优势弱化趋势明显，即使在2015年强关联行业和2013年中等关联行业的投资比重超过全国的幅度也并不明显。

江苏省强关联行业对外投资比重和相对投资指数均呈现U型变化，投资比重在2014年达到最大，2017年下降至最小但超过50%，而相对投资指数变化相对滞后，在2015年达到最大，下降至2017年仍大于1，表明自2014年以后强关联行业投资超过全国水平，但2016年和2014年的比重位分别居样本期间第三和第一，2016年投资超过全国但不及2015年，2014年投资却不及全国。中等关联行业对外投资比重和相对投资指数的变化表现为倒U型特征，投资比重的最低点和最高点分别在2014年和2017年，2013年相对投资指数达到最大，2014年以后投资不及全国，2015年指数为最小。非弱关联行业对外投资是前面二类行业投资作用的结果，对外投资比重和相对投资指数持续上升至2016年，2017年为投资比重最低的年度，但仍超过95%，相对投资指数均超过2013年和2014年，并超过全国投资。弱关联行业投资相对投资指数除2014年外，其余年份均不及全国，2016年和2015年差距明显。2016年、2014年为江苏省样本期间静态绩效最优和次优的年度，这与上述行业投资比重与相对投

第七章 中国省域OFDI竞争优势培育绩效的实证研究

资指数的变化特征不一致，① 尤其是强关联行业方面这一特征表现突出，不利于2016年和2014年缩小与广东省OFDI绩效差距。

根据江苏省年度OFDI流量和行业OFDI流量可测算研究时期每年行业投资比重，将行业投资所占年度总投资的比重和关联度均按照由大到小进行排序。行业的投资比重位次与关联度位次之差的绝对值反映江苏行业投资与年度投资静态绩效的匹配程度。绝对值越小，匹配程度越好。江苏省强关联行业对外投资，制造业（I2）匹配最好，信息传输、计算机服务和软件业（I5）投资比重位次与关联度位次之差的绝对值较小，批发和零售业（I6）、租赁和商务服务业（I9）次之，采矿业（I1）最不匹配，全部强关联行业匹配程度逐渐下降的年份顺序为2015、2016、2014、2017和2013年；② 中等关联行业对外投资，建筑业（I3）、交通运输、仓储和邮政业（I4）匹配程度最好但不及制造业，科学研究、技术服务和地质勘查业（I10）、房地产业（I8）次之，与I6、I9差别不大，其他行业即第一产业、电力、燃气及水的生产和供应业、文化教育卫生娱乐业（I11）匹配性最差，全部中等关联行业对外投资匹配程度逐渐改善的年份顺序为2017年、2015年、2013年、2016年和2014年；非弱关联行业对外投资年度自2014年、2015年、2016年、2013年至2017年匹配程度逐渐恶化；弱关联行业即住宿和餐饮业（I7）对外投资匹配最好的为2013年和2015年，其次为2014年和2016年，2017年匹配最差。

江苏省任一类型行业对外投资与静态绩效匹配程度的顺序与江苏省OFDI静态绩效年度顺序并不一致，尤其是强关联行业和非弱关联行业

---

① 存在一致的情形：非弱关联行业对外投资比重和相对投资指数的排序与2016年江苏省OFDI绩效排序吻合，强关联行业和中等关联行业的对外投资比重和相对投资指数的排序与2014年江苏省OFDI绩效排序一致。

② 自2013—2017年，强关联行业投资比重位次与灰关联度位次差额的绝对值分别为I2（1，0，0，0，0）、I6（2，1，0，0，2）、I1（3，2，2，5，3）、I9（3，2，1，1，1）和I5（4，，4，3，4，3）；中等关联行业投资比重位次与灰关联度位次差额的绝对值分别I10（1，0，3，1，1）、I8（2，3，3，1，4）、I3（0，0，1，1，1）、I4（1，2，1，2，1）和I11（7，3，4，6，8）；弱关联行业投资比重位次与灰关联度位次差额的绝对值分别I7（0，1，0，1，4）。

的年度顺序不一致，直接影响江苏省与广东省 OFDI 静态绩效差距的大小。2016 年与 2014 年江苏省 OFDI 静态绩效为样本期间最好的两个年份。2016 年始终不是任一类型行业匹配程度最好的年份；中等关联行业和弱关联行业投资匹配程度比较低，只有制造业、批发和零售业对外投资匹配程度较好，才使江苏省缩小与广东省同年度 OFDI 绩效差距不明显。2014 年除强关联行业外的具体行业投资较 2016 年有所改善，中等关联行业、弱关联行业匹配程度位居样本期间年度最佳，这有利于缩小与广东静态绩效差距。2017 年绩效最差，这可由中等、弱关联行业匹配程度去解释，主要是由于其他行业，即第一产业、电力、燃气及水的生产和供应业、文化教育卫生娱乐业（I11）、住宿和餐饮业（I7）等投资最不匹配造成的。

二、江苏省 OFDI 竞争优势培育绩效结果的灰关联与动态偏离—份额分析

根据江苏省对外投资结构和竞争力的动态偏离—份额模型，利用相关数据计算、整理 2013—2017 年江苏省 OFDI，强关联行业、中等关联行业、非弱关联和全部行业中朝阳行业和竞争优势行业所占的投资比重如表 7.4 所示。

表 7.4　江苏省 OFDI 朝阳行业与竞争优势行业投资占年度投资的比重（%）

	2014 年	2015 年	2016 年	2017 年
强关联行业	72.30, 50.64, 122.94	24.94, 50.73, 75.67	37.75, 33.71, 71.46	49.96, 12.16, 62.06
中等关联行业	18.12, 20.97, 39.09	20.05, 10.83, 30.88	16.80, 21.84, 38.64	8.9, 26.11, 47.17
非弱关联行业	90.42, 71.61, 162.03	24.99, 61.56, 86.55	54.55, 55.55, 110.10	58.76, 38.27, 97.03
全部行业	90.97, 71.61, 162.58	25.26, 61.56, 86.82	54.74, 55.55, 110.29	58.76, 41.33, 100.09

注：括号内左边、中间、右边分别为朝阳行业的投资比重、竞争优势行业的投资比重和二者的比重之和

从强关联、中等关联行业和弱关联行业两个层面汇总动态偏离—份额，结果如表7.5、表7.6所示。

表7.5 江苏省OFDI强关联行业投资结构和竞争力的DSSM 单位：万美元

行业	年份	$G_{ji,o}^{m-1,m}$	$s_{ji,o}^{m-1,m}$	$C_{ji,o}^{m-1,m}$	$E_{ji,o}^{m-1,m}$	$CE_{ji,o}^{m-1,m}$
I2	2013—2014	71482	18774	21401	31307	52708
	2014—2015	49434	24901	177740	-153207	24533
	2015—2016	127732	162687	-45528	10573	-34955
	2016—2017	-41531	-177466	175982	-40047	135935
	2013—2017	207117	28896	329595	-151374	178221
I6	2013—2014	27863	14532	8755	4576	13331
	2014—2015	80426	15742	-133412	198096	64684
	2015—2016	75397	135766	126293	-186662	-60369
	2016—2017	-204490	-133172	-176135	104817	-71318
	2013—2017	-20804	32868	-174499	120827	-53672
I1	2013—2014	-5491	4661	-14797	4645	-10152
	2014—2015	43933	3194	-11460	52199	40739
	2015—2016	-11190	46027	-102770	45553	-57217
	2016—2017	-25325	-27558	-138290	140523	2233
	2013—2017	1927	26324	-267317	242920	-24397
I9	2013—2014	9907	25299	33727	-49119	-15392
	2014—2015	23488	22442	-28359	29405	1046
I9	2015—2016	38706	132517	35777	-129588	-93811
	2016—2017	-154569	-113287	68076	-109358	-41282
	2013—2017	-82468	66971	109221	-258660	-149439
I5	2013—2014	5320	596	4285	439	4724
	2014—2015	15744	1183	-2617	17178	14561
	2015—2016	6562	16696	-25982	15848	-10134
	2016—2017	-8225	-15081	84195	-77339	6856
	2013—2017	19401	3394	59881	-43874	16007

表 7.6　江苏 OFDI 中等和弱关联行业投资结构和企业竞争力的 DSSM 汇总

单位：万美元

行业	时期	$G_{ji,o}^{m-1,m}$	$s_{ji,o}^{m-1,m}$	$C_{ji,o}^{m-1,m}$	$E_{ji,o}^{m-1,m}$	$CE_{ji,o}^{m-1,m}$
I10	2013－2014	3976	2871	－4192	5297	1105
	2014－2015	－4698	2913	19000	－26611	－7611
	2015－2016	78808	12021	－6783	73570	66787
	2016－2017	－49016	－46315	3067	－5768	－2701
	2013－2017	29070	－28510	11092	46488	57580
I8	2013－2014	58797	7366	33022	18409	51431
	2014－2015	4386	13725	3714	－13053	－9339
	2015－2016	－23636	74367	29000	－127003	－98003
	2016－2017	－79175	－41866	－3876	－33433	－37309
	2013－2017	－39628	53592	61860	－155080	－93220
I3	2013－2014	10904	711	－1747	11940	10193
	2014－2015	23606	1998	－766	22374	21608
	2015－2016	20381	26199	－18402	12584	－5818
	2016－2017	－38879	－28491	55700	－66088	－10388
	2013－2017	16012	417	34785	－19190	15595
I4	2013－2014	－835	571	394	－1800	－1406
	2014－2015	11230	370	9766	1094	10860
	2015－2016	－12856	9446	－7914	－14388	－22302
	2016－2017	7918	－603	898	7623	8521
	2013－2017	5457	9784	3144	－7471	－4327
I11	2013－2014	－80611	14788	22139	－117538	－95399
	2014－2015	36636	2007	5508	29121	34629
	2015－2016	89435	34966	14529	39940	54469
	2016－2017	76818	－67809	－21607	166234	144627
	2013－2017	122278	－16048	20569	117757	138326
I7	2013－2014	343	501	5932	－6090	－158
	2014－2015	－1002	463	94520	－95985	－1465
	2015－2016	19	1742	2917	－4640	－1723
	2016－2017	24068	－1257	－758	26083	25325
	2013－2017	23428	1449	102611	－80632	21979

2013—2016 年江苏省 OFDI 绩效变动背景相同，即样本期间前三个阶段全国年度对外投资增加，无论是考虑行业关联类型，还是考虑全部行业，江苏省朝阳行业与竞争优势行业的投资比重之和的大小直接影响年度其 OFDI 绩效的改善与恶化。2015 年为江苏省中等关联行业、非弱关联行业、弱关联行业和全部行业对外投资中二者比重之和最小的年度；2016 年中等关联、非弱关联行业与全部关联行业中二者比重之和仅次于 2014 年，中等关联行业二者比重之和的差距最小，而强关联行业投资在朝阳行业和竞争优势行业比重之和反而为三年最小，明显不利于江苏省缩小与广东省 OFDI 绩效的差距。

自 2016—2017 年全国对外投资流量下降，尽管在强关联行业中，朝阳行业投资比重具有一定的优势，四年中仅次于 2014 年，但竞争优势行业投资比重过低，同时中等关联行业中竞争优势行业投资比重在四年中为最大，而朝阳行业投资比重过低，两类投资比重过低，在一定程度上说明江苏省 2017 年投资中衰退行业投资比重高，即存在较高比例的超过全国平均下降速度行业，竞争力不及全国行业投资比重过高即存在超过全国同行的下降速度企业，二者作用导致 OFDI 绩效恶化。与 2015 年绩效恶化相比，即使全国投资趋势正好相反，而强关联朝阳行业与竞争优势行业投资比重之和更小，在一定程度上也足以说明 2017 年绩效恶化最大。

由表 7.5、表 7.6 可知样本期间前三个阶段，全国任一行业对外投资份额分量均为正可知，江苏省行业对外投资偏离分量的正与负对应改善与恶化其整体 OFDI 绩效。在全国行业投资份额分量均为正的背景下，若江苏省某一行业对外投资结构偏离分量与竞争力偏离分量同时为负，严重恶化其 OFDI 绩效。处于衰退行业的对外投资企业竞争优势维持难度超过朝阳行业的对外投资企业摆脱竞争劣势的困难。江苏省企业对外投资满足偏离分量为正的要求时，由衰退行业转向朝阳行业，即使竞争力弱于国内同行，行业投资改善其整体 OFDI 绩效影响，因此具有可持续的特征，如果竞争力水平高于国内同行，则显著改善江苏整体 OFDI 绩效。在偏离分量为负的条件下，即使处于衰退行业的江苏省企业竞争力偏离分量为正，竞争优势也难以维持而朝阳行业的江苏省企业竞争劣势相对容易改变，类似地可推出对外投资由朝阳行业转向衰退行业，即使企业获得了竞争优势，对江苏省整体 OFDI 绩效的恶化影响，因此也具有可持续的特征，如果同时竞争力水平不及全国同行，将严重恶化其绩效。

样本期间最后阶段即 2016—2017 年，全国对外投资流量下降，导致全国任一行业对外投资份额分量均为负。江苏省改善其 OFDI 绩效的要求与前者相同，但改善绩效背后的原因更加复杂。偏离分量为正包括两种情况：一是某一行业对外投资下降速度低于全国或江苏省对外投资下降速度低于全国同行，比较普遍；二是某一行业对外投资反而增加或江苏省与全国同行不同，对外投资增加，极为罕见。在全国对外投资增量均为负的背景下，若江苏省行业投资结构偏离分量与竞争力偏离分量均为负数，严重恶化整体 OFDI 绩效。处于衰退行业的企业竞争优势维持难度超过朝阳行业企业摆脱竞争劣势的困难。① 在偏离分量为负的前提下，投资由衰退行业转向朝阳行业，即使企业失去竞争优势，行业投资改善江苏省 OFDI 绩效影响由不可持续转变为可持续，如果江苏省企业竞争力强于全国同行，将显著改善其绩效。处于衰退行业的江苏省企业竞争优势即竞争力偏离分量为正难以维持，朝阳行业的江苏省企业竞争劣势相对容易改变。

总之，无论全国对外投资下降还是上升，衰退行业中江苏省企业竞争力水平落后于全国同行，对外投资严重恶化其整体 OFDI 绩效。朝阳行业的影响不足以弥补竞争力水平低于全国同行或衰退行业的影响超过了竞争力领先全国同行，这些行业对外投资均恶化了江苏省整

---

① 在全国对外投资流量下降背景下，与前面类似，朝阳行业分两种情形：比较普遍的是行业投资下降速度小于全国（平均）对外投资速度，反常的是全国该行业投资不降反升。竞争优势行业为江苏省行业投资速度大于全国同行，江苏省行业投资并不必然上升，比较常见的是下降速度小于全国同行。

体 OFDI 绩效。相对于后者，竞争力水平不及全国同行超过了朝阳行业的影响，对外投资绩效恶化的可持续性已经转变为不可持续。朝阳行业中竞争力水平领先全国同行的江苏省对外投资将明显改善其整体 OFDI 绩效，朝阳行业的影响大于竞争力劣势或竞争力强于衰退行业的影响，这些行业对外投资均改善了江苏省整体 OFDI 绩效，相对于后者，朝阳行业的影响大于竞争力劣势的对外投资可持续改善江苏省整体 OFDI 绩效。

样本期间相对于 2013 年，强关联行业对外投资不存在对江苏省 OFDI 绩效的显著改善影响，竞争优势培育型行业，即制造业（I2）、信息传输、计算机服务和软件业（I5）投资可持续改善其绩效，另外三个行业投资恶化了江苏省 OFDI 绩效，其中租赁和商务服务业（I9）投资的恶化作用为不可持续。[①] 样本期间四个阶段，除了第二阶段为衰退行业外，制造业（I2）均为朝阳行业。在第一、第二阶段江苏省对外投资制造业竞争力都强于全国同行，即竞争优势培育绩效优于全国平均水平，第三、第四阶段江苏对外投资制造业竞争力水平不及全国同行，竞争优势培育绩效低于全国平均水平。制造业业由朝阳行业转向衰退行业，未能改变江苏省制造企业对外投资竞争优势培育绩效的领先态势，而行业持续快速发展或者行业加速发展，由衰退行业转向朝阳行业，竞争优势培育绩效下降至逆转。这说明江苏省制造业缺乏较强的溢出吸收能力，无法有效获取国际直接投资逆向溢出，难以充分利用行业快速发展或加速发展的机会，致使竞争优势培育绩效不及全国。信息传输、计算机服务和软件业（I5），作为朝阳行业、衰退行业交替出现。无论是作为朝阳行业的第一阶段，还是衰退行业的第二、第三阶段，江苏省信息传输、计算机服务和软件业（I5）竞争力水高于全国同行，这表明，

---

① 后面分析江苏省行业对外投资对与广东省 OFDI 等效的江苏省投资增量缺口的影响是指形成缺口，不考虑缩小缺口的作用。结合前面的分析可知，比较恶化绩效的差异时，只需考虑结构偏离分量为负或竞争力偏离分量为负，而不是比较偏离分量的大小；只有比较严重恶化绩效差异时，才考虑偏离分量的大小。

在全国对外投资增加的背景下,其竞争优势培育绩效高于全国水平。最后阶段全国对外投资下降,信息传输、计算机服务和软件业(I5)对外投资下降速度却低于平均水平即仍然为朝阳行业,而江苏省企业竞争力落后全国同行,因而世界经济下行,江苏省信息传输、计算机服务和软件业(I5)技术水平相对低下,未能利用朝阳行业有效抵御经济收缩冲击,引起竞争优势培育绩效降至低于全国水平。相对于信息传输、计算机服务和软件业(I5),制造业对江苏省OFDI绩效的影响变动更大。在第二阶段投资均改善了江苏省OFDI绩效,二者改善的区别是前者为可持续而后者为不可持续。其余三个阶段对江苏省OFDI绩效的影响性质完全相同即经历了显著改善、可持续恶化和可持续改善的剧烈变动。从江苏省等效投资增量缺口的影响上分析,信息传输、计算机服务和软件业(I5)、制造业(I2)均没有造成第一阶段江苏省等效对外投资增量缺口,前者还没有形成第一、第二阶段江苏省等效对外投资累积增量缺口。制造业(I2)对江苏省投资累积增量缺口的影响仅次于批发和零售业(I6)。二者对第三阶段江苏省等效对外投资增量缺口的影响分别位居强关联行业的第三、四位,信息传输、计算机服务和软件业(I5)对第四阶段的影响位次相对上升至第四位,制造业(I2)的影响减弱至末位。制造业(I2)与信息传输、计算机服务和软件业(I5)对江苏省等效对外投资累积增量缺口的影响相应位居最后两位。

租赁和商务服务业(I9)在四个阶段投资经历了不可持续恶化、不可持续改善和两次不可持续恶化,在强关联行业中投资变化相对最稳定。对第一阶段江苏省等效对外投资累积增量缺口的影响明显超过采矿业(I1),而对第一、第二阶段江苏省等效对外投资累积增量缺口的影响最小,对第三阶段、第四阶段投资增量缺口的影响比较大,分别位居强关联行业的第二、第三位。对样本期间投资累积增量缺口也位居第二位。在强关联行业中,批发和零售业(I6)对江苏省OFDI绩效影响波动最大,相继经历了显著改善、不可持续改善、不可持续恶化和可持续恶化。除了对第一阶段江苏省等效对外投资增量缺口没有影响外,对第三、第四阶段江苏省投资增量缺口和第一、第二阶段江苏省投资累积增量缺口的影响均是强关联行业中最大，样本期间对江苏省投资累积增量缺口的影响仅次于强关联行业中的采矿业（I1）、租赁和商务服务业（I9）。采矿业（I1）与批发和零售业（I6）样本期间相对于2013年投资对江苏省OFDI绩效影响均为可持续恶化。但与后者不同，对江苏省OFDI绩效波动的影响相对平稳，四个阶段分别为可持续恶化、不可持续改善、可持续恶化和不可持续改善。在强关联行业中，采矿业（I1）对第一阶段江苏省等效对外投资增量缺口的影响居第二位。尽管对第三阶段江苏省对外投资增量缺口的影响最小和第一、第二阶段累积增量缺口的影响比较小，却对任一阶段江苏省对外投资增量缺口均产生了影响和第四阶段影响最大，导致对样本期间江苏省对外投资累积增量缺口的影响最大。

样本期间相对于2013年，中等关联行业对外投资对江苏省OFDI绩效的影响优于强关联行业，没有出现前者的可持续恶化行业，却产生了后者没有出现的明显改善行业：科学研究、技术服务和地质勘查业（I10），第一产业、电力、燃气及水的生产和供应业、文化教育卫生娱乐业（I11）。作为竞争优势培育型行业，科学研究、技术服务和地质勘查业（I10），发展速度波动尤为明显。与强关联行业中的对外投资培育竞争优势不同，反常的是江苏省科学研究、技术服务和地质勘查业（I10），无论全国OFDI是增加还是下降，在行业发展不及全国平均速度阶段，竞争力水平高于全国同行，在行业发展超过全国平均速度，竞争力反而低于全国，即作为衰退行业；江苏省科学研究、技术服务和地质勘查业（I10）对外投资竞争优势培育绩效高于全国，而作为朝阳行业，却低于全国。可能的原因是江苏省科学研究、技术服务和地质勘查业（I10）对外投资逆向溢出吸收能力较弱。对江苏省OFDI绩效影响周期性地体现不可持续改善、不可持续恶化的特征。而第一产业、电力、燃气及水的生产和供应业、文化教育卫生娱乐业（I11）则经历了不可持续恶化、两次显著改善和不可持续改善，前者对江苏省OFDI绩效影响相对稳定。第一产业、电力、燃气及水的生产和供应业、文化教育卫生娱乐业（I11），科学研究、技术服务和地质勘查业（I10）在第一阶段和第一、第二阶段对江苏省等效对外投资增量缺口和累积增量缺口的形成影响始终分别位居中等关联行业的第一位和第二位，后者在第三阶段对江苏省等效对外投资增量缺口的影响最小，与第一产业、电力、燃气及水的生产和供应业、文化教育卫生娱乐业（I11）在第四阶段对投资增量缺口的影响分别位居中等关联行业的倒数第二位和末位。尽管科学研究、技术服务和地质勘查业（I10）对江苏省等效对外投资增量缺口的形成影响阶段数目大于第一产业、电力、燃气及水的生产和供应业、文化教育卫生娱乐业（I11），总的影响程度却不及后者。与强关联行业中的制造业（I2）与信息传输、计算机服务和软件业（I5）类似，建筑业（I3）投资可持续改善样本期间江苏省OFDI绩效。相对于后者，建筑业（I3）投资对江苏省FDI的影响相对稳定，经历了两次不可持续改善、可持续恶化和不可持续恶化。即使对第一、第三阶段江苏省等效对外投资增量缺口和第一、第二阶段江苏省等效对外投资投资累积增量缺口的影响均比较小，却因第四阶段对江苏省等效对外投资增量缺口影响，在中等关联行业中最大，导致建筑业（I3）对外投资造成样本期间江苏省等效对外投资累积增量缺口的影响仅次于房地产业（I8）。房地产业（I8）与交通运输、仓储和邮政业（I4）投资恶化了样本期间江苏省OFDI绩效，但不可持续。交通运输、仓储和邮政业（I4）投资对四个阶段江苏省OFDI绩效产生性质截然不同的影响，具体表现为不可持续恶化、显著改善、严重恶化和显著改善，而房地产业（I8）投资对江苏省OFDI绩效的有效由显著改善转变为恶化的加剧，即先后经历了显著改善、两次不可持续恶化到严重恶化。除了对第三阶段江苏省等效对外投资增量缺口的影响仅次于房地产业外，交通运输、仓储和邮政业（I4）投资对第一阶段江苏省等效对外投资增量缺口和第一、第二阶段与样本期间江苏省等效对外资投资累积增量缺口的影响均为最小。房地产业（I8）投资对江苏省等效对外投资增量缺口的影响非常大。除对第四阶段江苏省对外投资增量缺口的影响仅次于建筑业（I3），对第

第七章 中国省域 OFDI 竞争优势培育绩效的实证研究

三阶段江苏省对外投资增量缺口和样本期间江苏省对外投资累积增量缺口的影响均为中等关联行业中最大。

行业的关联性由强转向中等，对样本期间江苏省 OFDI 绩效的影响相应地发生了从不可持续恶化到可持续改善。江苏省强关联行业对外投资相继对其整体绩效产生了可持续改善、显著改善、严重恶化和显著改善的影响，除第三阶段的影响不是朝阳行业为主导外，其余阶段强关联行业投资均具有结构优势，但只有第二、第四阶段江苏省企业竞争力超过全国同行，对第三阶段江苏省等效对外投资增量缺口和样本期间等效对外增量缺口的影响超过了中等关联行业和弱关联行业，对第一阶段其增量缺口的影响不及中等关联行业和弱关联。江苏省中等关联行业对外投资对其整体绩效影响相对前者较稳定，先后经历了不可持续恶化、显著改善、不可持续恶化和显著改善的变动。与强关联行业类似，在第二、第四阶段，江苏省中等关联行业企业具有竞争优势，略有差异的是，四个阶段投资都是以朝阳行业为主导。对第一阶段江苏省等效对外投资增量缺口的影响和第一、第二阶段江苏等效对外投资累积增量缺口的影响均为三类行业中最大，对第三阶段江苏省等效对外投资增量缺口和样本期间等效对外投资累积增量缺口的影响仅次于强关联行业。综合考虑强关联行业和中等关联行业对外投资，对样本期间江苏省 OFDI 绩效的影响类似与中等关联行业可持续改善。非弱关联行业对四个阶段江苏省 OFDI 绩效的影响变化非常剧烈，相继产生了可持续改善、显著改善、严重恶化和显著改善。江苏省非弱关联行业对外投资结构与竞争力类似于强关联。非弱关联行业对江苏省等效对外投资增量缺口与累计增量缺口的影响也与强关联类似，影响的差别体现在数量上，即非弱关联行业导致缺口的数量更大些。

弱关联行业只有住宿和餐饮业（I7）。在全国对外投资增加时，住宿和餐饮业（I7）投资发展速度大于全国平均水平；在全国对外投资下降即第四阶段，住宿和餐饮业（I7）投资收缩更快。只有在第四阶段，江苏省住宿和餐饮业（I7）对外投资竞争力水平才超过全国同行。样本期间相对于2013年，住宿和餐饮业（I7）对外投资可持续改善江苏省OFDI绩效。前三个阶段恶化江苏省OFDI绩效但不可持续，而最后阶段其绩效可持续改善。住宿和餐饮业（I7）对外投资，对江苏省第一、第三、第四阶段对外投资增量缺口的影响明显下降，但对第一阶段的影响居十一个行业的第三位；对江苏省第一、第二阶段和样本期间对外投资累积增量缺口的影响也下降，但影响比较大，分别居第三位和第六位。

第三节　江苏省OFDI竞争优势培育绩效的实证结论与启示

一、江苏省OFDI竞争优势培育绩效的实证结论

以江苏省和广东省为例，针对样本少和数据缺乏典型分布规律的特点，选取灰关联方法构建测度模型，计算行业灰关联度以反映OFDI绩效贡献的行业异质性，引入动态偏离—份额方法构建相应模型，从投资结构和竞争力角度探讨2013—2017年中国OFDI大省（江苏）绩效落后于强省（广东）的根源。

江苏省OFDI静态绩效下降顺序为2016年、2015年、2014年、2013年和2017年。样本期间，广东省对外投资绩效指数均超过1，而江苏省数值不足1。综合投资位次、OND位次和二者位次之差额可推江苏省对外投资绩效经历了两次改善与两次恶化，其中，2015—2016年绩效改善程度超过2013—2014年，2014—2015年绩效恶化后果不及2016—2017年。江苏省与广东省OFDI绩效差距加大的顺序为2016年、2014年、2015年、2013年和2017年。

影响江苏省OFDI绩效的强关联行业为制造业（I6）、批发和零售

业（I6）、采矿业（I1）、租赁和商务服务业（I9）及信息传输、计算机服务和软件业（I5）；中等关联行业为科学研究、技术服务和地质勘查业（I10），房地产业（I8）、建筑业（I3），交通运输、仓储与邮政业（I4）和其他行业即第一产业、电力、燃气及水的生产和供应业、文化教育卫生娱乐业（I11），而住宿和餐饮业（I7）属于弱关联行业。"制造业""信息传输、计算机服务和软件业"已经对江苏省OFDI绩效产生了最重要和比较重要的影响，"科学研究、技术服务和地质勘查业"对江苏省OFDI绩效的重要性位居第六位。样本期间江苏省竞争优势培育型行业对外投资占比24.53%～45.92%，规模偏小。因此，竞争优势培育行业对江苏省OFDI绩效的影响超出投资规模的重要性。

通过指数、江苏省等效对外投资增量缺口及其累积增量缺口的分析，归纳江苏省绩效改善不及广东省或绩效恶化超过后者的原因如下：

（1）2014年度、2015年、2017年相对于2013年江苏省对外投资速度超过全国，却落后于广东省；2016年、2017年，全国对外投资速度超过江苏省，却不及广东省。强关联行业2014年、2015年的OFDI增长率均大于整体的OFDI增长率，而2016年和2017年正好相反，与广东省OFDI绩效差距的扩大，净影响为较强的绩效差距缩小效应；中等关联行业2014年与2015年的投资与2016年2017年的强关联行业类似，2016年与2017年则与2014年和2015年的强关联行业类似，净影响为明显的绩效差距加大效应；非弱关联行业投资对江苏省整体投资绩效的影响比较微弱，前三个阶段为较弱的绩效差距缩小效应而最后阶段加大了绩效差距，净影响为微弱的对外投资绩效差距缩小效应；弱关联行业投资，前三个阶段加大了江苏省与广东省对外投资绩效差距，而2017年缩小了绩效差距，净效应为比较明显的加大差距效应。

（2）从全部行业看，2015年度和2017年度竞竞争力弱于全国同行的江苏省行业OFDI投资对其年度投资增量缺口的解释力增强，而对累积投资增量缺口的解释力减弱。从强关联行业看，投资结构劣势和竞争力落后于全国可解释2016年江苏省对外投资增量缺口的53.32%，而竞争力落后于全国造成江苏省 2014 年 1.46% 的对外投资增量缺口和 2017 年 10.23% 的对外投资累积增量缺口。从中等关联行业看，江苏省对外投资在两个阶段和样本期间竞争力水平不及全国，对年度投资增量缺口和累积增量缺口的解释力均下降，后者下降程度更明显。非弱关联行业投资结构劣势和竞争力落后于全国，可解释 2016 年江苏省对外投资增量缺口的 54.33%，而竞争力落后于全国造成江苏省 2014 年 16.41% 的对外投资增量缺口和 2017 年 12.21% 的对外投资累积增量缺口。弱关联行业结构劣势可解释江苏省 2017 年的 0.25% 投资增量缺口，投资竞争力不强造成极小的年度投资增量缺口和较大的投资累积增量缺口。2016 年、2014 年为江苏省样本期间静态 OFDI 绩效最优和次优的年度，与四类关联行业的对外投资比重与相对投资指数的变化特征不一致，尤其是强关联行业方面这一特征尤为突出。

江苏省行业对外投资与年度 OFDI 投资静态绩效的匹配程度也是影响与广东省 OFDI 绩效差距的重要因素。强关联行业匹配性下降的顺序为制造业（I2），信息传输、计算机服务和软件业（I5），批发和零售业（I6）、租赁和商务服务业（I9）、采矿业（I1），全部强关联行业匹配程度逐渐下降的年份顺序为 2015、2016、2014、2017 和 2013 年；建筑业（I3），交通运输、仓储和邮政业（I4）为中等关联行业匹配程度最好的行业但不及制造业，科学研究、技术服务和地质勘查业（I10），房地产业（I8），其他行业即第一产业、电力、燃气及水的生产和供应业、文化教育卫生娱乐业（I11）的匹配性下降，全部中等关联行业对外投资匹配程度逐渐改善的年份顺序为 2017、2015、2013、2016 和 2014 年；非弱关联行业对外投资年度自 2014、2015、2016、2013 至 2017 年，匹配性下降；弱关联行业对外投资匹配最好的年度为 2013 年和 2015 年，其次为 2014 年和 2016 年，2017 年最不匹配。对江苏省任一类型行业对外投资与静态绩效匹配程度的顺序与江苏省 OFDI 静态绩效年度顺序并不一致，尤其是强关联行业和非弱关联行业。2016 年并不是任一关联类型行业匹配程度最好的年份；中等关联行业和弱关联行业投资匹配程度比较低，只有制造业、批发和零售业对外投资中匹配程度较好。2014年除强关联行业外，其余关联类型行业投资较2016年有所改善。2017年其他行业即第一产业、电力、燃气及水的生产和供应业、文化教育卫生娱乐业（I11）及住宿和餐饮业（I7）投资最不匹配引起。

样本期间前三个阶段全国年度对外投资增加，江苏省朝阳行业与竞争优势行业的投资比重之和的大小，直接影响年度其OFDI绩效的改善与恶化。2015年为江苏省中等关联行业、非弱关联行业、弱关联行业和全部行业对外投资中二者比重之和最小的年度；2016年中等关联、非弱关联行业与全部关联行业的二者比重之和仅次于2014年中等关联行业在两类行业投资比重之和，而强关联行业投资在朝阳行业和竞争优势行业比重之和反而为三年最小，引起2016年、2014年江苏省OFDI绩效改善。最后阶段全国对外投资流量下降，在强关联行业中朝阳行业和竞争优势行业投资比重过低；在中等关联行业中朝阳行业投资比重过低，造成江苏省2017年在投资中衰退行业投资比重高，导致江苏省OFDI绩效恶化。与2015年绩效恶化相比，强关联朝阳行业与竞争优势行业投资比重之和更小，在一定程度也足以说明2017年绩效恶化程度最大。

2017年相对2013年，强关联行业对外投资不存在对江苏省OFDI绩效的显著改善影响，制造业（I2），信息传输、计算机服务和软件业（I5）投资可持续改善其绩效，另外三个行业投资恶化了江苏省OFDI绩效，其中，租赁和商务服务业（I9）投资的恶化不可持续。中等关联行业对外投资对江苏省OFDI绩效的影响优于强关联行业，没有出现前者的可持续恶化行业，却产生了后者没有出现的显著改善行业：科学研究、技术服务和地质勘查业（I10），第一产业、电力、燃气及水的生产和供应业、文化教育卫生娱乐业（I11）。

按照行业的关联性递减的顺序分析不同类型行业对外投资对江苏省OFDI绩效的影响有如下3点：

（1）江苏省强关联行业对外投资相继对四个阶段整体绩效产生了可持续改善、显著改善、严重恶化和显著改善的影响，除第三阶段外，投资均由朝阳行业主导，但只有第二、第四阶段江苏省企业竞争力超过全国同行，对第三阶段江苏省等效对外投资增量缺口和样本期间等效对外增量缺口的影响超过了中等关联行业和弱关联行业，对第一阶段其增量缺口的影响不及中等关联行业和弱关联。

（2）中等关联行业投资均以朝阳行业主导，对江苏省整体OFDI绩效影响相对前者较稳定，先后经历了不可持续恶化、显著改善、不可持续恶化和显著改善的变动。第二、第四阶段，竞争力高于全国同行。对第一阶段江苏省等效对外投资增量缺口的影响和第一、第二阶段江苏等效对外投资累积增量缺口的影响均为三类行业中最大，对第三阶段江苏省等效对外投资增量缺口和样本期间等效对外投资累积增量缺口的影响仅次于强关联行业。

（3）综合考虑强关联行业和中等关联行业对外投资，对江苏省OFDI绩效的影响类似于中等关联行业即可持续改善。非弱关联行业对四个阶段江苏省OFDI绩效相继产生了可持续改善、显著改善、严重恶化和显著改善的影响。江苏省非弱关联行业的投资结构与竞争力、对江苏省等效对外投资增量缺口与累计增量缺口的影响也与强关联类似，但前者导致缺口的数量更大些。

在前三个阶段住宿和餐饮业（I7）恶化了江苏省OFDI绩效，对其绩效恶化的影响不可持续，而最后阶段可持续改善其绩效。住宿和餐饮业（I7）对外投资对江苏省第一、第三、第四阶段对外投资增量缺口的影响明显下降，但对第一阶段的影响居十一个行业的第三位；对江苏省第一、第二阶段和样本期间对外投资累积增量缺口的影响也下降，但影响比较大，分别居第三位和第六位。

除了第二阶段为衰退行业外，制造业（I2）均为朝阳行业。第一、第二阶段江苏省对外投资制造企业竞争优势培育绩效优于全国平均水平，而第三、第四阶段江苏省对外投资制造业竞争力水平下降至不及全国同行。这表明行业持续快速发展或者行业加速发展即衰退行业转向朝阳行业，江苏省制造业因缺乏较强的溢出吸收能力，难以充分利用行业快速发展或加速发展的机会，导致竞争优势培育绩效不及全国。信息传输、计算机服务和软件业（I5），作为朝阳行业并衰退行业交替出现。前三阶段江苏省信息传输、计算机服务和软件业（I5）竞争力水高于全国同行，即全国对外投资增加的背景下，其竞争优势培育绩效高于全国平均水平。最后阶段全国对外投资下降，尽管信息传输、计算机服务和软件业（I5）对外投资下降速度低于平均水平，但仍然为朝阳行业，江苏省企业因技术水平相对低于导致世界经济下降，吸引国际直接投投逆向溢出困难，引起竞争优势培育绩效降至低于全国水平。

相对于信息传输、计算机服务和软件业（I5），制造业对江苏省OFDI绩效的影响变动更大。在第二阶段投资均改善了江苏OFDI绩效，二者改善的区别是前者为可持续而后者为不可持续。其余三个阶段对江苏省OFDI绩效的影响性质完全相同，都经历了显著改善、可持续恶化和可持续改善的剧烈变动。从江苏省等效对外投资增量缺口的影响上分析，二者没有造成第一阶段江苏省等效对外投资增量缺口，信息传输、计算机服务和软件业（I5）还没有形成第一、第二阶段江苏省等效对外投资累积增量缺口。制造业（I2）对江苏省投资累积增量缺口的影响仅次于批发和零售业（I6）。二者对第三阶段江苏省等效对外投资增量缺口的影响分别位居强关联行业的第三位、第四位，信息传输、计算机服务和软件业（I5）对第四阶段的影响位次相对上升至第四位，制造业（I2）的影响减弱至末位。制造业（I2）与信息传输、计算机服务及软件业（I5）对江苏省等效对外投资累积增量缺口的影响相应位居最后两位。相对于2013年，制造业（I2），信息传输、计算机服务和软件业（I5）投资可持续改善江苏省OFDI绩效，而科学研究、技术服务和地质勘查业（I10）对江苏省OFDI绩效具有显著改善的影响。

江苏省科学研究、技术服务和地质勘查业（I10）对外投资波动尤为明显。无论全国OFDI是增加还是下降，在行业发展不及全国平均速度阶段，竞争力水平高于全国同行，在行业发展超过全国平均速度，竞争力反而低于全国，即作为衰退行业，江苏省科学研究、技术服务和地质勘查业（I10）对外投资竞争优势培育绩效高于全国，而作为朝阳行业，却低于全国。原因是江苏省科学研究、技术服务和地质勘查业（I10）对外投资逆向溢出吸收能力较弱。对江苏省OFDI绩效影响周期性地体现不可持续改善、不可持续恶化的特征。科学研究、技术服务和地质勘查业（I10）在第一阶段和第一、第二阶段对江苏省等效对外投资增量缺口和累积增量缺口的影响始终分别位居中等关联行业的第二位，在第三阶段对江苏省等效对外投资增量缺口的影响最小，第四阶段对投资增量缺口的影响位居中等关联行业的倒数第二位和末位。尽管科学研究、技术服务和地质勘查业（I10）对江苏省等效对外投资增量缺口的影响阶段数目多于第一产业，电力、燃气及水的生产和供应业、文化教育卫生娱乐业（I11），总的影响程度却不及后者。

二、政府支持对外投资企业竞争优势培育的启示

根据上述结论，地方政府希望改善OFDI绩效位次不及规模位次，缩小对外投资大省与投资强省的差距，可从6个方面考虑：①保证竞争公平前提下，重点引导企业对外投资选择，可发挥本省禀赋优势和利用潜在比较优势的行业。考虑到省级企业境外投资的实际情况和中央企业竞争优势培育OFDI继续保持增长态势，竞争优势利用型OFDI比重始终居高不下，强关联行业的主体不可能属于利用潜在比较优势行业。即使与江苏省可能存在具体的强关联行业差别，主要行业仍具有可发挥省域禀赋优势特征。由于竞争优势培育型OFDI对省域OFDI绩效的影响已超过其规模与比重，同时，省域产业结构优化升级和经济高质量发展，离不开竞争优势培育性跨国企业吸收的先进技术和高素质人才，因此应具有前瞻性，对发挥本省禀赋优势和利用本省潜在比较优势的OFDI同等程度支持，改变目前过于支持前者的举措。②利用、设计财政、税收与金融支持举措，引导竞争优势培育型跨国企业加大技术研发投入，鼓励企业进行集群式研发活动，提升企业的技术水平和溢出吸收能力。③借鉴对外投资绩效较好的投资强省经验，对接国家"一带一路"举措，创建或

补贴境外经贸合作区，鼓励企业集群式投资，在禀赋优势显著行业缩小企业与国内同行的竞争力差距。④大力鼓励专业化机构发展，发挥商务厅等政府机构对外信息优势，降低企业境外投资进行技术寻求风险，在禀赋优势比较显著行业和利用潜在优势行业优化投资结构，扩大投资规模。⑤消除对外投资引导举措的企业所有制歧视和规模歧视，加大对民营企业和中小型对外投资行业选择的支持力度。⑥推动对外投资企业培育竞争优势，着眼于长远，不宜盲目追求规模，应考虑海外投资风险与投资的可持续性，遵循竞争中立规则，引导企业践行与东道国互利共赢理念，为跨国企业开展OFDI提供高质量的支持，促进竞争优势培育型OFDI由速度规模型向质量效益型转变。

第八章　优化对外投资企业竞争优势培育绩效的借鉴与对策

前面的研究表明，影响中国对外投资企业竞争优势培育绩效的关键因素可分为两个方面：一是中国跨国企业对国际直接投资逆向溢出的吸收能力水平；二是中国跨国企业相对于东道国同行的额外成本，影响额外成本的主导因素是国内企业在东道国创造和拥有社会资本存量的丰富程度。针对中国对外投资现状和存在的问题，围绕跨国企业吸收能力的提升、跨国企业社会资本的增加和跨国企业额外成本的降低而优化竞争优势培育绩效，一方面借鉴发达经济体和新兴经济体对外投资企业竞争优势培育的政府支持举措；另一方面从政府和企业层面，提出促进中国对外投资企业竞争优势培育的政策举措与建议。

第一节　发达经济体财税支持对外投资企业竞争优势培育的经验借鉴

对外投资企业竞争优势培育源于20世纪70年代末发达经济体双向投资，许多企业通过投资吸收互补性技术知识而迅速成长为跨国公司。发达经济体主动制定、实施并调整财税支持政策，引导和规范跨国企业行为，形成了较为完善和富有效率的对外投资企业竞争优势培育服务体系，成效显著即巩固、增强其作为全球跨国公司的主要来源地优势。从发达经济体财税支持对外投资企业竞争优势培育服务体系实践上考察，尽管面临经济发展水平、政治制度、资源禀赋、商业传统和社会文化习惯等诸多因素的影响,在财政投入、税收优惠减免、政府扶助等方面可能存在一定的差异,但蕴含诸多相似的具有普遍规律性的经验教训值得借鉴。基于此,在国内学者相关成果基础上,结合中国跨国企业投资发达经济体应对来源国劣势及外来者劣势存在的问题,遵循竞争中立和互利共赢原则,总结经验并利用发达经济体财税支持服务体系的政策,降低中国对外投资企业竞争优势培育风险和提高其培育成功率。

一、健全财税支持对外投资企业竞争优势培育的相关法律体系

(一)提升中国海外投资法律层次,立法并重OFDI竞争优势培育型与利用型

目前中国有关企业海外投资管理和促进相关的政策法律体系,大多为以"条例""规定""通知""补充通知""(试行)办法""暂行办法"等名称出现的行政法规或规章,没有上升到国务院颁布的条例层面和全国人大及其常务委员会颁布的法律层面。这些行政法规或规章的法律效力明显低于法律。事实上发达经济体海外投资立法比较完善,立法内容涵盖对外投资的审批、监管、金融税收、服务和保险等方面,有效规范企业行为并保障投资权益。以日本为例,常以对外援助(主要为政府对外优惠贷款)推进企业对外投资,同时为了规范企业海外投资行为、保障投资者的海外利益和适用社会经济发展不同阶段的海外投资发展需要,先后制定了《进出口银行法》《进出口交易法》《外汇和外贸管理法》《出口信贷保险法》《贸易保险法》,并多次修改《进出口银行法》《外汇和外贸管理法》。(洪联英,2015)。中国应借鉴发达经济体经验,整合既有规章制度,遵循功能互补原则和协调、对接国际条约和国际惯例,制定《海外投资法》《海外投资公司法》《海外投资促进法》《海外投资保险法》等法律。这些法律内容方面,应充分考虑中国竞争优势培育OFDI快速发展的实际情况和OFDI亟待转型的迫切需要,具有一定前瞻性,应与竞争优势利用型OFDI并重。人大常委会或

国务院应组织、会同商务部等有关部门，深入调查目前中国这两类OFDI的现状、特征，厘清存在的问题及其根源，确保立法内容针对性强，进而为中国竞争优势培育型OFDI企业的行为规范和权益保障提供法律支持，也为规范、稳定财税支持行为提供最高效力的法律依据。在立法之际，梳理、修正与国际立法和国际贸易投资条约不一致的地方，确保二者对接、协调，如可将竞争优势培育型OFDI的并购主体扩展至作为自然人的公民，取消对民营企业法人的诸多限制。①

（二）积极缔结或重新缔结双边投资协定，突出互利共赢和对外投资企业权益的保护

美国签署双边投资协定（BIT）对本国企业海外投资权益的保护作用效果，超过了其他经济合作与发展组织（OECD）国家的BIT对OFDI权益的保护，BIT的主流模式因此由欧式转向美式。与前者相比，美式BIT对OFDI定义更广泛。为扩大跨国投资企业权益保护的范围与效率，美式BIT还要求东道国对跨国投资企业权益保护，延伸至准入前国民待遇、最惠国待遇和对其征收进行充分及时有效的补偿，同时时跨国投资企业权益保护和补偿具有更高标准的透明度；要求东道国政府更广泛的信息公开范围与更有力的环境、劳工规定，提高跨国企业与东道国同行竞争的公平性；权益争端解决机制更加注重程序法规章（陈孜，2019）。随着近二十年来技术发达经济体外资监管的兴起、加强和外商直接投资隐性制度障碍的增加，BIT因弥补东道国制度缺位而对中国对外投资企业竞争优势培育保护的法律作用尤为重要。2005年与2013年中海油跨国收购美国与加拿大石油公司受阻而结果相反。不容忽视的因素是中国是否与并购企业所在国缔结BIT：中国未与美国缔结BIT，美国外国投资委员会以优尼科拥有的海底地形测绘技术被中海油获得而有助于中国潜艇发展为由，不予通过安全审查，导致收购失败；而中加签

---

① 成诗跃、许敏（2011）提出并阐明了中国海外并购的国内立法与国际立法冲突的两种类型。

第八章 优化对外投资企业竞争优势培育绩效的借鉴与对策

署的《外国投资保护和促进协定》则助推中海油成功收购 Nexen 公司,[1] 因此,中国政府应根据未签约东道国(包括美国、欧盟的技术发达经济体和巴西等局部技术发达新兴经济体在内)与中国双边投资情况,选择恰当时机、开展 BIT 谈判。通过签订 BIT,降低中国对外投资企业竞争优势培育的东道国隐性制度障碍的不利影响。

自 2015 年以来中国已成为全球第二大 BIT 国,受中国双向 FDI 流动的规模、速度和对 OFDI 重要性认识的制约,已签订 BIT 的对外投资保护标准层次不齐,总体保护标准偏低,进而对 OFDI 企业竞争优势培育的保护作用极为有限。20 世纪 80 年代,中国 BIT 具有典型的内向外商直接投资(FDI)特征,顺应"市场换技术"的引资需要。缔结的 BIT 经济体数量不多,而占 BIT 总数的 75% 一方为英国、法国、德国等技术发达经济体,强调东道国对外资管制的主权,协议没有赋予投资者的国民待遇,许多协议甚至不包含国际投资条约中投资者—国家争端解决机制(ISDS)。90 年代中国迅速发展成为内向 FDI 大国,与以发展中国家为主的 70 个经济体签约,构成目前 BIT 的主体,规定投资者待遇不应低于国民待遇或最惠国待遇,投资者可享受两者中待遇更优者。事实上与 80 年代 BIT 没有实质性的区别,仍然是突出东道国的利益维护。1998 年至今,转向保护投资者利益,试图平衡投资者与东道国利益的平衡。针对协议一方的发展水平类型,设立南南 BIT 与南北 BIT 两种范本类型。这些 BIT 均同意 ISDS,并规定国民待遇、最惠国待遇与公平待遇,但限制了这些待遇适用范围:国民待遇不适用投资的设立、并购和扩大投资,只适用于投资准入后;排除了最惠国待遇对 ISDS 的适用。[2] 新世纪以来签订 BIT 速度放缓,2010 年趋饱和。即便是近期签订的 BIT,尚属于早期欧式 BIT 之列,未能体现中国作为双向 FDI 流动大国与净 FDI 流入国家的特征,难以达到发达经济体对外投资企业

---

[1] 综合王碧珺、肖河(2017)与张述存(2017)相关论述。
[2] 综合张苏杭(2015)、韩秀丽(2015)与石慧敏等(2018)相关论述。

竞争优势培育的法律保护效果。

中国对外投资企业竞争优势培育的潜在区域为技术发达经济体或局部技术发达经济体。这些经济体同样存在与中国签订或未签订 BIT 两种类型。政府应充分利用中国现阶段双向 FDI 流动大国和 FDI 净流入国家的双重身份。对于前者，主动与相关国家（地区）协商、早日重新开展谈判，调整、修正 BIT 不合时宜内容；对于后者，选择时机开启 BIT 谈判。在 BIT 谈判或升级谈判过程中，采取多种行动积极回应和化解对我国跨国企业竞争优势培育危及东道国安全的疑虑和担心，如结合中国推行"一带一路"倡议互信的外交行动、提升境外投资开放的互惠性，宣传中国诸多纠正海外投资支持政策执行中的歧视行为的具体举措，用事实说明中国对外投资企业竞争优势培育是纯粹的商业行为，不是在国家利益驱使下，凭借一国力量以 OFDI 为工具寻求、获取核心技术，以增强国家综合实力的政治行为。中国与这些经济体谈判时，无论是新签订还是升级的 BIT，应突出包含跨国投资对当地技术创新贡献在内的互利共赢和竞争优势培育型与利用型跨国企业投资的权益保护条款，力求实现高水平的东道国与投资者保护平衡：一是协议中东道国对跨国投资企业权益保护的国民待遇延伸至准入前，并包含并购和新增投资，最惠国待遇适用于 ISDS；二是明确承保机构的代位求偿权，将间接征收纳入保护范围，赔偿标准均须充分、及时，可操作性与国内标准一致；三是解释全面国际仲裁；[①] 四是引入知识产权保护和社会责任条款，确保中国跨国企业在东道国合规经营，引导对外投资企业培育竞争优势时，遵循商业习惯和强化知识产权保护认识，不介入损害知识产权保护行为，加大研发本地化，为当地技术创新可持续发展做贡献，以实际行为赢得东道国技术创新网络主体的普遍认可，嵌入技术创新网络，树立保护知识产权、承担社会责任和促进当地经济发展的良好形象，避免形成纯粹获取当地技术的负面形象。

---

① 保护平衡的二、三源于综合太平、李姣（2015）的相关论述。

第八章 优化对外投资企业竞争优势培育绩效的借鉴与对策

加强多边贸易与投资协定谈判，正视竞争中立规则。诸多 BIT 存在核心条款用词抽象、含义模糊、规范范围有限、缺乏统一性和稳定性等缺陷，部分 BIT 却没有生效，二者已造成 BIT 对投资保护法律作用的不确定性；多边投资协定（简称多边协定）对签订协定的任一成员都具有国际法律效力，消除了投资保护的法律作用不确定性，有关投资保护原则被视为国际投资保护的发展趋势，在不同程度上被后续的 BIT 谈判所吸纳；而谈判主体数量多与发展水平的参差不齐导致达成多边协定较双边协定加困难。双边与多边协定因此具有互补性，共同组成海外投资保护的国际法律体系。纵观跨国公司大国发展史，在促进海外投资与维护海外投资权益进程中，尤其在保护竞争优势培育型 OFDI 利益时，这些国家都加强国内相关法律体系建设，非常注重抢占国际投资规则制高点，积极介入甚至谋求主导多边协定谈判，促进多边协定缔结。国际多边投资协定谈判中出现了影响较大的英式、荷式、德式和美加式文本。[①] 美国曾主导了关税及贸易总协定（GATT）、世界贸易组织（WTO）和 OECD 组织框架内放松对国际投资的限制，2009 年全方位主导跨太平洋伙伴关系协议（TTP）和服务贸易协定（TISA），2017 年后日本利用美国跨太平洋伙伴关系协议（TPP）之际，主导更名后的全面与进步跨太平洋伙伴关系协定（CPTPP）贸易与投资自由化的谈判。中国签署的国际投资协定总数为 249 项，双边协定占比高达 94%，二者均低于英国、德国、美国、法国等四国。[②] 中国对多边协定相对重视不够，最近一段时期对多边协定更加谨慎，对国际多边协议中的一些规则，更加强调对中国解决投资争端存在损害和中国利益的不利影响。[③]

竞争中立，最早由澳大利亚提出，以重要规制出现在 1991 年联邦政府层面的竞争法律体系。其内涵首次在澳大利亚 1996 年《联邦竞争

[①] 国际投资多边协定的发展参见陈伟光、王燕（2017）成果。
[②] 英国、德国、美国、法国，任一国家国际投资协定总数在 300 项左右，非双边协定达到了总数的 30% 左右。
[③] 源于 China 与 International Commercial Dispute Resolution（Q. Liu&W. Shan, 2015）。

中立政策声明》中确定为,"政府的商业活动不得因其公共竞争部门所有权地位而享受私营部门竞争者所不能享有的竞争优势"。次贷危机以来,新兴经济体迅速崛起而发达经济体复苏乏力,在跨国并购和新建投资领域更面临以中国为代表的金砖国家挑战。美国率先将澳大利亚的竞争中立规则断章取义、选择性适用于国际贸易投资协定,[①] 大力支持和推动 OECD 和欧盟等国际组织开展研究,引领、积极联合欧洲发达经济体力推"竞争中立"国际化,以达到遏制新兴经济体发展和巩固其国际直接投资主导地位的战略目的。美欧发达经济体认为新兴经济体国有企业在国际直接投资过程中,依赖的竞争优势主要源于政府非中立的支持而不正当,或凭借国家力量进行技术寻求、吸收溢出而培育竞争优势,破坏了国际市场竞争的公平性,因此大力推动和加快竞争中立条款纳入国际投资双边与多边协定、具有全球影响力的国际组织协定和多个区域性合作组织协定。目前竞争中立规则完全由发达经济体主导,按影响范围和强制性可分为澳大利亚版、OECD 版、美国版、欧盟版等四种版本,进入的最高层次为美国版本在 CPTPP 中体现,还未出现在多个区域性合作组织协定,尚属于没有强制力的国际软法(陈孜,2019;刘笋,许皓,2018)。发达经济体充分利用制度、技术和国际治理等方面优势,借助其主导的国际组织,持续推进直至竞争中立规则成为国际普遍接受的硬法规制,竞争中立势必成为中国双边与多边协定谈判无法回避的新问题。如果中国未能充分利用竞争中立规则未形成国际法律强制力的"空窗期",最终只能被动接受发达经济体主导的这一规则,势必造成中国国有企业对外投资的重大障碍,显著增加对外投资竞争优势培育的成本,类似于国内出口企业目前正在承受的"非市场经济地位"

---

① 美国在多个自贸协定中将竞争中立规则适用的范围限制在联邦层面,不涉及州一级,因为美国几乎没有联邦层面的国有企业;美澳 FTA 的最终文本显示,澳大利亚版本的竞争中立条款并不为美国认可,表现为美国拒绝此条款而是澳大利亚单方面承诺,美国国有企业普遍存在反垄断法下的豁免、联邦与州税收减免与融资优惠等。与澳大利亚版本势必不合,美国还惯于在多边协定设置对方单方承诺竞争中立条款,国内并无相关法律规定和法律实践(汤婧,2014;赵海乐,2015;冯辉,2016)。

引起的交易费用。加大对已有的发达经济体版本竞争中立规则研究力度，结合中国国有企业混合所有制改革和政府纠正税收、融资、补贴方面对大中型企业的区别对待，积极参与世贸组织、联合国贸易和发展会议（UNCTAD）研究"伙伴关系平台"、OECD、亚洲基础设施投资银行、RCEP等国际组织及其研究平台，利用中国公开的数据、经验、实例宣传、展现中国促进市场公平竞争的努力和成果，[①] 提出并推进有说服力的中国版本竞争中立规则。在多边协定谈判中，结合中国贸易投资大国地位，联合有相同或相似利益诉求或认同中国利益诉求的经济体，并鼓励国内智库、高等院校、科研机构开展竞争中立规制研究，在全球范围发布研究成果，使中国版本赢得新兴经济体的认可，成为发展中国家竞争中立规则版本的重要代表，为中国企业开展竞争优势培育型与利用型OFDI减轻阻力。

二、完善财税支持对外投资企业竞争优势培育的技术创新体系

目前技术创新涉及技术复杂性、高失败率、高风险性，外来者劣势使海外技术创新相对于国内技术创新，需要资金与人力资本数量尤为巨大，导致跨国技术创新存在显著的规模门槛，即只有超过资金规模临界水平的跨国企业才具备海外技术创新的能力。信息不对称与国内金融市场的有效性使中国中小型跨国企业和大多数跨国民营企业难以从信贷市场和证券市场获取足够的海外技术创新资金支持。尽管存在数额不菲的中央政府与地方政府提供的资金支持、财税优惠减免与补贴，却因形式上或事实上的歧视与不便，导致上述企业从政府层面获取的资金极为有限，海外投资很少涉及技术研发活动。中国国有跨国企业和大型跨国民营企业，凭借国内市场的较强垄断地位或多样化的产品，相对其他企业

---

① 中国国有企业改革在一定程度上反映澳大利亚版竞争中立规则的价值取向，这一版本有利于为国有企业正名（赵海乐，2015；刘雪红，2019）

获取了丰厚的利润，也缺乏开发新产品或产品换代的海外技术创新动力。尽管近些年中国海外创新与发达经济体海外创新差距在缩小，但二者共同作用却使中国企业海外创新差距仍然比较大。以科学研究和技术服务业的 OFDI 代表中国企业海外技术创新，① 2008—2015 年中国企业海外 R&D 费用占企业 R&D 总支出在 0.156%~1.15%，而 21 世纪初，日本与欧盟这一数据均超过 30%。② 以 2014 年十四个国家企业在美国设立 R&D 机构进行竞争优势培育为例，中国企业在美国的 R&D 投入、R&D 人员数量与 R&D 净收益分别居第九、第十二和第十四位，R&D 投入仅为法国或日本在美国同类机构研发支出的 1/16，R&D 人员数量分别为英国、日本同类机构的 1/30 和 1/23。③ 同时体制性阻隔造成中国海外技术创新未能形成"以大企业为骨干，中小企业集聚"的创新主体和密切合作、良性互动为特征的产学研创新体系。

（一）资助竞争优势培育型跨国企业开展技术创新活动

发达经济体普遍设立了专项资金资助企业 R&D 活动，如美国联邦政府设立的"企业创新研究计划"基金，根据企业年度研发活动经费数量进行相应的资助，即超过 1 亿美元的企业可获得一定比例的配套资金用于创新投入，而年度研发活动经费数量为 0.2 亿~1 亿美元，企业在研发项目的甄别、目标确定方面获得资助；法国设立协作项目基金，对两家及其以上行业内活跃的企业与一个研发实验室或培训中心组成联盟，提供 2000 万~5000 万欧元；德国设立了联邦级、州级的专项基金，以非偿还性现金补贴，并提供欧盟的专项资金，鼓励企业在德国开

---

① 数据的可获得性使我们只能以科学研究和技术服务业的 OFDI 代表中国企业海外技术创新，这无疑低估了中国企业海外技术创新，这一缺陷对反映中国海外技术创新与发达经济体的差距不足造成严重的缺陷。

② 除特别说明外，第八章第一节数据源于 2013—2017 年度中国对外投资统计公报、《中国企业对外投资现状及意向调查报告（2008—2011 年度）》《2013 年度中国企业对外投资情况及意向问卷调查报告》《中国科学技术与工程指标》（2018）《世界投资报告》（2011—2018 年）和经济合作与发展组织（OECD）发布的《主要科学技术指标》（2011—2018 年）整理、计算而成。

③ 总体数据与在美国的数据分别源于邵娟（2011）和胡曙红（2017）文章。

第八章 优化对外投资企业竞争优势培育绩效的借鉴与对策

展的 R&D 活动，资助比例可达到符合条件的 25%~75%，具体比例由企业规模、R&D 项目的研究范围及其是否属于产学研类型等因素决定。通常情况下，大企业 R&D 项目的资助比例为 50%，而同类项目的中小企业资助比例更高。[①] R&D 活动的财政支出是决定政府引导竞争优势培育型跨国企业创新活动效率的直接因素。中国 R&D 活动的财政支出占 GDP 比例持续下降至 0.07%，远不及同期美国的 0.19%，居全球经济体 R&D 活动财政支出的中后位，同时中国政府设立的 OFDI 专项资金，也没有 R&D 方面的基金。为改善竞争优势培育型跨国企业创新活动的政府引导效果，可从两方面考虑：①政府应采取有力措施扭转 R&D 活动的财政支出占 GDP 比例下降趋势，至少应保障 R&D 活动的财政支出发展速度略高于 R&D 投入的增长速度；②借鉴美国、法国和德国等发达经济体经验，充分考虑逆全球化和投资贸易保护主义的影响，尤其是中国企业投资发达经济体面临来源国劣势及外来者劣势，可设立专项研发基金，资助培育型跨国企业技术创新活动。为改善政府引导竞争优势培育型跨国企业创新活动的效果，公平对待所有制性质不同的企业，资助比例应结合企业研发规模、是否有助于产学研合作、是否有助嵌入东道国技术创新网络、企业规模等而定。同等条件下适当提高中小跨国企业 R&D 投入的资助比例。考虑体制、机制和管理方面的缺陷等因素，完全的事前资助容易出现作假和骗取资助经费而降低专项资金的使用效率和产生新的不公平，根据实际情况灵活选取事前、过程中和事后方式进行资助，避免资助企业的机会主义行动。

（二）政府应设计、组织实施特定项目以提升竞争优势培育型跨国企业技术能力

中国政府有关部门和政策性金融机构为海外投资设立的专项基金或产业发展基金，可为特定项目提供资金保障。日本半导体企业直接投资于半导体产业发达经济体，吸收逆向技术溢出，实现了对美国的赶超，

---

① 综合魏志梅（2017）、徐德辰（2005）相关论述。

掌握国际半导体市场主导权。通过 OFDI 成功实现竞争优势培育的重要因素是日本政府先后组织官产学，实施大规模集成电路（LSI）项目和超大规模集成电路（VLSI）项目。通过项目实施在资金、技术、人才和市场方面对企业提供全面支持，引导企业实现从技术引进向自主创新的改变（陈涛涛等，2015）。在晶体管阶段，日本政府鼓励企业利用美国的经济扶持政策，从美国的无线电公司（RCA）、通用电气公司（GE）和西部电气（WE）等半导体巨头引进晶体管生产技术，进入半导体领域，利用本国丰富的电子工程人才和政府在资金、技术和人才方面的支持，进行技术学习；在集成电路阶段，日本企业与美国同行的技术差距已缩小到危及美国在国际半导体市场的主导地位，难以继续从美国获得先进技术。以日本电气（NEC）为代表的典型企业参与了 LSI 项目和 VLSI 项目，吸收参与项目中的国内同行、科研机构和高校技术溢出，部分典型企业技术能力提升达到获取美国同行逆向技术溢出要求，迅速成长为全球著名跨国公司。在 LSI 项目，NEC 分享了政府直接资助 R&D 活动的 2 亿美元资金，还利用合作伙伴——日本电报电话公司（NTT）行使 VLSI 项目中相关通信导向的政府采购职能，变相获取 R&D 活动的资金补充和非半导体产品的市场份额，① 参与 LSI 项目、VLSI 项目联合实验室和信息实验室的组建，分享研发设备集聚效应、产学研知识溢出和项目产出的主要成果。这些因素为 NEC 取代美国同行成为全球第一半导体公司奠定了基础。中国企业技术引进经费与消化吸收创新经费比例为 11∶1，而 OECD 国家平均为 1∶10，中国企业自主创新经费与发达经济体同行的差距成为跨国企业溢出吸收能力不足的重要因素，同时中国产学研互动有限，难以发挥国内高校与科研学院的人才优势。目前为止围绕重点支持 OFDI 类型，中国政府设立四项专项资金和四项区域性

---

① 通信业务是 NEC 在晶体管阶段和集成电路阶段的主要非半导体业务，NEC 还开展日本国内通信领域的公共工程项目以扩大通信业务的盈利规模，相关业务的盈利是 NEC 半导体部门的主要内部资金，1980 年非半导体收入占到企业收入的 80% 以上（陈涛涛等，2015）。

专项资金，政策性银行与国内外其他机构设立了一些产业发展基金（隆志强，2013；关鑫，齐晓飞，2018）。政府可借鉴日本的经验，从专项资金和产业发展基金提取一定资金，围绕高新技术产业和战略产业设计特定项目，根据企业规模和技术基础公平对待所有制不同的企业，甄选项目的入围企业和重点企业，根据项目研发的相关性选择高校、科研院所，政府牵头、以重点企业主导和产学研合作方式推动项目的实施，提升竞争优势培育型跨国企业溢出吸收能力。

（三）完善R&D税收政策的制度设计，更好地发挥税收政策工具对竞争优势培育型跨国企业技术创新的激励作用

发达经济体综合运用多种税收政策工具较好地发挥企业技术创新的激励作用。在投入型税收政策工具方面，这些大国普遍采用税收扣除（包括加计扣除）与税收抵免，并将税收抵免制度永久化。以研发支出的总量和增量相结合作为税收抵免的税基。总量抵免的政策成本较高，没有规定研发支出的上限，有利于大型企业研发活动的激励；而增量抵免的税收政策限于企业追加研发活动的激励，设计、应用相对复杂，增加政企交易成本和未来研发补助金的不确定性。英国为克服总量抵补对中小企业研发补助的不利影响，设计了更大幅度的税收优惠，并在加计免除环节予以区别：员工在500人以上或年收入在1亿欧元以上或总资产在8600万欧元以上的公司，享受30%的研发税收加计扣除；而500人以下、年收入在1亿欧元以下且总资产在8600万欧元以下的企业研发税收加计扣除的比例由早期的75%攀升至2012年4月1日以来的125%。[1] 对未使用完的税收加计扣除、税收抵免以及加速折旧、增强折旧等产生的税损，英国、美国、等发达经济体实施供企业选择的前向与后向结转制度。在产出型税收政策方面，这些国家普遍采用专利盒制度和优惠税率制度，如法国对创新型初创企业研发活动提供特别的税收优惠，与英国一样均对研发外包提供一定限制的税收优惠，瑞典对稀缺

---

[1] 综合杨梅英等（2014）、邢天添（2017）相关论述。

型知识和技能的外籍专家给予25%的税收优惠。① 两类税收政策并不要求研发活动在境内进行，只要是境内公司进行结算即可。中国技术创新税收政策对竞争优势培育型跨国企业研发激励效果亟待改善，结合发达经济体相关经验，可进行如下创新：政府统一口径明确税收政策的有效期，确保竞争优势培育型跨国企业合理安排研发计划和科学预测研发税收优惠。相对于经营范围限于国内的同类企业，对竞争优势培育型跨国企业研发投入和研发产出的税收优惠程度设计应更大。研发费用与产出的税收优惠从税收扣除拓展至税收抵免，可借鉴英国经验，对中小型竞争优势培育型跨国企业可设计比大型同行更高比例的税收优惠，近期的税收抵免基准应为研发费用支出的总费用；只有中国竞争优势培育型跨国企业R&D强度接近发达经济体平均水平，税基方可转化为研发费用的增量基准以激励企业追加R&D投入。竞争优势培育型跨国企业实际回收的资金通常高于研发设备投资的成本，应采取增强折旧即按照高于购买价进行加速折旧；中国对未使用完的税收加计扣除、税收抵免，以及加速折旧、增强折旧等产生的税损应改变目前状况，设计为前后结转均可的制度。税收产出政策创新，可借鉴发达经济体经验，增加税收政策工具，重点设计招聘海外工程技术人才和海外华人专家的税收优惠制度和购买东道国先进机器设备的税收优惠制度。

三、加强财税支持对外投资企业竞争优势培育的风险管理服务体系建设

"中国威胁论"与"新殖民主义"论调影响的扩大、诱发对中国海外投资动机的质疑、贸易投资保护主义的复活和新兴经济体跨国企业在发达东道国面临的来源国劣势等因素，导致中国企业海外投资风险显著加大，并呈现新的特点：政治风险位居风险类型首位，市场风险与经济风险影响日趋重要，法律风险与合规风险不容忽视；民营企业面临风

---

① 综合邢天添（2017）和魏志梅（2017）相关论述。

第八章　优化对外投资企业竞争优势培育绩效的借鉴与对策

险的概率上升但不及国有企业,前者主要面临经济风险与市场风险,后者首要风险为政治风险;北美、欧洲成为中国 OFDI 风险最大的区域,主要集中在美国与西欧,相应的首要风险分别为政治风险与社会风险(隆志强,2013;张默含,2016;沈春苗等,2019)。相对于竞争优势利用型,中国对外投资企业竞争优势培育集中于技术发达经济体和拥有局部先进技术的新兴经济体,因寻求、获取东道国技术的原因,企业更容易发生海外投资风险,对企业成长的不利影响更大。

（一）财政拨款成立专门机构,负责海外投资保险制度的设计与调整

海外投资保险制度源于美国,相继被日本、法国、德国和英国等发达经济体所效仿与创新(张默含,2016;胡志军,2015)。美国在《经济合作法》(1948)中创立了海外投资保险制度,出台、修订《共同安全法》和《对外援助法》对其调整完善,国会拨款、授权联邦政府先后成立国际开发署、海外私人投资公司。这些专门机构负责美国企业海外投资保证与保险业务,调整企业投保的境外区域范围,承包范围由外汇险、政治暴力险和征收险扩展至因东道国违反各种与投资者签订的协议、主权担保、非法收回担保款及不履行仲裁决定等引起的投资者损失,投保的最长期限扩展至 20 年,并为投资者的特殊需要开办专项担保,如租赁担保、金融机构担保、自然资源与石油天然气担保。法国海外投资保险制度由中央政府经济与财政部设立和修订,授权法国对外贸易银行和法国对外贸易保险公司承担政治险、非商业险担保和信贷担保,引导、鼓励私人保险机构开展海外投资保险业务予以补充,并充分利用多边投资担保机构、国际金融公司为法国企业海外投资提供担保。中国没有专门机构负责海外投资保险制度的设计与调整,中央政府先后授权中国人民保险公司、中国出口银行和中国出口信用保险公司提供政策性保险产品,承担所有海外投资保险业务,而保险种类限于政治险、股权与债权担保,还存在海外投保程序烦琐、投保门槛过高、保费高与

保险覆盖率过低等问题。① 因此，应借鉴美国与法国，政府成立专门机构市场化运作，负责海外投资保险制度的设计与调整，确保海外投资保险与保证业务具有一定的竞争性。短期应允许中国人民保险公司、中国出口银行开展海外投资业务，通过税收优惠支持中国人民保险公司、中国出口信用保险公司和中国出口银行为竞争优势培育型企业海外投资设立专项保险与保证业务，长期还应允许民间资本进入海外投资保险领域，方式可采取注资上述三家机构，或者允许民营保险机构开展海外投资保险与保证业务。

（二）建立海外投资亏损赋税、退回与结转制度及海外投资亏损准备金制度

美国设计赋税退回与结算制度以降低跨国经营风险。② 该制度规定对外投资企业在一个年度出现正常经营亏损时，可将该亏损抵消前三年的利润，按前三年利润收入缴纳的赋税计算出抵消数额并退还给企业，或者亏损额向后几年结算，抵消后几年收入，从而免除抵消收入的赋税。日本则创立了对外投资损失准备金制度。这一制度的建立和完善经历了1960年实施的对外投资亏损准备金制度、1971年的资源开发对外投资亏损准备金制度③、1974年的特定海外工程合同的对外投资亏损准备金制度和1980年的大规模经济合作合营事业亏损准备金制度（胡志军，2015；潘晓明，2017）。损失准备金制度实质是政府通过政策性保险机构分摊企业对外投资经营风险的制度安排，数字和比例在一定程度上反映了政府财政支持的力度和对外投资企业的税负下降。考虑到企业开展 OFDI 要求资金规模比较高，日本政府要求日本跨国企业向隶属于日本经济产业省的日本贸易保险有限公司投保前，需事先按比例缴纳准备金。随着日本 OFDI 的发展，除了资源开发型和经济合作合营类型

---

① 利比亚危机爆发前，中国企业在该国的 50 余个大型项目涉及合同金额高达 188 亿美元，这些项目的保险覆盖率仅为合同金额的 5.68%，而世界范围内海外投资的保险覆盖率已经达到 15%（于传将，2011）。
② 综合杨梅英等（2014）、邢天添（2017）和魏志梅（2017）相关论述。
③ 1993 年纳入对外投资亏损准备金制度。

第八章　优化对外投资企业竞争优势培育绩效的借鉴与对策

外,其他类型 OFDI 准备金缴纳比例在下降。大规模经济合作合营亏损准备金制度允许特许设备资金在 1000 亿日元以上经济技术合作的特定项目,将其投资的 25% 作为准备金,享受免税待遇;项目失败,则项目中途失败后的第五年从准备金中获得一次性补偿;当项目开发成功但 5 年后失败,可在此后的 5 年每年申请等额偿还;若没有损失,准备金积存 5 年后,从第 6 年开始,分成 5 份,逐年合并到应税所得中进行纳税(洪联英,2015;潘晓明,2017)。针对中小型竞争优势培育型跨国企业出现年度经营亏损,中国可借鉴美国建立赋税退回制度,亏损额抵消以前利润的年度数量视企业规模而定,比如中型企业可设计为前三年,小型企业可设计为一年至两年;大型竞争优势培育型跨国企业也可借鉴美国建立赋税结转制度,亏损额向后几年结算,具体的年度数量还应考虑投资项目和领域是否具有较大的外部性,对战略性新兴产业或高新技术行业,年度数量可适当缩短,总体的年度数量应在两到五年。在建立对外投资损失准备金制度时,针对竞争优势培育型跨国企业,借鉴日本经验时,不应限于大项目规模,而是应充分考虑项目风险和海外沉没成本的大小,对全体跨国企业,设计比率不一的准备金制度,并强制要求缴纳准备金后方可投保。对中小型企业和有关战略性新兴产业或高新技术行业项目的海外投资,中国政府可设计不同的资助比例,对企业支付准备金进行补贴、项目失败补贴和没有失败的处理,应考虑对外投资企业竞争优势培育经营情形、项目规模和海外沉没成本及投资所在行业的外部性,平衡原则性与灵活性,不宜采取日本"一刀切"的做法。

(三)健全以提升企业海外投资风险防控能力为导向的财税激励政策体系

发达经济体已经建立完整的一般性财税激励政策体系(如退税、延迟纳税)和专门性财税激励政策体系(如税收抵免、税收优惠和财政补贴),富有成效地降低了对外投资企业的相对成本,提高企业盈利潜能,进而增强了企业抵御海外投资风险的国际竞争力。借鉴这些国家经验,中国应将竞争优势培育型跨国企业纳入对外投资财税激励政策体系的重点支持范围。对通过海外投资提升产品技术含量带动产品出口的竞争优势培育型企业，实行全额退税或较高的退税率，结合 CFC 规则，① 制定延迟纳税政策，规定延迟纳税的原因、时限和审批程序，确保对中国竞争优势培育型跨国企业未汇回的投资利润不予征收。同时加大对跨国企业竞争优势培育获得财税补贴优惠的支持力度，如提供财政低息或无息贷款，放宽研发费用等各项扣除标准；对外部性强的竞争优势培育型跨国企业除了采取普遍适用的财税补贴优惠政策外，还应给予特定的税收减免优惠；对购并国外科技型企业，以控股或参股形式获取先进技术，将机器设备运回国内子公司的企业，免征机器设备进口税；在发达经济体或新兴发达经济体投资"科学技术与技术服务业""信息传输、计算机服务和软件业"和"制造业"的跨国企业，可考虑在免征 5 年所得税的基础上，在其后的 4~8 年逐步下调免征比例。考虑到中国税收抵免过于注重直接抵免，容易导致竞争优势培育型跨国企业总体税负上升，违背税收抵免的初衷，应明确间接抵免、多层抵免的适用对象和条件，实现直接抵免、间接抵免和多层抵免的有机结合，并根据这些跨国企业的不同阶段，选择相应的抵免类型：短期与中期阶段，采取综合限额抵免方法，对境外所得汇总后缴纳所得税，对某些低税率的大宗项目实行专项限额抵免方法；对长期阶段，直接免税。由于中国税收饶让制度涉及的国家数量偏少，导致大多数国家给予中国竞争优势培育型跨国企业的税收优惠无法真正落实，中国政府应积极推进双边税收协定谈判，加大协定国家数目，目前还可采取以下措施予以弥补：对投

---

① 为对付纳税人在避税港设立基地公司并利用延迟纳税进行避税，1962 年美国国会通过了其国内收入法典的 F 分部条款，提出了特定意义的受控外国公司（Controlled Foreign Company，CFC）：如果一家为外国公司各类有表决权的股票总额中，有 50% 以上属于美国股东，这些股东每人所拥有的有表决权的股票又在 10% 以上，那么该外国公司为受控外国公司。F 分部条款规定，凡是受控的外国公司利润属于美国股东的部分，即使当年利润不分配，也不汇回美国，视同当年分配的股息，分别计入各股东名下，与其他所得一并缴纳美国所得税，此后此项利润真正作为股息分配时可不再缴纳所得税，这一部分当年实际未分配所得，在外国缴纳的所得税可按规定获得抵免（张京萍，李敏，2006）。CFC 规则后被延迟纳税国家所采纳。

资与中国签订双边税收协定的东道国，无论双边协定是否存在避免双重征税条款，只要竞争优势培育型跨国企业在东道国取得减免的税收证明，在国内均可办理，视同已全额征税的抵免；对投资未与中国签订双边协定的东道国，只要提供向东道国税务机关的纳税证明，国内税务审核真实后，也可办理视同已全额征税的抵免。

四、加强财税支持竞争优势培育型 OFDI 企业的金融、信息与人才服务体系建设

正确选择投资地区、投资项目和合理确定投资规模是企业对外投资成功培育竞争优势的前提，这要求企业深入了解投资潜在地区的政治、经济、法律、社会文化、市场和产品等信息。相对于企业，政府在海外信息的收集、甄别和处理方面具有临近信息源优势、技术优势和规模经济优势，因此，政府海外投资信息服务质量与效率成为制约对外投资企业竞争优势培育绩效的重要因素。新兴经济体竞争优势培育型跨国企业因来源国劣势及外来者劣势和极大的技术获取效果的不确定性，投资周期长、多次投资和达到盈利阶段所需时间更长，需要资金数量显著超过国内投资，外源性融资成为使绝大多数企业的必然选择；信用担保缺失与更大的经营风险，使企业难以在东道国获得更多的融资支持，国内金融服务水平也成为制约竞争优势培育型企业对外投资成效的重要因素。有关企业对外投资调查结果显示，"企业融资困难""缺乏对目的国法律和市场风险了解"和"缺乏国际经营管理人才"位列影响中国企业海外投资六大因素的前三位，60%以上的企业认为这三大问题是影响企业对外投资选择的重要因素，全体企业对中国 11 项海外投资公共服务政策满意度评价中，信息服务政策评价最高，但也只有 2.98 分，对融资服务相关的三项政策和人才服务政策最不满意。政府对竞争优势培育型企业对外投资金融、信息与人才服务亟待提高。

（一）加大财经支持力度，创新 OFDI 融资方式

发达经济体通过政策性金融机构为对外投资企业融资提供优惠金融

（胡志军，2015；潘晓明，2017）。美国通过海外私人投资公司和进出口银行为企业 OFDI 提供优惠贷款，前者提供的金融优惠有对美国对外投资企业放款、为美国海外投资企业融资提供贷款担保、对面向美国 OFDI 项目投资的私人投资基金提供支持和为美国商界提供对外投资机会。进出口银行办理对外短期与长期贷款，最长的期限可达 30 年，超过商业银行贷款的最长期限，对外贷款平均每项金额均高于商业银行，而贷款利率则通常低于商业银行，对开发海外的战略资源，按企业成交额的 45% 提供贷款。日本政府合并日本输出银行和日本海外协力基金为日本国际协力银行（JBIC），为日本对外投资企业、日资在东道国的法人（含合资企业）或向海外日资企业贷款、出资的外国银行和政府在新建投资、并购提供金融支持，贷款利率低。5 年内的长期贷款年利率为 0.01%，而最长的 9~10 年期年贷款利率只有 0.04%，已成为日本企业对外投资的主要融资来源。2000 年对外投资金额仅为 5237 亿日元，占 JBIC 整体投资金融的 43%；到 2016 年，数量高达 1.8581 万亿元，占 JBIC 整体投资金融的 73%。与发达经济体不同，中国企业对外投资项目资金普遍依赖内部积累和银行贷款。中国开发银行和中国进出口银行为中国对外投资企业提供贷款，而政策性银行优惠贷款偏向于大项目、国有企业和大型企业，中小民营企业被排除在外。即使是优惠贷款也采取信贷配给，无法满足贷款需求，贷款利率偏高，其中，一年短期贷款利率达到 4.35%，而中长期贷款利率则达到 4.75%~4.9%。借鉴美国、日本经验，通过财政资助和税收优惠引导政策性银行对竞争优势培育型与利用型 OFDI 贷款实行优惠利率，贷款对象扩大至中小型民营企业。中国对外投资企业融资渠道单一，主要靠银行贷款。调查显示，对外投资项目融资依赖内部利润积累、银行贷款、资本市场融资、投资伙伴参股、民间非官方融资和政府拨款的企业比例分别为 52%、21%、11%、7.1%、5% 和 3%，在补充内部利润积累和银行贷款方面的次要融资渠道方面，国有企业在吸引投资伙伴参股和资本市场方面相对于非国有企业具有明显优势，同时，获得低息与无息贷款比例明显高

第八章 优化对外投资企业竞争优势培育绩效的借鉴与对策

于后者,在优先获得外汇、优先获得返销配额等其他支持政策方面也更有把握。因此,除了通过税收优惠鼓励商业银行对竞争优势培育型跨国企业开展贷款业务外,还应帮助跨国企业开拓多元化融资渠道,如设立以政策性银行牵头的海外投资金融协调机制,通过多个金融机构下设的分支机构加强与地方相关职能部门合作,促进跨国企业与存款性金融机构的信息交流,或者金融机构选择中国竞争优势培育型跨国企业比较集中的区域设立分支机构,开展集群式海外融资服务,并为中国对外投资企业创造条件,向当地银行借款或上市融资。同时创新竞争优势培育型跨国企业融资方式,如利用国际金融市场,开展金融租赁为中国中小型跨国企业提供融资服务;在参与"一带一路"境外PPP(即Public–Private–Partnership)项目中,将中国中小型竞争优势培育型跨国企业纳入中,进而帮助这些企业获得东道国一定的资金支持。

(二)加快境外投资专门信息与金融服务机构发展,完善投资全程信息与金融服务

发达经济体都有统一的权威管理中心,拥有一定数量的政府机构、官民联系投资机构、官助民办的中小企业团体,为本国企业对外投资提供信息服务(隆志强,2013;胡志军,2015;洪联英,2015)。除了德国复兴信贷银行、投资发展公司、德国技术合作公司和德国能源署等公共机构外,德国政府还通过国际国内组织,如联邦政府、欧洲发展基金会、德国驻外使馆、德国民间组织等为企业对外投资提供融资服务和信息支持。法国投资信息与咨询服务由专门的官方机构(如驻外使馆商务、大区外贸局)、半官方机构(如法国外贸中心)和民间机构(如法国工商会联盟和法国工业促进会等)提供。在对外投资准备阶段,日本国际协力银行为企业提供金融咨询服务,并联合日本贸易振兴机构和日本国际协力组织联合为企业提供东道国的政治、经济和社会文化信息,日本的财务省与经济产业省负责海外投资数据和绩效统计调查,对日本海外投资产生影响的东道国情况进行分析,按季度公布统计调查数据和分析报告,为日本企业全程投资提供服务和参考。中国对外投资金

融与信息服务机构的主导力量为官方机构,如商务部投资促进局及其驻外机构、工业和信息化部、农业部等部门单位设立服务于本部门投资的国际经济交流中心。事实上在某些领域如涉及环境、文化、安全审查、知识产权等竞争优势培育型投资敏感项目,非官方机构在帮助中国企业投资于发达经济体克服来源国劣势及外来者劣势方面,比官方、半官方机构效果更好的作用。商务部应牵头在中国海外投资比较集中区域,建立以研究和咨询为目的的独立商务咨询机构,为企业提供信息和投资咨询,并定期发布所在区域的专门报告。针对竞争优势培育型OFDI,官方机构应重点加强欧美、日本国家(地区)技术发达经济体与信息经济体的国别与产业投资环境研究,构建公共信息平台,向这些企业提供及时、充分的信息和咨询服务,引导和规范中国跨国企业形象建设,建立专项国际舆情监测与应对体系,把握舆论导向,加强对外宣传,树立中国竞争优势培育型OFDI的正面形象。同时中国政府应大力发展民间或半官方的协会和组织,通过大企业集团和财政预算在全球增设行业商会,资助、引导在竞争优势培育型跨国投资目标地区设立、发展专业性中介机构如专业投资银行、会计事务所、律师事务所。中国对外投资信息与金融服务在投资过程中和后续服务亟待拓展和完善,投资前期提供的诸如组织投资前考察、建立投资机会数据库、与东道国人士交流研讨等服务,投资过程中期和后续过程也应提供相应服务,并视投资实际情况进行调整中介服务的重点;政府相关部门整合已有的投资信息与金融服务机构,引导组建官方、半官方与全社会资本的专业中介机构,与政府相关驻外机构形成的分工明确、职能清晰的面向全体海外中资企业与海外投资全程的信息及金融服务体系。

(三)财政出资或资助成立专门的技术援助机构,提供专业人员培训服务

发达经济体普遍成立了高效的专门性技术援助机构,这些机构建立和运转的资金源于财政津贴,作为公益性的政府附属机构或政府资助的非营利性民间团体,援助机构还利用政府资金设立项目、计划等途径对

第八章 优化对外投资企业竞争优势培育绩效的借鉴与对策

企业海外创新提供技术指导与开发、专利等知识产权交易服务、技术创新战略与技术创新策略咨询、境外派出专业化高素质人员培训和投资东道国人员的技术培训提供服务。通常情况下，海外创新可行性资助可高达50%的资助（胡志军，2015；洪联英，2015；张默含，2016）。德国的联邦经济信息局、英国的全英贸易伙伴服务局、日本的"世界经营协会"与"海外技术研修者协会"，以及美国在国际开放署援助下设立的"国际经营服务队"就是典型的政府出资成立的技术援助机构。联邦经济信息局除了对德国跨国企业提供外国市场包括投资需求的综合信息外，还接受企业海外技术创新的主题调研。

目前中国境外投资促进机构除了存在业务重复与交叉和定位不明确外，这些机构活动仍然集中在支持贸易促进性OFDI和能源资源开发OFDI，重点是国有企业，没有出现专门的技术援助机构。事实上，相对于发达经济体同行，中国大多数竞争优势培育型跨国企业亟须外部技术支持，应该借鉴发达经济体经验，财政出资或资助成立专门的官方或半官方技术援助机构，引导、规范技术援助机构对全体跨国企业严格按照投资领域和投资外部性，公平、公正地进行相应的技术支持，而不应根据企业所有制和企业规模来区别对待。竞争优势培育型跨国企业外派到技术发达经济体的员工大多是公司总部的管理人员，普遍缺乏海外技术创新和国际市场开拓知识，国际化人才储备匮乏，因此熟悉、适应东道国的经济、社会环境与技术创新网络需要相当长的时间。即使是大型企业进行技术获取型跨国并购也可能因此使竞争优势培育型战略失效，比如TCL并购法国阿尔卡特公司后，相当长的时间没有合适的CEO负责吸收对方的相对先进技术业务。大力发展人才推荐、培养服务和人才培训服务。人才推荐与培养方面，通过财政资助或税收优惠鼓励、引导和规范国际化人才中介或海外投资咨询机构的建立和发展，为竞争优势培育型跨国企业提供人才推荐、人才外包和人才管理咨询服务，定期或不定期举办国际化人才交流会，建立、更新有关海外华人和海外友人的技术类和管理类国际化人才数据库，并为发展潜力大的中小型竞争优势培育型跨国企业人才提供到国内外著名高等院校、科研机构研修机会，资助相关企业国际化人才培养。官方、半官方和民间三类中介机构至少可加强两个方面的人才培训服务：加强对中介机构国际化人才培训的相关人员的培训，通过拓展国际视野、了解竞争优势培育型跨国企业发展的特征和企业现实需求，提高人才培训的有效性；根据竞争优势培育型跨国企业的国际化人才类型需要提供针对性的人才培训。

五、构建面向中小企业的财税支持竞争优势培育型 OFDI 服务体系

（一）建立健全相关法律法规

日本政府成立中小企业海外事业支援委员会，通过设立对外指导制度、信息收集制度、对外投资实地研讨会和对外投资管理者研修制度，开展相关活动，制定了比较科学的《中小企业海外事业支援大纲》《中小企业技术开发临时促进基本法》，在《出口保险法》的基础上出台《贸易保险法》与《中小企业金融公库法》《国民生活金融公库法》《中小企业信用保险公库法》《机械设备信用保险法》，从法律层面奠定了日本中小企业对外投资企业竞争优势培育稳健发展（洪联英，2015；胡志军，2015）。中国政府应借鉴发达经济体法律建设成果，加大财税支持竞争优势培育型跨国企业境外投资的法律力度，在金融、税收、外汇、保险及信息援助等方面提供财税支持的法律依据，如完善《中小企业促进法》，出台配套的《中小企业技术创新条例》与《中小企业海外技术创新援助法》等，帮助这些企业精准定位国际直接投资逆向溢出区位、行业和市场。

（二）创建专门技术援助机构和设立专项资金

日本政府建立了日本工商会议所、日本贸易振兴会和中小企业中小事业团等系列官助民办或官办民营机构，为中小企业跨国投资提供技术人才信息和并购目标企业信息服务、提供知识产权交易谈判和跨国并购的技术专家支持、海外投资项目调研服务，通过建立的中小企业技术指

第八章 优化对外投资企业竞争优势培育绩效的借鉴与对策

导制度和创造性技术研究开发补助金制度,组织大学教授、技术专家和法律顾问,帮助企业技术创新,指导中小企业提供技术生产管理、经营诊断、质量管理以增强企业技术能力,企业只须承担 2/3 的指导费用;德国政府通过德国工业机构联合会,每年提供 5 亿马克专门支持中小企业的研发创新;法国政府通过工业促进发展协会致力于为中小企业海外发展提供技术和人员培训的支持,技术支持主要体现在,对竞争优势培育型跨国企业拟定合理可行的发展战略、商业访问和伙伴接洽安排计划、对外投资企业竞争优势培育的可行性研究、新建与并购的合同订立与执行方面提供帮助,人员培训的支持体现为三大举措(关鑫等,2018;张默含,2016)。一是政府提供部分津贴,对竞争优势培育型跨国企业创办者进行为期 1~3 年的系统培训;二是政府联合银行、科研机构、大学帮助竞争优势培育型跨国企业制订适宜的海外拓展方面的技术人才与管理人员的培训计划;三是竞争优势培育型跨国企业执行带薪培训人才方面的资金投入,政府与企业平均分摊培训员工工资。针对中国中小企业对外投资培育竞争优势面临技术基础相对薄弱与国际化人才短缺的问题,中国政府应借鉴上述发达经济体经验,设立专门机构为其提供技术开发与员工培训的资金资助和专家支持。

(三)鼓励政策性保险机构设立境外投资特别险种

法国政府通过法国对外贸易保险公司设立特别险种,增强了中小企业海外投资风险管理能力。投保后的中小企业境外投资严重亏损时可得到最高 50% 投资额的保费补偿;政府同意的投保项目,企业在年度预算范围内可支取保险金额的 65% 用于开拓活动,开拓范围包括国外调研、设立分支机构和到东道国注册商标或专利,企业开拓失败可获得相应的补偿,企业盈利后按销售额的一定百分比偿还保险款项。[①] 目前中国出口信用保险公司可参照法国对外贸易保险公司的做法,针对竞争优势培育型中小企业对外投资技术寻求与获取特征,设立特别险种、相应的条

---

① 综合徐德辰(2005)、李述晟(2013)相关论述。

款和投保要求，征收保费和盈利企业的返还款项要求，支付赔偿与提供资助。

（四）开展中小企业海外融资专项服务

德国联邦政府出资或与州政府合股创办专门的政策性银行，以无偿贷款、无息贷款和低息贷款方式，为中小企业海外投资提供资金和融资服务；法国专门成立法国中小企业发展银行，下设中小企业设备贷款银行与中小企业担保银行，前者为中小企业提供金融贷款信贷服务，后者为中小企业的投资提供担保；日本设立中小企业基盘整备机构、中小企业政策性金融公库、贸易振兴机构等，为中小企业对外投资提供了专门的公共服务网络（关鑫等，2018；张默含，2016；胡志军，2015）。借鉴这些国家经验，在中国政策性银行和国有商业银行开展面向中小型竞争优势培育跨国企业贷款专项服务，鼓励这些企业按一定比例或固定数额向政策性银行和商业银行缴纳资金，设立互助担保基金，在基金成员企业有资金需求时，政策性银行和商业银行提供资金支持或借贷担保。

第二节　新兴经济体支持对外投资企业竞争优势培育的经验借鉴

发达经济体与新兴经济体政府、金融机构和非政府组织为支持和推动资源寻求型、市场寻求型、效率寻求型和竞争优势培育型对外投资的发展，积累了丰富的经验。这些经验可分为大多数适应所有对外投资类型的一般性举措和少数针对竞争优势培育型对外投资的特别措施，为解决中国对外投资企业竞争优势培育存在的问题和优化优势培育绩效都提供了参考的思路。以金砖国家和亚洲新兴经济体为代表，剔除与发达经济体相同或类似的一般性举措和特别措施，归纳相关举措，结合当前中国具体情况进行借鉴。

第八章　优化对外投资企业竞争优势培育绩效的借鉴与对策

一、重点支持特定行业和特定海外区域的竞争优势培育型 OFDI

重点支持中国企业在高新技术行业和现代服务业，对欧美、日本和新兴工业化国家（地区）直接投资培育竞争优势的支持力度，以提升跨国技术吸收能力和突破国内产业结构调整的科技瓶颈。20 世纪 90 年代韩国技术引进和吸引外商直接投资，无法满足国内产业结构升级对先进技术和核心技术的需求，政府扶持大企业为核心的重工业化发展战略面临日趋明显的科技瓶颈；绵延不断的罢工潮使压低工资的企业发展模式难以为继；美国与欧洲发达经济体相继取消韩国产品进口的优惠措施，施加压力促使韩币升值，贸易摩擦逐渐加剧；随着韩国经济的起飞，地价和生活费用相继上涨；狭小的国内市场使财团企业面临产能过剩带来的开拓海外市场压力。韩国当局重点引导大企业，在资本密集高新技术行业如半导体、LCD、集成电路、生物工程、光纤通信、信息处理、新材料和资本密集型重化工业如钢铁、汽车和造船业，对欧美、日本等国家（地区）直接投资，先后出台相关政策措施，改善了相关企业竞争优势培育绩效。比如韩国进出口银行将境外大企业贷款利率从 9% 下降至 8.5%，并放宽贷款额在投资总额的限制，延长贷款规定期限，并将贷款最长期限扩展至 10 年；为提升韩国企业的技术能力，利用竞争因素和优惠措施引导欧洲和美国、日本等国家（地区）外资企业与韩国企业合作，提升项目的技术水平和加快技术转移速度；政府优先支持国际领先技术获取、推动国内产业结构调整与优化和促进国际贸易的跨国企业；鼓励企业境外投资区域多元化和经营多元化，以优势利用型境外投资支持海外技术获取培育竞争优势；倡导有技术引进经历的跨国企业境外投资获取技术，选择与东道国企业合作技术开发、就地生产、销售。[①]

---

① 综合魏兴耘（1993）相关论述。

1991年印度爆发独立后最严重的国际收支赤字危机，实施外向型经济发展战略，改变了对外商直接投资的敌视态度并加大引资力度，放松了对外投资的管制。随着侨汇和承接国外服务收入的增加引起外汇储备的扩大，加上外资对出口的促进效应不尽如人意，印度政府大胆并利用刚露端倪的新科技革命，根据自身的禀赋特征，①引导外资流向软件、IT服务和金融等部门，采取系列措施，重点发展软件、通信、信息服务、电信等人力资本密集型高新技术行业为基础的现代服务业和生物制药业、钢铁、汽车、化工、医疗设备等制造业对外投资，鼓励家族企业和中小型企业对美国和西欧境外投资，促进出口和增强国际竞争力，以推动现代服务业带动经济发展，进而培育竞争优势，许多企业因此发展为跨国公司，②比如1992—1993年度印度当局取消现金对外投资的限制，规定无须批准的现金限额为200万美元，《2000年外汇管理法》将限额扩展至1亿美元，企业海外投资最高限额先后由海外净资产总额的200%提高至300%、400%；印度上市公司境外证券上限由公司资本净额35%调整至50%，无须央行同意即可提前偿还境外借款上限由4亿美元提高至5亿美元，放宽企业海外收购的限制；把创办海外合资企业与发展境外咨询服务结合，提升本国跨国企业知名度；要求印度

---

① 印度的禀赋特征，综合大多数学者的观点概括为：全球各国高新技术行业处于成长阶段，与发达经济体的差距远不及工业方面的差距，而薄弱的基础设施建设使印度无法实现工业方面的赶超；英语作为官方语言，在吸收全球领先技术时具备基本无须浪费语言转化的优势；快速发展的高等教育和全面普及的城乡职业教育满足了印度科技型企业高、中低端技术员工的需要，相对于发达经济体，长期重视的精英教育为印度发展高新技术行业和承担全球高新技术行业提供大量廉价劳动力的人力资源；大量的海外印度科技人才在美国和欧洲主要从事信息产业、生物技术、制药业，成就辉煌。本章印度数据，除特别说明外，笔者根据盛明科等（2018）、马君（2014）、张廷海（2014）、周戎（2013）、文富德（2004，2009，2012）、周杰（2008，2012）、李经威等（2012）、王超等（2012）、苗丹国等（2011）、安双宏（2011）、钮维敢等（2010）、赵杰（2010）、钱学峰等（2005）和娄成武等（2005）、《中国科学技术与工程指标》（2018）及世界银行网站数据综合而成。

② 印度国内软件人才的雇佣成本仅为发达经济体的1/8～1/5（甘碧群，何西军，2002）；印度海外科技人才推动西方国家与印度的高科技合作，直接体现在印度信息产业与美国南加州硅谷之间的密集联系（高子平，2012）。

跨国企业遵守东道国法规、承担企业责任并带动当地社会经济发展，不得强求合资多数股份或要求对方公开技术等，力求与当地实现双赢，避免单纯追求经济效益而损害印度正面国家形象。制药业和软件业在全球的快速崛起是印度竞争优势培育型 OFDI 战略成功实施的典范。中国政府应结合国内要素禀赋特征、产业结构调整效应和提升国际竞争力的需要，通过优惠政策和税收减免等措施鼓励企业采取独资、合资合作或战略联盟，在信息技术、新材料技术、生物和现代农业技术、航空航天技术、先进制造技术与自动化技术办公与电信设备、数字处理设备、通信设备、集成电路及元器件和金融服务等领域与产品方面，对西欧、北美地区、日本或亚洲和南美等新兴经济体，进行竞争优势培育型对外投资，通过区域和经营的多元化造就优势利用型境外投资与技术优势境外投资相互促进的良性循环，吸收先进技术并扩大海外市场份额。

二、多措施引导竞争优势培育型 OFDI 企业内部研发

政府应加大对竞争优势培育型对外投资企业的支持力度，引导企业加强内部研发。印度采取多种举措引导本国跨国企业加大研究开发。一是制定并实施专门的科学技术基本法与系列配套的法律法规体系，尤其是严格执行 1994 年彻底修订版权法——世界上最严格也最接近国际惯例的知识产权保护法之一，为技术研究开发创造公正、透明的法律法规环境。印度已发展成为全球三大研发投资目的地之一。大量著名跨国公司的涌入，与印度跨国企业在技术创新方面竞争，已经出现合作与竞争有序激烈的态势。二是连续实施国家层面五年研究开发计划，使科技发展财政经费稳定增长。20 世纪 90 年代至今绝大多数年份印度研发支出增长率高于其 GDP，已达到全球研发支出总量的 3.5%，研发投入占 GDP 的比重由 1996—1999 年的 0.63% ~ 0.71% 发展至 2005—2011 年的 0.79% ~ 0.84%，到 2017 年提高至 2%，私营部门与公共部门对 R&D 投入比将由 2013 年的 1∶3 增长至二者大致相当的水平。三是设立拨款

与基金相结合分配的公共研发费用使用制度。为解决经济发展重点项目的资金问题，采用招标方式对企业和政府相关研发部门发放基金。韩国则设立国家项目，由政府牵头，组织国内企业甚至国外公司联合开发尖端技术，与此类似。四是除下属部门外，印度政府鼓励、资助高等院校、民间非营利机构、公共机构设立技术开发机构。印度政府下属的国家实验室与研发机构一度完成当年85%的研发活动；印度科学及产业研究委员会下属的实验室曾为印度最大的研发网络。五是大力发展风险投资业，放松竞争优势培育型企业海外融资限制，弥补研发资金的不足。通过财政补贴和税收优惠成功吸收外资，使海外资金成为印度风险投资业的主体，这些风险投资主要流向IT、生物制药和钢铁制造等印度海外投资企业的技术开发。同时自动批准培育型印度跨国企业全球融资用于重组、并购与技术开发。六是对不同行业的竞争优势培育型跨国企业技术研发采取差别性的引导，比如对制药行业鼓励通过自主研发、战略联盟进行对即将到期的专利药品进行仿制，赢得国际市场份额；对软件行业鼓励通过承接跨国公司的研发外包服务提升技术能力，进而利用成功的海外印度人才对美国直接投资，实现自主创新的转变。

  随着"科技立国"战略的实施，韩国科技政策由模仿创新逐步转向原始创新和集成创新，将技术获取型对外投资（即竞争优势培型OFDI）视为自主创新与外部吸收相结合的基本途径。韩国政府除了设立项目直接研发外，还采取系列举措促进包括竞争优势培育型跨国企业在内的全部企业开展自主研发。韩国企业研发投资年均增长率在1981—1991年为31.65%，而同期日本为8.8%，总研发投入由1991—1996年的10.86亿~42.23亿美元攀升至2006—2010年的102.32亿~225.90亿美元，研发支出占GDP的比重由2001—2007年的2.27%~3.00%上升到2008—2015年的3.12%~4.29%，每千就业人中研发人员的数量由2005—2009年的6.7~9.7增至2010—2014年的10.0~12.4，2015年的数量（13.2）已超过同期的法国（9.3）、德国（8.3）、俄罗斯

第八章 优化对外投资企业竞争优势培育绩效的借鉴与对策

(5.8) 和中国 (1.9)。① 全球研发投资2500强②数据显示，2015年制药和生物科技产业研发投资规模高达1323.52亿欧元，是研发投资所占比重最高的产业，中国研发投资50强中尚未有该行业的企业入围全球50强。韩国有5家企业分布在该产业，扩展至2500强，中国该行业有28家，只高于入围10家韩国企业的4.94亿欧元。从研发投资强度的角度来看，韩国的制药和生物科技产业研发投资强度为7.84%外，而中国该指标仅为2.65%（孙莹，2018）。

韩国当局除采取与印度类似的举措外，还另外实施一些特殊措施，促进竞争优势培育型跨国企业加大技术开发。这些措施主要有：一是在资金和人员方面协助建立类似于"美国国际经营者服务队""加拿大海外经营服务机构"和"日本世界协会"等民间非营利性机构和团队，培训或帮助韩国跨国企业培训技术人才。二是在不同时期选择几个行业优先发展，集中力量鼓励企业开展海外技术获取，尽量降低企业研发风险。20世纪90年代是半导体产业和LCD产业，21世纪以来是生物、航空航天与新材料产业。围绕优先发展产业，政府科技部门和经济部门合作促进产业发展与科技发展结合，拟定技术发展规划，由科技部、贸易部和人力资源等政府部门协调，与高校、大型企业的代表组成论证委

---

① 第八章第二节韩国数据，笔者根据世界银行网站、《中国科学技术与工程指标》(2018)、方芳等 (2017)、申俊喜等 (2015)、马陆亭等 (2015)、郭晓庆 (2015)、杨华 (2014)、杨敏等 (2009)、金善雄等 (2009)、樊彩萍 (2007)、刘赤兵等 (2005)、王卓等 (2002)、娄成武等 (2005) 等综合而成。

② 从2004年开始，欧盟每年推出年度欧盟产业研发投入报告（EU Industrial R&D Investment Scoreboard），以美国和日本为标杆，从企业层面定量分析欧盟各国企业研发投入情况，比较分析欧盟与非欧盟国家企业研发投入的差异，重点分析欧盟与美国和日本的差异，首次发布《欧盟产业研发投资记分牌》（The EU Industrial R&D Investment Scoreboard），区分欧盟企业与非欧盟企业的研发投资排名，其中，中国仅有中国石油和中国石化两家企业进入非欧盟企业研发投资500强。2005年将欧盟和非欧盟企业样本数提高到了700家，2006之后，欧盟和非欧盟企业样本数进一步提高到了1000家。随后记分牌扩充研究样本的数量，至2011年欧盟企业和非欧盟企业的入围数量均为1000家。2012年研发投资记分牌开始将欧盟和非欧盟企业合并进行全球研发投资1500强排名，中国有56家企业入榜。记分牌在2013年将样本数量提高到2000家，在2014年增至2500家并延续至今。2500强企业2015年度对研发的资金投入达到6960亿欧元，能够代表全球企业90%的研发投资（崔维军等，2015；孙莹，2018）。

员会，确定共性技术、关键技术进行政府资金为主体的开发，开发采取技术引进、消化吸收与模仿创新相结合的方式进行。开发成功后，将政府的主导作用转移给市场机制引导的企业主体研发模式，政府再把重点引向后续的优先发展产业。三是保障企业研发成果的需求。政府保障对中小型跨国企业开发的新技术收购，并资助其中试和产业化；即使新开发的产品价格高于国际同类产品，政府也利用开发前的订单收购韩国企业新开发产品。四是通过技术研发的准备金制度、技术研发贷款的优惠利率制度、技术研发的资金支援制度、鼓励科技企业研发的资产折旧制度和技术开发与推广投资及人才培训税金减免制度和科技园区建设，并通过工业研究集群支持计划，鼓励大中小型跨国企业集聚，设立研发机构从事技术开发。韩国的研发机构由1978年的48个发展至2012年的近2500个，中小型企业的研发机构占比近85%。2010年以后企业研发支出占韩国研发投入的70%左右，超过日本、美国和德国等传统研发大国。大型企业的研发强度均在5%以上，大型跨国公司如三星集团一度达到15%。

2011—2015年世界年均研发投资金额排名前10的企业主要分布在欧洲、美国、日本、韩国等全球领先的创新型国家（地区），除美国和瑞士超过1家，韩国、日本、德国各有1家（孙莹，2018）。中国年均研发投入最多的企业是华为，近5年研发投入均值为47.66亿欧元，为世界第一的大众汽车公司年均研发投入的43.18%。中国10强企业年均研发投入总额为136.71亿欧元，尚不及大众汽车与三星电子研发投资之和，仅占世界10强企业年均研发投入总额的17.02%。中国政府除继续加大研发支出外，还应从制度、资金、税收减免和发展风险投资业等方面借鉴印度、韩国举措，从研发的前期决策、研发活动和研发成果等多个环节提高对竞争优势培育型跨国企业研发活动的支持效率。

三、优化高等教育与职业教育，充实人才储备

为实现竞争优势培育型对外投资预期目标，国家教育支出占GDP

第八章 优化对外投资企业竞争优势培育绩效的借鉴与对策

的比重应保持在较高水平，高度重视高等教育和职业教育的发展速度和质量对提升企业技术水平的巨大作用。20世纪90年代印度教育支出占GDP的比例在3%以上，最高年份达3.9%，新世纪以来比例增加，2003年达到5%，力求近几年达到6%，而中国在《国家教育事业发展"十三五"规划》中规定，保证国家财政性教育经费支出占国内生产总值的比例一般不低于4%。[①] 印度高等教育和职业教育的经费占教育经费的比例超过20%，最高比例为49%，远高于其他国家，二者总比例呈现增长趋势；高教经费除准大学的私人捐款经费占比近25%外，政府财政支出占总教育支出为78%~92%。

在政府的推动下，印度与韩国的高等教育和职业教育均实现了跨越式发展。印度工程类技术人才数量仅次于美国和俄罗斯，IT人才的质量位居全球前列，深受著名跨国公司的欢迎，不少印度高校毕业生已位居跨国公司高层。印度把教育发展的重点集中于高等教育，高等教育重点扶持理工科教育。在2007—2012年印度社会经济发展规划中，将高教经费占GDP的比重由2006年的1.22%提升至1.50%。1999年成立技术信息部后，持续加大理工类高等教育的支持力度，规划全国43所地区性工程学院发展至印度理工学院水平，推进研究型大学与科研院校升级改造。85%的中央政府高等教育经费分配给印度理学院和印度理工学院等技术类精英院校，早期的大学拨款委员会和现在的高等教育中央委员会将联邦与州两级政府的高教费用的71%划拨给理工类为主的19所中央直属大学和重点学院，同时大力鼓励私人资本举办营利性与非营利性高等教育机构，工程技术与信息技术等工科专业在私立学校中的比例已高达80%。利用建国时期援助形成的良好关系，印度高校持续深化在学术、人员、教学、项目研究方面与美国、德国、英国、德国和俄罗斯等著名学府合作关系。印度顶级理工类大学聘请全球知名学者授

[①] 我国教育经费占GDP比例连续7年超过4%，世界平均水平为4.9%。2018年我国财政性教育经费占GDP比例为4.11%，这是连续第7年超过4%，也是7年来占比最低的一年（王峰，2019）。

课，使用欧美国家（地区）著名高校通用教材，课程建设和教学管理效仿美国顶尖高校，并吸引国内科技企业和在印投资的跨国公司参与课程设计、教师培训、奖学金的设置与提供。对私立高校采取灵活开放的政策，减少或停止对其聘用外国学者和科学研究的限制，鼓励与国外教育机构合作，加速国际化，并通过国家认证和系列法律法规，保障快速发展的私立高校教育质量。

政府的鼓励与支持使印度国内外资本采取多种经营方式，形成了发达而完善的职业教育体系，造就了大批素质较高的基础性人才。通过高等教育和职业教育，印度的技术人才形成三个主要培育渠道：①公立高校，立足培育中高级技术人才，如印度理工学院和印度信息科技学院培育中高级软件人才；②私立高校或私营的技术人才培训机构，如印度最大的软件培训机构APTECH；③科技企业建立的培训机构。印度明确规定科技企业须按营业额6%提取教育培训费用于所属技术学院或培训基地建设。为增强培训机构的综合实力，政府从近2000家专门性培训机构择优选择100家予以重点支持。鼓励高校和职业教育机构采取措施吸引企业设立实验室，派遣员工开设技术发展的课程，如海德拉巴信息科技学院的《电子商务最新应用》《资料库软件》和《通信软件》等课程分别由IBM公司、甲骨文公司和摩托罗拉公司等企业开设，从事教学的老师有2/3来自企业。许多高等院校和职业教育机构能根据行业需求，开发相应的课程，并将案例教学融入教学体系。

韩国高等教育支出即使在OECD中也非常突出，如2010年高等教育经费占GDP的比例为2.6%，略低于美国（2.8%），超过OECD国家的平均水平（1.6%）、日本（1.5%）、法国（1.5%）、英国（1.3%）和德国（1.1%），而2012—2015年高等教育投入中公共财政平均占比仅为33%，远低于德国（86%）、法国（79%）、英国（43%），与美国（36%）、日本（34%）相当，对社会投入和家庭投入依赖比较大。在实施"科技立国"战略过程中，韩国政府基于教育先行原则制定并颁布系列法律法规，如《大学教育自主化方案》《高等教育部门对外开放计划》《虚拟大学法》《高等教育》《民办教育促进法》《社会力量办学条例》《私立高校财务条例》等，促进并规范高等教育与职业教育的发展。韩国政府自"通过教育改革实现第二次建国目标"以来，通过征收 11.8% 的教育税，公共教育支出占 GDP 的比重稳定增加，教育经费占财政支出的一半以上，中央政府已成为公共教育支出的绝对主体。政府还向私立高校拨款，补贴学生奖学金、职员保险和教学科研，免除私立学校所得税和财产销售税，强制规定 2000 名以上的企业必须每年对 15% 的职工进行培训。这些举措使私立高校迅猛发展，韩国著名企业都拥有独资兴办的企业大学和研究院。企业为学校提供场地和设备，学校参与企业技术开发，政府出资培训教师，企业与学校共享技术开发成果并聘用学员，造就学校与企业良性互动的职业教育培育体系。韩国历任总统都将教育放在首位，不断推进高等教育和职业教育改革，逐步提高职业教育层次与规模，调整专业设计，扩大理工科人才的比例，通过顾客导向式培养方案和 21 世纪韩国智力计划等项目提升人才与企业技术开发的吻合度，通过大学评定制度和认证制度，稳定技术人才培养的质量。从中国对外投资企业竞争优势培育的角度看，高等教育与职业教育的法律体系建设应加强并严格执行，公立高等教育应加快发展，重点扶持理工类重点高校，政府应增加民办高校补贴，引导民办高校根据市场需求开设专业和课程，避免与公立高校雷同，突出应用性；职业教育应扩大开放力度，吸引韩国、印度等国际品牌培训机构的加入，采取财政优惠与激励措施，鼓励企业与学校合作办学。

第三节　优化对外投资企业竞争优势培育绩效的对策

一、促进对外投资企业竞争优势培育政策的实施

转变观念，把竞争优势培育型 OFDI 纳入政府扶持的"走出去"战

略重点领域。目前中国现阶段的对外投资以市场导向型和资源开发型为主，竞争优势培育型比重偏小。有关推动"走出去"战略和"一带一路"倡议政策的热点，主要集中在加工贸易和满足国内发展的资源开发方面，实质是一种迂回的出口鼓励政策。发达经济体和新兴工业化国家（地区）发展历史显示，竞争优势培育型OFDI战略为产业结构和经济发展不可或缺的途径。推动科学研究、技术服务、信息运输、计算机服务和软件等高新技术行业开展优势培育型境外投资，吸收国际直接投资逆向溢出，技术扩散至国内，通过前向与后向关联效应能显著提升中国相关产业的技术水平，优化产业结构；引导租赁、商业、金融等服务业对外获取技术知识与管理技能，升级发展至现代服务业，既可促进中国跨国服务企业向产品附加值高端攀升，还可为其他行业对外投资提供高质量的服务。为促进产业结构调整和经济发展转型，政府应把更多资源和政策倾斜于竞争优势培育型OFDI，对高新技术行业和现代服务业的竞争优势培育型海外投资应单独设立政策举措，比如联合相关部门设立"高新技术产业海外投资基金"和"现代服务业海外投资发展基金"，对共性技术和关键技术联合产学研共同开发。

以培育国际竞争力为出发点，促进竞争优势培育型OFDI战略主体多元化，大力推进民营企业与中小型企业跨国技术获取。改变政府仅将国营企业或国有控股企业作为政策支持措施的主要对象，集中力量，公平对待、鼓励全体所有制跨国企业和不同规模的跨国企业海外技术获取，协调企业间海外技术获取行为，推动民营企业与国有企业竞争优势培育型对外投资协调发展，避免恶性竞争，降低国外政府、媒体与社会对中国竞争优势培育型对外投资的误解与敌视。针对欧美国家（地区）为中国国有企业竞争优势培育型OFDI的抵制和人为障碍，采取积极措施，鼓励符合条件的民营企业"走出去"开展逆向投资，比如提高对外投资审批手续的透明度和规范性，扩大对民营企业的融资支持，减轻纳税负担；成立民营企业对外投资信息部门，开展技术信息和咨询、法律方面服务。

第八章　优化对外投资企业竞争优势培育绩效的借鉴与对策

充分利用国际惯例与国际条款,降低中国竞争优势培育型 OFDI 战略主体的经营成本。中国绿箱政策的运用还有较大的空间,以农业财政投入占农业总产值的比重为例,中国年均为 7.6% 远低于发达经济体的 30%~50% 和印度、巴西等发展中国家的 10%~20%。针对农产品的科研投入、海外投资信贷和海外市场开拓等可加大财政支持力度,面向有条件有实力选择对外投资培育有竞争优势的农产品跨国企业,设计合理的扶持政策组合,引导国内企业与全球华人资源交流、聘用,提升竞争优势培育型跨国企业溢出吸收能力。印度软件业与韩国半导体业的跨越式发展历程显示,本民族的海外精英爱国情怀和当地扮演"桥梁"角色促进国内企业与东道国构建社会网络,从而积累社会资本,通过示范和帮助招聘国外员工,可增强国际直接投资逆向溢出吸收能力;老一代海外华人愿意帮助国内企业"走出去",华人新生代企业家对中华文化掌握有限,普遍接受欧美高等教育,熟悉欧美国家(地区)商业文化(康荣平等,2009)。政府可责成侨务部门牵头,与商务部、国资委、全国工商联等部门建立联席工作机制,为竞争优势培育型跨国企业和海外华人交流、聘用服务;侨务部门成立专门机构,有意识培养合格的服务型公务员以提高双方交流、聘用的质量与效率。这些合格的公务员具备全球视野,拥有较强的组织能力、合作能力和动员能力,完全了解海外华人的状况和要求与竞争优势培育型跨国企业的人才需求。

健全中介服务机构,加强商会或行业协会的组织与协调。中国缺乏通晓国际法律、熟悉国际资产评估和项目融资等为国际投资竞争优势培育服务的中介机构,提供这方面服务只能选择国外投资中介。一些国外中介的服务质量不高导致国内跨国企业难以正确评估收购国外商业经营中的政治、环境、劳资方面的风险和收购对象的经济价值,或因过分谨慎而错失竞争优势培育型并购良机,或因不切实际的"做大做强"和缺乏理性,高价购买问题大的目标而无法实现竞争优势培育(溢出吸收)。因此,应积极资助组建国际法律、财务、资产评估及股权基金等机构,鼓励这些机构与国际同行合作。中国既有的对外投资商会或行业协会在了解跨国企业的熟悉程度、促进企业选择恰当的投资方向、本行业技术人才的储备以及避免同行恶性竞争等方面，发挥了政府与其他机构无法的替代作用，承担了商务部等政府部门的职能，促进了中国跨国企业与国内政府或东道国政府的沟通和其他国家同行（不仅仅是东道国企业）的交流，避免了政府参与过多而加速发达经济体对中国市场经济地位的认可。既有商会、行业协会应加大组织、协调与引导力度，促进竞争优势培育型跨国企业联合并购或到国外创新中心开展集群式投资，获取产业集群的外部规模经济、外部范围经济和知识溢出，提升企业国际竞争力。

完善国家创新体系，增强竞争优势培育型跨国企业技术能力。中国应以政府—企业为核心，努力构建和健全企业主导的以行业、区域联盟为特征的研发投入体系，大力建设拥有知识产权的国家创新体系。政府侧重基础研究和高新技术行业共性技术和关键技术的前期开发，通过财政税收优惠和科技园区政策激励跨国企业成为研发的重要主体，引导跨国企业组建两方面的行业区域联盟：一是竞争优势培育型跨国企业所在行业结成研发共同体，整合国内研发资源，构建联盟内核，改善国际直接投资逆向溢出吸收绩效并防止重复投资和恶性竞争；二是以技术开发为纽带，鼓励竞争优势培育型跨国企业与国内高校、科研院所建立发挥决定性作用的产学研合作机制，形成联盟外核。通过制度建设和研发效率优化健全国家创新体系，比如建立和完善科技投融资体制，对高新技术行业加大投资，并大力发展风险投资业；在中国竞争优势培育跨国企业财力不足和市场机制难以有效激励技术创新的条件下，政府采取辅助投资和支持政策，提高对竞争优势培育型跨国企业的人才和技术开发的支持效率，发挥产学研合作的主导作用；公共科技发展基金可有意识地向获取高新技术或现代服务技术的竞争优势培育型跨国企业倾斜。

为了增强竞争优势培育型跨国企业技术能力，政府政策应着眼于国内高等教育与职业教育体系的完善、技术市场竞争体系的成熟和新的技术创新模式的探索。政府应适度超前发展高等教育和加快发展职业教育，尤其是重点发展高等理工类教育和与高新技术、现代服务业有关的职业教育，扩大国家研发投入规模，提升技术人才的质量，鼓励创新和创新意识的形成，加快技术要素市场的培育和发展，加强技术服务，促进技术获取型跨国企业相互合作，并加入全球跨国公司的研发网络。

改善人力资本结构，实施人才国际化战略。政府应加大对教育、培训和科研基础设施的支持力度，加快发展正规与非正规的教育和职业培训体系，推动培育型跨国企业隐性知识和吸收能力的形成，大力营造有利于消化、吸收海外技术的外部环境，包括通过高校、研究所和其他机构，提供技术信息、生产建议、技术咨询和技术支持等公共服务。在人力资本培育过程中，夯实义务教育，重点培养技术管理人才，通过高等教育国际化，强化高等教育的社会服务功能，逐步使人力资本结构更加符合竞争优势培育型跨国企业的需要，比如教育部门联合有关部门成立国家级、省级联合实验室，使国内理工院校的科研力量与国际有效对接；形成高新技术领域和现代服务业的人才交流机制，输送优秀教师和学生到国外重要研发密集区学习和实践，通过引智、引资和国外一流高校建立合作关系等。同时大力引进诸多领域的国际专家，鼓励在国外工作和在国内跨国公司工作的技术人员，特别是一些处于技术前沿的中高级研发人员和技术管理人员，回流到中国竞争优势培育型跨国企业，引导培育型跨国企业高度重视优秀人才事业发展及服务环境的建设。

二、实施对外投资企业竞争优势培育能力提升的举措

科学制定竞争优势培育型 OFDI 战略规划，充实前期准备工作。竞争优势培育型 OFDI 面临信息不完全和不确定性，风险高于国内研发投资，中国企业在发达经济体和新兴工业化国家（地区）进行这一类型投资，还面临更高的劳动成本支出、昂贵的技术学习投入和来源国劣势，活动本身难以迅速产生经济效益，加上国内跨国企业普遍缺乏海外经营经验，海外融资非常困难，因此，企业应根据综合实力和发展需要决定是否实施竞争优势培育型 OFDI。如果决定实施这一战略，因及时

制定合理的战略规划，注意扩张节奏的把握，避免操之过急。投资前可通过在目标国设立办事处、贸易窗口机构，充分了解东道国相关的引资政策，主动掌握当地资本市场、产权交易市场和人才市场的基本情况，积极融入所在地的经济、政治和社会网络。若决定跨行业投资时，应掌握所投资行业的技术特点，俟时机成熟招聘更多的当地技术人才，促使境外机构升级为技术情报点和技术监测站，为后续的研发机构设立或科技型企业并购，进而为吸收国际直接投资逆向溢出奠定基础。并购前境外企业应强化尽职调查工作，对目标企业进行全面考察和评估，除了并购费用外，还应考虑并购后的经营成本，比如欧美国家（地区）发达经济体法律体系庞大复杂，解雇的条件苛刻、费用大，技术开发人员工资高，对短期、中期的资产处置、资金运用进行预见性分析。

充分利用中国的大国优势，结合产业和技术特性选择适宜的竞争优势培育型 OFDI 模式。中国跨国企业可利用母国在市场规模、市场潜力、人力资源、外商直接投资和政府政策鼓励等方面的优势，增强企业国际竞争力。根据企业自身的技术优势、技术隐性、集权化程度和国际化程度等所有权特征，充分研究目标国的经济制度与社会文化环境，结合产业与技术特性，审慎、灵活对选择竞争优势培育型 OFDI 方式，如国际化经营程度较高时，可优先选择新建投资，而国际化程度不高时可选择并购；技术差距较大，可采取与目标国企业合作、合资或并购；产品类和应用类行业，可采取跨国并购通过集成创新吸收国际直接投资逆向溢出；基础类技术行业则应在技术密集区设立研发机构提升企业技术能力。

实施产业选择与区位匹配战略，创新对外投资竞争优势培育新模式。中国竞争优势培育型对外投资的目标区域可分为两种类型：

（1）技术差距大的区域，以欧盟、美国和日本国家（地区）为代表的技术发达经济体，中国企业可采取合资、合作、设立研发机构或通过第三方企业等途径加大对高科技产业和现代服务业投资。美国的生物工程、材料技术、航空航天、微电子等高科技产业和现代服务业代表全

第八章 优化对外投资企业竞争优势培育绩效的借鉴与对策

球水平;欧盟特别是德国、法国与英国,汽车工业、机械和设备制造业、化学制药业、航空航天、高铁等领域位居世界领先水平;日本的钢铁、汽车、造船与电子技术等全球著名。

(2) 技术差距较小的局部技术发达经济体,主要是亚洲新兴工业化国家和其他金砖国家。韩国的微电子与数字技术、造船、汽车业,印度的软件、制药业等。利用中国政府在政治友好国家(部分二类区域)境内成立的经济贸易合作区,跨国企业以集群方式开展竞争优势培育型对外投资;通过与国内其他跨国企业联合并购、与境外(东道国或第三方)企业合作或引入私募股权和风险投资基金开展跨国并购。

对外投资企业强化自主创新,积极嵌入东道国产业集群。内部研发是企业提升技术水平和增强吸收能力的基本途径,中国企业是否跨越吸收能力门槛和技术差距直接决定中国跨国企业竞争优势培育的成败和培育绩效的高低;过于依赖国际直接投资逆向溢出,直接导致中国大多数跨国企业自主创新不足,因此以增加内部研发投入和提升研发效率为基础,强化跨国企业自主创新是优化中国竞争优势培育型 OFDI 绩效的前提。提升研发强度,扩大内部研发规模,促进技术学习、技术创新的开展和员工人力资本的提升;着力扩大海外研发支出,引进高素质的本地人才,定期选派优秀员工去海外分支机构从事技术开发,充分考虑海外获取技术与企业发展目标、国内市场的关联性,逐渐形成"研发基地在国外,生产基地在国内"的格局;建立顺畅的溢出吸收与技术转移渠道和开放式的组织学习机制,促进跨国企业母子公司知识交流、共享。为了尽快嵌入东道国产业集群,中国跨国企业还应做到:主动了解、熟悉当地经济法律制度、社会文化习惯,力求运行机制、管理框架、组织体系被当地社会认可;逐步推进技术管理人才当地化战略,培育学习型文化;与东道国政府、中介机构构建良好关系并强化合作;开展研发促进当地创新,灵活运用多种模式与当地同行、上下游企业合作,融入当地社会网络。

树立互利共赢理念,提升中国竞争优势培育型跨国企业的国际形象。在开展竞争优势培育时，中国企业应始终秉持互利共赢理念，一方面同行、相关企业可组建对外投资联盟，实现优势互补，避免恶性竞争；另一方面加强与东道国及第三国企业的联系，寻求合作投资，包括联合境外企业、私募基金共同投资，以及与国外企业建立战略联盟等，善于换位思考考虑对方诉求，灵活选择对外投资方式，避免片面追求独资或控股。高度重视与社区、政府、媒体与非政府组织的联系与互动，稳步推进员工雇佣、企业管理与运行的本土化，宣传时大量运用本地化语言与习惯，避免把企业目标与国家战略相联系，积极参与所在地的慈善活动，发生矛盾时，充分利用当地中介及时化解，履行社会责任，让投资所在地、东道国分享中国跨国企业成长的成果，改善中国跨国企业形象。

参考文献

[1] A Fosfuri, M Motta. Multinationals without Advantages [J]. Scandinavian Journal of Economics, 1999(4):617-630.

[2] A. Fosfuri, M. Motta, R nde T. Foreign Direct Investment & Spillovers through Workers' Mobility [J]. Journal of International Economics, 2001, 53(1): 205-222.

[3] A Harrison & M McMillan. Outsourcing Jobs? Multinationals & US Employment [R]. Working Papers No. 12372, NBER, Cambridge, MA. 2006.

[4] A Hijzen, S Jean, et al. The Effcets at Home of Initiating Production Abroad:Evidence from Matched FrenchFirms [J]. Review of World Economics, 2011, 147(3): 457-468.

[5] Aldieri L. Technological & Geographical Proximity Effects on Knowledge Spillovers: evidence from the US patent citations [J]. Economics of Innovation & New Technology, 2011, 20(6): 597-607.

[6] B Kogut, S J Chang. Technological Capabilities & Japanese Direct Investment in the United States [J]. Review of Economics & Statistics, 1991(3):401-413.

[7] Blomström M, Kokko A. Multinational Corporations & Spillovers [J]. Journal of Economic Surveys, 1998, 12(3): 247-277.

[8] Blomstrom M, Kokko A. Foreign Direct Investment & Spillovers of Technology [J]. International Journal of Technology Management, 2001, 22(5-6): 435-454.

[9] Borensztein E, De Gregorio J, Lee J W. How does Foreign Direct Investment Affect Economic Growth? [J]. Journal of International Econom-

ics,1998,45(1):115-135.

[10] Barney J. Firms Resources & Sustained Competitive Advantage [J]. Journal of Management,1991(1):99-120.

[11] Belderbos R, Lykogianni E & Veugelers R. Strategic R&D Location by Multinational Firms: Spillovers, Technology Sourcing & Competition [J]. Journal of Economics & Management Strategy,2008(3):759-779.

[12] Belderbos R, Vandenbussche H & Veugelers R. Antidumping Duties, Undertakings & Foreign Direct Investment in the EU[J]. European Economic Review,2004,48(2):429-453.

[13] Camison, B Fores. Knowledge Absorptive Capacity New Insight for its Conceptualization & Measurement[J]. Journal of Business Research,2010(3):707-715.

[14] Cantwell J, et al. Towards a Technology - seeking Explanation of U.S. Direct Investment in the United Kingdom[J]. Journal of International Management,2004(1):5~20.

[15] Casson M. The firm & the Market [M]. Cambridge, MA: MIT Press,1987.

[16] Caves R E. Multinational Enterprise & Economic Analysis(third edition)[M]. Cambridge, England: Cambridge University Press, 2007.

[17] Colombo M G, Mosconi R. Complementarity & Cumulative Learning Effects in the Early Diffusion of Multiple Technologies[J]. The Journal of Industrial Economics, 1995: 13-48.

[18] D Herzer. Outward FDI, Total Factor Productivity & Domestic Output: Evidence from Germany[J]. International Economic Journal,2012(1):155-174.

[19] D Herzer. The Long - run Relationship between Outward Foreign Direct Investment & Total Factor Productivity: Evidence for Developing Countries[J]. Journal of Development Studies,2011(5):767-785.

[20] D. T. Coe, E. Helpman & A. W. Hoffmaister. International R&D Spillovers & Institutions [J]. European Economic Review, 2009 (7):723~741

[21] D'Aspremont C, Jacquemin A. Cooperative & Noncooperative R&D in Duopoly with Spillovers [J]. American Economic Review, 1988, 78(5):1133 - 1137.

[22] E. Bjorvan, C Eckel. Technology Sourcing & Strategic Foreign Direct Investment [J]. Review of International Economics, 2006(4):600 - 614.

[23] E. M. Graham. Exchange of Threat between Multinational Firms as Inifitely Repeated Noncooperative Game [J]. The International Trade Journal, 1990(3):259 - 277.

[24] F. Kimura, K Kjytoa. Herzer. Exports, FDI & Productivity: Dynamic Evidence from Japanese Firms [J]. Review of World Economicsl, 2006(4):659 - 719.

[25] G. Siotis. Foreign Direct Investment Strategies & Firms' Capabilities [J]. Journal of Ecomomics & Management Strategy, 1999 (2):251 - 270.

[26] G. B. Navaretti, D Castellanif, et al. How does Investing in Cheap Labour Countries Affect Performance at Home? Firm - level Evidence from France & Italy [J]. Oxford EconomicPapers, 2010(2):234 - 260.

[27] Görg H, Greenaway D. Much Ado about Nothing? Do Domestic Firms Really Benefit from Foreign Direct Investment? [J]. The World Bank Research Observer, 2004, 19(2):171 - 197.

[28] Hsu C W, Lien Y C, Chen H. International Ambidexterity & Firm performance in Small Emerging Economies [J]. Journal of World Business, 2013, 48(1):58 - 67.

[29] Hwy - Chang Moon, T W. Roehl. Unconventional Foreign Direct Investment & the Imbalance Theory [J]. International Business Review, 2001 (2):197 - 215.

[30] J A Mathews. Dragon Multinationals: New Players in 21st century Globalization[J]. Asia Pasific Journal of Management,2006(1):5-27.

[31] Mathews J A. Dragon Multinationals Powered by Linkage, Leverage & Learning: A Review & Development[J]. Asia Pacific Journal of Management, 2017, 34(4): 769-775.

[32] J. Alcacer,W. Chung. Location Strategies & Knowledge Spillovers[J]. Management Science,2007(5):760-776.

[33] J Bitzer,H Gorg. Foreign Direct Investment,Competition & Industry Performance[J]. The World Economy,2009(2):221-233.

[34] J H Dunning. Multinational Enterprises & the Global Economy (Third Edition)[M]. Cheltenham: Edward Elgar Publishing Limited Company,2008.

[35] J P Pradhan,N Singh. Outward FDI & Knowledge Flows:A Study of theIndian Automative Sector[J]. International Journal of Institutions & Economics,,2009(1):156-187.

[36] K. Bitzer. Does Foreign Direct Investment Transfer Technology across Borders? New Evidence[J]. Economics Letters,2008(3):355-358.

[37] K Chou,et al. The Impact of third-Country Effects & Economic Intergration on China's Outward FDI[J]. Economic Modeling, 2011(5): 2154-2173.

[38] K Sivak,A Caplanova & J Hudson. The Impact of Governance & Infrastructure on Innovation [J]. Post Communist Economies, 2011(2): 203-217.

[39] Kuen-Hung Tsaid,Chyuan Wang. External Technology Sourcing & Innovation Performance in LMT Sectors:An Analysis Basedon the Taiwanese Technological Inovation Survey[J]. Research Policy ,2009(3):518-526.

[40] Lee G. The Effectiveness of International Knowledg Spillover Channels[J]. European Economic Review,2006(8):2075-2088.

[41] L Y Dong, Tung R L. International Expansion of Emerging Market Enterprise: A Springboard Perspective[J]. Journal of International Business Studies, 2007(4):481-498.

[42] Luo Y, Tung R L. A General Theory of Springboard MNEs[J]. Journal of International Business Studies, 2018, 49(2): 129-152.

[43] M. Gumbau - Albert, J Maudos. Patents, Technological Inputs & Spillovers among Regions[J]. Applied Economics, 2009(12):1473-1486.

[44] M Motta. Multinationals without Advantages[R]. Iuf Working Papers 1996, No. 464,

[45] N Driffield, J H Love. Foreign Direct Investment, Technology Sourcing & Reverse Spillovers[J]. The Manchester School, 2003(6):659-672

[46] N Driffield, J H Love. Who Gains from Whom? Spillovers, Competition & Technology Sourcing in the Foreign - owned Sector of UK Manufacturing[J]. Scottish Journal of Political Economics. 2005(5):663-686.

[47] N Kuma. J H Dunning, et al. Globalization, Foreign Direct Investment & Technolgy Transfers: Impacts on & Prospects for Developing Countries[M]. NewYork: Routledge, 2003.

[48] Nato Jinji, Xingyuan Zhang & Shojo Haruna. Trade Patterns & Internaional Technology Spillovers: Evidenc from Pattern Citations[J]. Review of World Economics, 2015(4):635-658.

[49] P. Criscuolo, R Narula. A Novel Approach to National Technological Accumulation & Absorptive Capacity: Aggregating Cohen & levinthal [J]. The Journal of Industrial Economics, 1995: 13-48.

[50] P Almeida. Knowledge Sourcing by Foreign Direct Multinationals: Patient Citation Analysis in the United States Semiconductor Industry [J]. Sttategic M anagement, 1996(3/2):119-124.

[51] P Deng. Investing for Strategic Resources & Its Rationale: The Case of outward FDI from Chinese Companies[J]. Business Horizons, 2007

(1):71-81.

[52] Parente S L. Technology Adoption, Learning-by-doing & Economic Growth[J]. Journal of Economic Theory, 1994, 63(2): 346-369.

[53] Perez T. Multinational Enterprises & Technological Spillovers: an Evolutionary Model[J]. Journal of Evolutionary Economics, 1997, 7(2): 169-192.

[54] Peter Wilson, Ting Su Chen, Tu Suh Ping, et al. Assessing Singapore's Export Competitiveness through Dynamic Shift-Share Analysis[J]. ASEAN Economic Bulletin. 2005, 22(2):160-185.

[55] Hsu C W, Lien Y C, Chen H. International ambidexterity & firm performance in small emerging economies[J]. Journal of World Business, 2013, 48(1):58-67.

[56] Petit M. L, Sanna-Randaccio F. Endogenous R&D & Foreign Direct Investment in International Oligopolies[J]. International Journal of Industrial Organization, 2000, 18(2): 339-367.

[57] Potterie B P, Lichtenberg F. Does Foreign Direct Investment Transfer Technology across Borders? [J]. Review of Economics & Statistics, 2001, 83(3): 490-497.

[58] R Belderbos, E Lykogianni & R Veugelers. Strategy R&D Location by Multinational Firms: Spillovers, Technology Sourcing & Competition [J]. Journal of Ecomomics & Management Strategy, 2008(3):759-779

[59] R. Griffith, R. Harrison & J. V. Reenen. How Special is the Special Relativeship? Using the Impact of U. S. R&D Spillovers on the U. K Firms as a Test of Technology Sourcing[J]. American Economic Review, 2006(5): 1859-1875

[60] R Veugelers. Strategic Incentives for Multinational Operations [J]. Managerial & Recision, 1995(1):47-57

[61] Richard A Barff, P L Knight. Dynamic Shift-Share Analysis [J].

Growth & Change,1988(2):1-9

[62] Shan W, Song J. Foreign Direct Investment & the Sourcing of Technological Advantage: Evidence from the Biotechnology Industry[J]. Journal of International Business Studies, 1997, 28(2): 267-284.

[63] T Wesson. A Model of Asset-seeking Foreign Direct Investment Driven by Demand Conditions[J]. Canadian Journal of Adiministrative Science,1999(1):1-10.

[64] W Chung, J Alcacer. Knowledge Seeking & Location Choice of Foreign Direct Investment in the United States[J]. Management Science, 2002(12):1534-1554.

[65] W Keller. International Technology Diffusion[J]. Journal of Economic Literature,2004(3):752-782.

[66] W M Cohen, D A Levinthal. Absorptive Capacity: A New Perspective on Learning & Innovation[J]. Administrative Science Quarterly, 1990(1):128-152.

[67] Wang J Y, Blomström M. Foreign Investment & Technology Transfer: A Simple Model[J]. European Economic Review, 1992, 36(1): 137-155.

[68]白洁.基于吸收能力的逆向技术溢出效应实证研究[J].科研管理,2011(12):41-45

[69]白洁.对外投资的逆向溢出效应——对中国全要素生产率影响的经验研究[J].世界经济研究,2009(8):65-69.

[70]包群,赖明勇,阳佳余.外商直接投资、吸收能力与经济增长[M].上海:三联出版社,2006.

[71]陈菲琼,卢旭丹.企业对外投资对自主创新的反馈机制研究:以万向集团OFDI为例[J].财贸经济,2009(3):101-106.

[72]陈建勋,刘黎.嵌入、脱嵌与再嵌入:社会资本视角下中国企业"学习型FDI"的演化路径分析[J].世界经济研究2012(11):81-86.

[73] 陈建勋,罗妍. 金砖国家对外投资绩效评价与多维比较[J]. 亚太经济,2015(3):92-97.

[74] 陈俊荣. 欧盟促进企业跨国经营政策研究[J]. 当代经济管理,2010(4):59-64.

[75] 陈强,刘海峰,等. 中国技术寻求型对外投资现状、问题和政策建议[J]. 中国软科学,2013(11):18-25.

[76] 陈强,刘海峰,汪冬华,等. 中国对外投资能否产生逆向技术溢出效应[J]. 中国软科学,2016(7):134-143.

[77] 陈强,刘海峰,徐驰. 中国对外投资对国内技术进步的影响——基于行业竞争环境的实证研究[J]. 上海经济研究,2017(2):49-57.

[78] 陈颂,卢晨. 不同投资方式的 OFDI 逆向技术溢出效应研究[J]. 国际商务,2017(6):86-97.

[79] 陈涛涛,宋爽,柳士昌. 发达国家与发展中国家对外投资比较——以半导体产业为例[J]. 国际经济合作,2015(6):20-28

[80] 陈孜. 不同投资保护标准的 BIT 对中国对外投资的影响[J]. 开发研究,2019(1):147-154.

[81] 仇怡,吴建军. 从投资国视角看 ODI 逆向技术外溢的影响因素[J]. 财政科学,2012(8):75-83.

[82] 东亚斌,段志善. 灰色关联度分辨系数的一种新的确定方法[J]. 西安建筑科技大学学报(自然科学版),2008(4):589-592.

[83] 董彦良. 中国台湾与韩国 TFT-LCD 产业及其对中国大陆的启示[J]. 经济问题探索,2012(12):145-148.

[84] 杜群阳. R&D 全球化、逆向外溢与技术获取型 FDI[J]. 国际贸易问题 2006,(12):88-91.

[85] 杜群阳. 跨国公司 R&D 资源转移与中国对接[M]. 北京:中国社会科学出版社,2008.

[86] 杜晓君,杨勃,齐朝顺,等. 外来者劣势的克服机制:组织身份

变革——基于联想和中远的探索性案例研究[J]. 中国工业经济,2015(12):130-145.

[87]龚艳萍,郭凤华. 对外投资对产业技术进步的影响——文献回顾与我国的实证研究[J]. 中南大学学报(社会科学版),2009(3):378-384.

[88]关鑫,齐晓飞. 中国企业对外投资的驱动因素研究——基于制度理论的解释[M]. 北京:科学出版社,2018.

[89]韩仁洙,吴根烨,金能镇. 韩国LCD产业成功因素探索:基于与日本、中国台湾的比较分析[J]. 经济管理,2011(3):26-36.

[90]何志毅,柯银斌. 中国企业跨国并购10大案例[M]. 上海:上海交通大学出版社,2010.

[91]洪联英. 中国对外投资"增而不强"论:一个微观生产组织控制视角的分析[M]. 北京:中国社会科学出版社,2015.

[92]胡志军. 中国民营企业海外直接投资[M]. 北京:对外经济贸易大学出版社,2015.

[93]江诗松,龚丽敏,魏江. 转型经济中后发企业的创新能力追赶路径:国有企业和民营企业的双城故事[J]. 管理世界,2011(12):96-115.

[94]蒋殿春. 跨国公司与市场结构[M]. 北京:商务印书馆,1998.

[95]蒋冬青,周经. 东道国人力资本、研发投入与我国ODI的逆向技术溢出[J]. 世界经济研究,2012(4):76-80.

[96]金芳. 对外投资大国的政策协调与体制构建[J]. 毛泽东思想邓小平理论研究,2015(4):85-90.

[97]金鹿. 中国企业技术寻求型对外投资进入模式选择分析[J]. 中国科技论坛,2018(8):92-99.

[98]阚大学. 对外投资的逆向技术溢出效应——基于吸收能力的实证研究[J]. 商业经济与管理,2009(6):53-58.

[99]康灿华,吴奇峰,孙艳琳. 发展中国家企业的技术获取型FDI

研究[J].武汉理工大学学报(信息与管理工程版),2007(10):109-112

[100]康荣平.海外华人跨国公司成长新阶段[M].北京:经济管理出版社,2009.

[101]李锋.中国企业海外投资风险:现状、成因与对策[J].现代管理科学,2016(3):58-60.

[102]李静萍,高敏雪.中国对外投资的现状、差距与潜力[J].经济理论与经济管理,2005(7):16-20.

[103]李梅,金照林.国际R&D、吸收能力与对外投资逆向技术溢出——基于我国省际面板数据的实证研究[J].国际贸易问题,2011(10):124-136.

[104]李蕊.跨国并购的技术寻求动因解析[J].世界经济,2003(2):19-24.

[105]李田,刘阳春,毛蕴诗.OEM企业逆向并购与企业升级研究[J].经济管理,2017(7):67-84.

[106]李童,皮建才.中国逆向与顺向OFDI的动因研究:一个文献综述[J].经济学家,2019(3):43-51.

[107]李童.双边关系对中国技术寻求型对外投资的影响——以中美贸易争端为背景[J].人文杂志,2019(8):47-84.

[108]李永,等.基于劳动投入生产率视角的中国ODI动因与逆向溢出效果[J].江西财政大学学报,2013(2):73-79.

[109]李泳.中国企业对外投资成效研究[J].管理世界,2009(9):34-43.

[110]李有.我国逆向获取技术溢出的主要渠道:出口贸易抑或外向对外投资[J].当代财经,2013(12):99-108.

[111]李宇英.竞争中立规制水平的国际比较[J].复旦学报(社会科学版),2019(2):166-176.

[112]李自杰,高璆崚,梁屿汀.新兴市场企业如何推进并进型对外投资战略[J].科学学与科学技术管理,2017(1):62-74.

[113]联合国贸发会议.世界投资报告2005:跨国公司和研发国际化[M].冼国明,等译.北京:中国财政出版社,2006.

[114]梁琦.产业集聚论[M].北京:商务印书馆,2006.

[115]林青,陈湛匀.中国技术寻求型跨国投资战略:理论与实证研究——基于主要10个国家FDI反向溢出效应模型的测度[J].财经研究,2008(6):86-99.

[116]刘海云.跨国公司经营优势变迁[M].北京:中国发展出版社,2001.

[117]刘青,陶攀,洪俊杰.中国海外并购的动因——基于广延边际与集约边际的视角[J].经济研究,2017(1):28-43.

[118]刘思峰,蔡华,杨英杰,等.灰色关联分析模型研究进展[J].系统工程理论与实践,2013(8):2041-2046.

[119]刘思峰,杨美杰,吴利丰,等.灰色系统理论与应用[M].第七版.北京:科学出版社,2014:63-64.

[120]刘笋,许皓.竞争中立的规则及其引入[J].政法论丛,2018(5):52-64.

[121]刘伟全.我国OFDI母国技术进步效应研究:基于技术创新活动的投入产出视角[J].中国科技论坛,2010(3):96-101.

[122]刘伟全.中国OFDI逆向技术溢出与国内技术进步研究——基于全球价值链的视角[M].北京:经济科学出版社,2011.

[123]刘珍灵.偏离份额模型的改进及对辽宁中部城市群产业结构演进的分析[J].软科学,2009,2(10):95-100.

[124]隆志强.打造世界水平的中国跨国公司[M].北京:人民出版社,2013.

[125]马亚明,张岩贵.策略竞争与跨国公司的国际化经营[M].北京:中国经济出版社,2006.

[126]梅姝娥,张少华,仲伟俊.试析FDI对拉美及我国自主创新能力的影响[J].东南大学学报:哲学社会科学版,2007,9(4):22-25.

[127] 聂名华,朱晓辉. 中国 OFDI 逆向技术溢出效应与提升方略[J]. 宁夏社会科学,2017(6):78-64.

[128] 欧雪银. 企业家精神对经济发展的影响_理论、实证与案例[M]. 长沙:湖南人民出版社,2011.

[129] 欧阳艳艳,喻美辞. 中国对外投资逆向技术溢出的行业差异[J]. 世界经济研究,2011(4):101-107.

[130] 欧阳艳艳,郑慧欣. 中国对外投资逆向技术溢出的境内地区差异研究[J]. 国际商务(对外经济贸易大学学报),2013(1):43-50.

[131] 欧阳艳艳. 中国对外投资逆向技术溢出的境外地区差异研究[J]. 华南农业大学学报(社会科学版),2012(1):43-50.

[132] 潘晓明. 构建中国企业海外投资保护体系——以日本经验为借鉴[J]. 国际经济合作,2017(9):61-66.

[133] 钱隼驰,仇蕾. 灰色关联分析中分辨系数取值的定量研究[J]. 统计与决策,2019(10):10-14.

[134] 全毅,张庭祥,林裳,等. 福建融入海上丝绸之路的路径与对策[J]. 东南学术,2017(4):129-137.

[135] 申俊喜,陈甜. 中国企业技术寻求型 OFDI 进入模式选择分析——基于华为和吉利案例[J]. 华东经济管理,2017(2):178-184.

[136] 沈春苗,郑江淮. 中国企业"走出去"获得发达国家"核心技术"了吗——基于技能偏向型技术进步视角的分析[J]. 金融研究,2019(1):111-127.

[137] 史春云等. 国外偏离份额分析及其拓展模型研究述评[J]. 经济问题探索,2007(3):133-136.

[138] 孙新华. 东道国共享性资源与跨国企业竞争优势研究[M]. 北京:中国经济出版社,2009.

[139] 孙莹. 中国与主要创新型国家企业研发投资结构比较[J]. 中国科技论坛,2018(6):159-170.

[140] 王碧珺,李冉,张明. 成本压力、吸收能力与技术获取型

FDI[J]. 世界经济,2018(4):99-122.

[141]王凤彬,杨阳. 跨国企业对外投资行为的分化与整合——基于上市公司市场价值的实证研究[J]. 管理世界,2013(3):147-171.

[142]王英,刘思峰. 国际技术外溢渠道的实证研究[J]. 数量经济技术经济研究,2008(4):153-161.

[143]王宗赐,韩伯棠,钟之阳. 基于逆向溢出效应的TSFDI动机博弈分析[J]. 北京理工大学学报(信息与管理工程版),2011(6):109-112.

[144]吴先明. 创造性资产与中国企业国际化[M]. 北京:人民出版社,2008.

[145]吴贤进,陈进. 北京市服务业结构和竞争力的动态偏离份额分析[J]. 国际贸易问题,2012(4):96-106.

[146]武常歧. 中国企业国际化战略案例研究[M]. 北京:北京大学出版社,2015.

[147]冼国明,杨锐. 技术累积、策略竞争与发展中国家对外投资[J]. 经济研究,1998(11):56-63.

[148]肖黎明. 中国境外投资与国家经济利益[M]. 北京:经济科学出版社,2007.

[149]肖鹏,王爱梅. 跨国企业竞争优势的研究现状与未来展望[J]. 长春大学学报,2018(9):10-15.

[150]谢洪明,章俨,刘洋,等. 新兴经济体企业连续跨国并购中的价值创造:均胜集团的案例[J]. 管理世界,2019(5):161-179.

[151]薛求知. 当代跨国公司新理论[M]. 上海:复旦大学出版社,2007.

[152]杨勃,杜晓君,蔡灵莎. 组织身份落差对跨国并购合法性的影响机制:基于上汽和TCL的探索性案例研究[J]. 经济管理,2016(9):76-88.

[153]杨勃. 新兴经济体跨国企业国际化双重劣势研究[J]. 经济管

理,2019(1):56-70.

[154]杨连星,罗玉辉. 中国对外投资与全球价值链升级[J]. 数量经济技术经济研究,2017(6):54-70.

[155]姚靓,李正风. 二十世纪半导体产业技术赶超的历史研究[J]. 自然辩证法研究,2019(4):36-41.

[156]曾剑云,李石新. 竞争优势培育型FDI理论研究述评[J]. 经济学动态,2011(11):124-129

[157]曾剑云. 无技术优势企业对外投资研究综述[J]. 国际贸易问题,2007(12):87-93.

[158]曾剑云. 泛珠九省入境旅游客源市场与旅游创汇研究[J]. 湖南科技大学学报(社会科学版),2014(3):78-83.

[159]翟伟峰,李启航,冯玫. 技术溢出、效率提升与技术寻求型FDI研究[J]. 经济问题,2012(4):28-31.

[160]张宏. 中国技术获取型ODI逆向溢出效应的实证分析——基于DEA和省际面板数据的检验[J]. 山东大学学报(哲学社会科学版),2011(6):38-43.

[161]张纪康. 跨国公司与直接投资[M]. 上海:复旦大学出版社,2011.

[162]张默含. 中国对外投资动因、障碍与政策分析[M]. 北京:中国社会科学出版社,2016.

[163]张为付. "金砖四国"国际直接投资比较研究[J]. 国际贸易,2008(10):51-57.

[164]赵伟,古广东,何元庆. 外向FDI与中国技术进步:机理分析与尝试性实证[J]. 管理世界,2006(7):53-60.

[165]赵喜仓等. 镇江市高新技术产业竞争力及产业结构研究——基于动态偏离—份额空间模型的分析[J]. 科技进步与对策,2014(3):55-60.

[166]周春应.对外投资逆向技术溢出效应吸收能力研究[J].山西财经大学学报,2009(8):47-53.

[167]周建军.寡头竞合与并购重组:全球半导体产业的赶超逻辑[J].国际经济评论,2018(5):135-157.

[168]朱·弗登伯格让·梯若尔.博弈论[M].黄涛,等译.北京:中国人民大学出版社,2010.

[169]邹玉娟,陈漓高.我国对外投资与技术提升实证研究[J].世界经济研究,2008(5):70-77

后　　记

本书是在我的博士学位论文《东道国企业技术外溢、吸收能力与无技术优势企业对外直接投资》，以及我主持的国家社科基金一般项目"我国对外投资企业国际竞争力创造与提升研究"（项目批准号15BJY063）的阶段性成果基础上修改而成，也是我潜心于"缺乏技术优势跨国企业竞争优势培育研究"的一个初步总结。进入这一领域的研究源于我的硕士学位论文。我国政府设立科技园区的初衷是吸引技术发达的跨国公司，形成高新技术产业集群，通过技术外溢带动国内企业技术进步和当地经济发展，而园区社会资本严重不足制约了技术溢出的产生与规模，达到预期目标的科技园区并不多。受《跨国公司经营优势变迁》的启发，我把国内缺乏技术优势的企业培育竞争优势的目光转向直接投资于技术发达经济体吸收当地溢出，随即报考华中科技大学并幸运地被录取。让我喜出望外的是如愿以偿地成为《跨国公司经营优势变迁》一书作者的弟子。

"缺乏技术优势的跨国企业竞争优势培育研究"是一项价值性与挑战性并存的主题，对这一主题的研究使我深刻体会到求真务实的艰辛和快乐。回顾这一艰辛而又快乐的历程，感恩之情不禁油然而生。岁月匆匆，华中科技大学优美的校园和浓郁的学术氛围，让我逐渐感悟到"学在华工"的精髓，三年的博士生涯记忆犹新。首先要向我的恩师刘海云教授致以诚挚的谢意！自投身师门以来，我不时感受到恩师高昂的学术激情、为人至真至诚、清正的做人风范、诲人不倦的育人风格、渊博的学识和敏锐的观察力。恩师在治学上的严谨引导我养成了全面思考的习惯，学术的开明和对跨国经营的精深研究，使我敢于坚持并持续完善自己的观点。即使是现在，我也乐意与恩师探讨问题，问题不完全限于学术。作为一代学者，恩师总是坦诚地分享他的看法和建议，让我受益匪浅。师恩似海，终生难忘，任何文字难以表达我的感激之情。

华中科技大学经济学院的徐长生教授、张卫东教授、方齐云教授、张建华教授、宋德勇教授、唐齐鸣教授、王少平教授和数学与统计学院胡适耕教授，以及系统工程研究所罗云峰教授等精心授课、报告、言谈与科研精神，使我视野开阔，学到很多为学为人之道。武汉大学经济与管理学院周茂荣教授、华中科技大学经济学院徐长生教授、张建华教授和张卫东教授对我的博士论文都进行了认真的审阅，提出诸多尖锐而中肯的修改建议，令我茅塞顿开。没有他们的指导、帮助、鼓励和敦促，我在对外投资领域的研究工作不可能比较顺利。在此，谨向他们一并表示由衷的感谢！我还要感谢经济学院赵鹏、花俊国、刘汉中、彭建平、李启平、符安平、戴为、夏李君等2005级所有博士同学和余道先、朱园园、吴磊等同门，是他们让我生活在一个富有活力与创造力的群体，人生旅途因此丰富多彩。

行文至此，我还应该感谢湖南科技大学商学院的领导、同事和其他朋友，是他们的关心、支持、包容和鼓励，我才能顺利完成本书。本书的出版离不开湖南科技大学的资助。同时感谢企业管理出版社的刘一玲编审为本书的编辑付出的辛勤劳动。没有她耐心、细致、高效的工作，不可能使本书及时出版。

当然，能走到今天，离不开我尊敬、难忘的中小学老师、大学老师和湖南大学硕士研究生课程老师，以及指导老师的辛勤付出，对他们致以诚挚的谢意！

后　记

　　我也要将所取得的成绩献给我的父母、亲人。长期以来是他们，给我无微不至的关怀和真挚的爱。这种关爱无时无刻不在督促我奋发图强，特别要感谢我的夫人李珍玉女士始终陪伴在我身边，为我分忧解难。她不攀不比与我同甘，但更多的是共苦；她是我成功时喜悦的分享者，更多的是在我受挫时，是我振作的源泉和坚强后盾。正是因为她的理解和全力支持，她在承担医院基层管理工作、赡养父母和照顾家庭时，为我创造了相当优越的条件，使我安心学习、研究和工作。还要感谢我的儿子曾政超，是他给我的生活带来意想不到的快乐和诸多动力，使我更加注意言传身教。

　　仰之弥高，钻之弥坚。本书的出版不过是迈出人生关键的一步，心情却没有预期的轻松，因为"缺乏技术优势的跨国企业竞争优势培育研究"较少有现成成果可借鉴，本书的研究也只是初步而已。这意味着"缺乏技术优势的跨国企业竞争优势培育研究"亟待深化，要求我必须努力前行、求真务实。感谢命运的垂青，给我安排了这么多好的老师、亲人、同学和朋友陪伴我一路走来。在以后的人生旅程中，我将以不懈的努力来回报他们。

曾剑云
2019 年于湘潭